目次

ピーター・L・バーガー

●分極化するアメリカ社会と対峙した社会学者

池田直樹 Naoki Ikeda

ナカニシヤ出版

【凡　例】

一、本文における英語文献からの引用はすべて筆者が原典から直接訳出した。その際、文脈に応じて既存の邦訳とは異なる表現を用いている箇所もある。

一、本文における英語以外の外国語文献からの引用に関しては、邦語訳がある場合はそれを参照し、英語訳がある場合はそこから筆者が訳出した。

一、本書では引用の出典や参照を指示する文献の情報を示すにあたって、本文中では丸括弧を用いた文献注においてその情報を略記し、その詳細に関しては末尾の文献一覧に記載することとする。例えば（Berger 2014: 19）と表記した場合、それは Berger, Peter L., 2014, *The Many Altars of Modernity: Toward a Paradigm for Religion in a Pluralist Age*, New York: Walter de Gruyter. の原文一九頁からの引用であることを示している。また（Berger 2014: 34-5）と記した場合、それは、引用文が同書の三四頁から三五頁にわたるものであることを意味している。手元にある版と初版の出版年が異なる場合は、（Berger [1967]1969: 129）というように半角の角括弧の中に初版の出版年を示す。この場合の文献注は、引用文が、一九六七年に初版が出された文献の一九六九年版一二九頁からの引用であることを示している。最後に（Vaïsse 2008=2011: 98）というように等号を用いて表記する場合、これは、二〇〇八年に原著が出版された文献の二〇一一年の翻訳版九八頁からの引用であることを示している。

一、本書に収められた議論の一部は、筆者がこれまでに発表した一連のバーガー論を基にしている。しかしながら過去の論考には筆者の理解不足による不適切な記述も認められるため、本書では新たにそれらに加筆、修正を加えている。本書に関わる論考は下記の通りである。

二〇一八年、「アメリカ社会と正当化の危機――一九七〇年代におけるP・L・バーガー」『社会学史研究』四〇、一一三－一三〇

二〇一八年、「P・L・バーガーによる社会学の意義論――「科学と倫理の問題」という視角から」『社会学評論』六九（一）、五六－七一

二〇一九年、「近代における宗教――一九五〇年代のP・L・バーガー」『国際文化学』三二、一－二五

二〇二〇年、「P・L・バーガーの資本主義擁護論――M・ノヴァクとの対比から」『ソシオロジ』六四（三）、二一－三八

序章　問題設定

バーガーの現代的意義

本書の目的はピーター・L・バーガーの知的なバイオグラフィーを描き出し、現時点におけるその評価を定めておくことである。すなわちバーガーの思索の全貌を明らかにし、その意義を見定めること。これが本書全体の目指すところであるが、とはいえ、この言明がすでに見逃すことのできない問題的なものと思われるかもしれない。というのも右のごとく述べるや否や、「現在、誰がバーガーを読むだろうか」という反論がすぐさま予想されるからである。周知のようにタルコット・パーソンズは『社会的行為の構造』の冒頭において、これと同じように問いかけることでハーバート・スペンサーに死亡宣告を下した。パーソンズはスペンサーの思想が過去のものであることを殊更に際立たせることによって、その命脈を断とうとしたのである。だとすれば右記の反論は、少なくともバーガーという社会学者が事実上過去の存在となりつつある日本においては、一定の説得力をもって現れるに違いない。このようにしてバーガーの思想も葬り去られるべきものなのだろうか。この問いに対して性急な答えを与える前に、われわれは、バーガーの思想ということで何を意味するのかということをまずもって確定しておかねばならない。少なくとも、それを吟味せずして彼の評価を定めることはできないはずだからである。ここではまず最初にこの論点を取り上げよう。

しかしあらかじめ断っておけば、それは決して以下に述べるような通説的な理解に尽きるものではない。本書全体を通して明らかにしていくように、彼の知的な営みは、二〇世紀後半から現在に至るまでのアメリカ社会の動向、ならびにそれを主題とする現代アメリカ社会論の根幹に極めて密接に関わるものであった。別言すれば、バーガーはこの半世紀ほどの間にアメリカ社会の現実に対峙した最も重要な社会学者の一人なのである。実際にこのことを象徴するように、その後半生において、彼はアメリカの現在と未来をめぐる激しい論争の渦中に身を置き続けた。これは、特にわが国においてはあまり知られていない事実であろう。それゆえにまた、五十年以上にわたる彼の知的なライフヒストリーをたどっていくことにも意義があると言えるのである。序章ではまずこの点を踏まえて、それに続く本書全体の議論を貫く問いを設定する。次いでその問いに対して本書が用意する視角を明らかにし、本書の特徴と意義を示した上で、最後に全体の構成について述べる。

一般的には、バーガーはアルフレート・シュッツの思想を継承した現象学的社会学者の一人と見なされている。社会学の教科書的な理解に従えば、現象学的社会学は一九六〇年代にパーソンズ社会学に対して提起された理論的代案の一つである。現象学的社会学と並んで、同時期には象徴的相互作用論、エスノメソドロジー、ラディカル社会学などが、パーソンズに対して批判的な諸潮流として影響力を持った。通説においてバーガーは、こうした批判的な潮流の旗手の一人として理解されている。これに加えて、バーガーは類稀なる文章家でもあった。この点に関して、彼と親しい間柄にあったデイヴィッド・マーティンは、「バーガーは複雑な考えを、人を惹きつける公式や独特の魅力的なリズムを持った短文で伝える特異な能力を持っている」(Martin 2012: 173) と評している。これも彼の名声を高めるにあたって大いに寄与するものであったと思われる。[1] バーガーは、その内部で専門化、細分化が進みつつあった社会学の概略的な全体像を明快な文章でもって語ってみせた人物であった。専門化、細分化とそれに伴う全体像の不明瞭化は、ある程度の進展を遂げた科学には不可避の事態である。当然のことながらそれに応じて、見通しのつけがたい全体像の提示への要求も高まっていくことになる。社会学も例外ではない。特にアメリカ社会学においては、二〇世紀を通じて進んだその制度面での拡充とも相まって、こうした全体像への要求もとりわけ強いものとなった。この点においてバーガーは、この要求に応える概説的な著述スタイルに先鞭をつけたと言えるだろう。それはある種不可避の学問的要請の結果であった。そしてこのスタイルは、その後アメリカを越えて――アンソニー・ギデンズ、ウルリヒ・ベック、ジグムント・バウマンなどの――バーガーよりも後の時期に名声を高めていく社会学者たちにも確実に継承されることになった。

社会学者としてのバーガーの持つこの二つの特性――シュッツの後継者にして能弁の文章家という特性――は、トーマス・ルックマンとの共著『リアリティの社会的構成』（以下『構成』と略記）に明らかに示されている。バーガーはこの著作において、マックス・ウェーバー、エミール・デュルケーム、ジョージ・ハーバート・ミード等の理論を、パーソンズに対して批判的なパースペクティヴの中で巧みに総合してみせたのである。さらに同書はシュッツの名を知らしめることにも多大な貢献を果たした。バーガーの社会学上の知名度はほとんど専ら、同書とその枠組みを宗教社会学に応用した『聖なる天蓋』（以下『天蓋』と略記）に依拠していると言っても過言ではないだろう。『構成』で説かれた人間と社会の弁証法的関係や、『天蓋』に提示されたカオス／ノモス／コスモスの三項関係などの議論は、今や社会学の教科書で容易に目にすることのできる知見となっている。実際、社会学における彼の功績について語られる場合、その議論はほぼ右記二冊の吟味に終始する傾向にある。彼の死後に公刊された二冊のバーガー論集がその好例であろう（Hjelm 2018; Pfadenhauer & Knoblauch 2019）。これらはそれぞれ『天蓋』と『構成』に焦点を合わせた論集となっている。

［1］その他に次のような証言もある。「バーガーの散文は流暢に流れていき、読者をそこに寄り添わせる。〔……〕それは概念的に難解であったり、しばしば直観に逆らったりするような本来的に晦渋な題材を読むときの不可避的な努力を最小限化してくれる。彼はまたウィットとユーモアを的確に、効果的に用いる」（Bickel 2018: 13）。

もちろん社会学に対する『構成』の意義や貢献は小さなものではない。国際社会学会が一九九七年に会員に対して行なった、最も影響力の大きい二〇世紀の社会学書に関するアンケートでは、同書は五位にランクインしている（ISA 1998）。この結果を裏づけるかのように、現在においても同書には一定の関心が寄せられている。一例を挙げれば、二〇一六年には『カルチュラル・ソシオロジー』誌と『ヒューマン・スタディーズ』誌のそれぞれにおいて同書の刊行五十周年を記念した特集号が組まれており、そこにはバーガーとルックマンへのインタビューが掲載されている（Steets 2016; Dreher & Göttlich 2016; Vera 2016; Dreher & Vera 2016）。これらは『構成』とその成立過程への関心がいまだに高いことを示す例であろう。また『構成』の包括的な検討を試みた先述の論集には、同書をいくつかの現代的な議論、例えばニクラス・ルーマンのラディカル構成主義やピエール・ブルデューの社会学と比較した論考が収められている（Srubar 2019; Dreher 2019）。右記のインタビューが『構成』の成立過程に焦点を合わせるものであるとすれば、これらの論考は同書の理論の現代的な有効性を探ろうとする試みであると言える。

とはいえ、残念ながら以上の事実は決してバーガーについての通説的な理解を覆すものではない。むしろそれは先に述べたバーガー研究における全般的な傾向の証明ですらある。すなわちそれは、結局のところバーガーへの関心が、現時点ではまだ『構成』に対する関心を超えるものではないということを如実に示しているのである。しかしながら、バーガーは決して『構成』を自身の研究活動の終局と見なしていた訳ではない。後に詳しく見ていくように、同書の完成は彼にとっては新たな出発点を意味していたからである。興味深いことに、同書の完成以降、特に一九七〇年代以降のバーガーの歩みは、共著者のルックマンとは対照的なものであった。この点に関しては、先に挙げた論集に収められた論考の中でトーマス・エーバーレが次のように述べている。

バーガーは彼らが構築した理論的枠組みに満足し、それを近代化や第三世界の発展といった様々の実質的なマクロ社会学的問題に応用した。ルックマンは哲学的、理論的、方法論的な側面により大きな関心を寄せており、――

シュッツの『生活世界の構造』の編集、完成に加えて――言語の社会学やコミュニケーションの研究に従事した。（Eberle 2019: 136）

この指摘は、『構成』の著者たちのその後の研究の方向性を述べているという点で重要なものである。ルックマンはすでに『構成』の執筆中にドイツへ渡り、その後も当地で理論的研究に携わり続けた。彼を中心とした研究者のグループはコンスタンツ学派として知られている。[2] それに対してバーガーの関心は、社会学理論の構築とは別の方面に向けられていたのである。バーガーに関心を寄せる論者たちはしばしば閑却しているのだが、実際に彼は『構成』や『天蓋』の刊行後も著述活動を続け、思考を積み重ねていったということである。それは論争のさなかでなされたアメリカ社会との知的な格闘であり、その結果として生み出された彼の議論は、実際に大きな影響を及ぼすことになった。無論それは必ずしも理論研究に志向するものではなかったかもしれないが、社会学者の評価は理論の構築によってのみ定まる訳ではない。

しかしそうであるとすれば、『構成』の出版から二〇一七年に死を迎えるまでの半世紀間、バーガーはその膨大な量の著作および論文において何を問題として、何を主張していたのだろうか。もちろん個々の作品の主題は明白である。けれども、それらの多様な主題群は『構成』と、あるいは『構成』に至るまでの彼の思索とどのような関連を持っているのだろうか。特に一九七〇年代以降の彼の思索活動については、少なくとも日本の社会学者にはあまり知られていないし、関心の対象となってもいないようである。著作の翻訳こそ継続的になされてはいるものの、日本における研究状況は、まだ、それらがいかなる問題意識の下に著されたものなのか、いかなる狙いを持ったものなのかとい

[2] ドイツにおけるルックマンの業績の現代的継承に関しては、近年、小田和正（2021, 2022）や高艸賢（2021）による紹介、検討の作業が進められている。

うことを問う段階にまでは進んでいない。またわが国以外の場所でも、この時期以降のバーガーの活動を視野に入れた研究はいまだ本格的に着手されているとは言い難い状況にある。先に引いたエーバーレのバーガー論も、一九七〇年代以降のバーガーの研究の方向性を示唆してはいるものの、それについて踏み込んだ検討を加えている訳ではない。つまりくり返しになるが、日本においても海外においても、全体としてバーガーの名声は一九六〇年代の理論研究の業績に結びついており、それ以外の時期や業績についての検討はまだその緒に就いたばかりの状態なのである。とはいえ、これはある意味で仕方のない状況でもあろう。一般的に言って、ある思想家に関する総体的な評価の作業は、おしなべてその思想家の死後に初めて開始されるものだからである。バーガーの場合も例外ではない。したがって逆に言えば、今こそ、バーガーという思想家の意義を見定めるべく、改めて彼の営為について考察を加えていくべき時点なのである。本書がバーガーの思想の全体像の提示を目標とする際にさしあたって問題として意識しているのは、バーガー研究をめぐるこのような状況である。

この課題に取り組むにあたって前提として踏まえておかねばならないのは、バーガーの作品群はその内容という観点から見て、おおよそ三つの主題からなるということである。三つの主題とはすなわち、社会学理論の研究、現代社会論、そして神学的議論ないし宗教論である。現代社会論には、彼の社会構想をはじめとする種々の規範的な議論も含まれている。バーガーの様々の著作は、おおよそのところこの三つのいずれかに分類されると見てよい。さらに言えば、これらはバーガーの個々の作品を読み解く際に不可欠の分類であると共に、彼の思索関心の変遷をたどる上でも重要なものである。というのもバーガー自身も述べているように、一九六〇年代末を境として、彼の関心は理論的な問題から経験的な問題へと移っていったからである。[3] 彼におけるこうした関心の変化は、先に述べた三つの基軸的な主題で言えば、社会学理論の研究から現代社会論への移行として捉えられる。その結果として彼は人工妊娠中絶をめぐる論争などの非常に具体的な主題に関わっていくことにもなるのだが、そうであるとすれば、この転回をどのように解釈すればよいのだろうか。言うまでもなく、これはバーガーの業績全体を評価する上で枢要な問いである。

これに関して本書は、エーバーレの指摘を踏まえつつ次のような見解を提示したい。すなわちバーガーは、一九七〇年代以降は『構成』に示された理論枠組みに基づいて極めて具体的かつ実践的な問題に取り組むようになり、そうした研究活動の中でそれまでの自身の理論を検証しつつ改訂する、ないしは補完するという作業に従事するようになったとする見解である。彼は『構成』の出来に満足してはいたものの、それによって得た地位と名声に安んずることを潔しとせずに、現実の社会における具体的な諸問題という新たな領域へと進んでいったということである。そしてまさに彼の知的営為をそのような視角から読み解くことにこそ、今日においてバーガーを読む意義があると言える。というのも彼の現代社会論は、一九七〇年代から徐々に明らかになり始め、現在では決定的に深刻なものになりつつあるアメリカ社会の分極化という状況の中で展開されていったものだからである。バーガーの教え子の一人であるジェイムズ・デヴィソン・ハンターは、この分極化状態を「文化戦争」という言葉で捉えようとした。バーガーの後半生、すなわち彼の知的なバイオグラフィーの後半部は、まさにこのアメリカにおける文化戦争と対峙する中で形成されていったのである。これは、ますます深まりゆく分裂の進展を押しとどめるための果てしなく困難な挑戦であると同時に、『構成』において完成された理論に破綻をもたらしかねない冒険的な試みでもあった。しかし、バーガーの思索にとってそれは欠くべからざる課題であり、そしてまた結果的には実り豊かな挑戦でもあった。換言すれば

［3］　次のようにある。「まさに一九六〇年代の終わりに筆者の生涯におけるあらゆる個人的な動揺と政治的な騒乱のさなかで、筆者の知的な課題に鋭い転回が生じた。とはいえ、この転回は個人的な動揺と政治的な騒乱のいずれともほとんど関係のないものであった。それは理論から経験的な諸問題への転回であり、これらの諸問題が、それ以来ずっと社会学者としての筆者の研究を支配してきた。正確に言えば、次の二つの問いがそれである。すなわち、近代とは何であるのか、そして近代化と発展のための実現可能な戦略はどのようなものであるのか、という問いである」(Berger 2011: 115)。本書の後半部で詳しく論じていくように、これらはそれぞれ正当化の危機論と資本主義擁護論に対応した問いであり、最終的にはバーガーの社会的理想の内実を構成することになる要素であった。

バーガーは、本書の前半部で扱う時期においてはアメリカの分極化状況を論じるための枠組みを理論的に準備していたのに対して、後半部で取り上げる時期においては、この文化戦争に対する具体的実践に取り組む中でそれまでの自身の議論のさらなる彫琢に従事したということである。かくしてバーガーは、現実の社会への自身の理論の応用とその結果としての理論の修正ないし補完という意味において――理論体系の構築と洗練にのみ専心する専門的な理論研究とは別の形で――社会学の実践に携わっていたのである。以下で詳しく論じていくように、この営みを通じて生み出された彼の様々の洞察は現代世界、とりわけアメリカの現在に対する重要な問題提起を含むものであり、その点において意義あるものであった。本書はそのことを論証し、その全容と意義を解明することを中心的な目的とする。

そのために、ここで最初に次のような二つの大きな問いを立てておきたい。すなわち第一に、なぜ『構成』出版以降のバーガーにおいて、抽象的な理論研究という営為からのある種の方向転換が生じることになったのか、そして第二に、一九七〇年代以降のバーガーの知的な活動はいかなるものであったのかという問いである。これらが本書全体の議論を嚮導する問いである。これら二つの問いに答えを与えるためには、バーガーの思索関心における転回を促した内発的な動機が何であったのか、そして一九七〇年代以降の彼の議論における主題連関は何を中心的な関心としていたのか、ということを明らかにしなければならないだろう。この問いに答えるためには、当然のことながらわれわれは『構成』や『天蓋』が著された一九六〇年代だけを切り取ることも、考察の対象を社会学の理論研究を主題とした論考に限定することも避けねばならない。換言すれば本書は、一九六〇年代の前後へと視野を拡大し、博士論文から最晩年に至るまでのバーガーの多岐にわたる作品を網羅的に考察の対象としなければならないのである。

無論これはバーガーの思索の全貌を解明するためには是非とも必要な作業である。しかしながらそれは、ともすれば徒に論述の焦点を拡散させることにもなりかねない。そうした事態を避けるべく、本書は彼の神学的議論に着目する。というのも、前述の通りバーガーの思索活動はある時期を境にしてその方向性を変化させていくのであるが、それにもかかわらず、彼のキリスト教信仰に基づく神学的議論がその活動を一貫して根本的に規定し続けていたと考えられるからである。彼は生涯にわたって篤信のルター派の信徒であり続けた。このために本書は、彼の信仰という論点を抜きにしてバーガーの思想を理解することはできないと考えているのである。この点が本書の最も大きな特徴の一つである。[4] しかしながら、バーガーの信仰という論点は俄かには受け入れがたいと感じられるかもしれない。社会学者としての一般的なイメージでのみ彼を捉えるのであれば、なおさらそうであろう。[5] それゆえ、この論点の重要性とそれを考慮に入れることの妥当性については以下の本論で詳しく論証していくことになるのだが、この時点で前もって簡略にこの問題を解決しておいた方がいいように思われる。

ここではバーガー自身の証言を引いておこう。自伝の末尾において、彼は自身のアイデンティティというものについて次のように語っている。

本書は社会科学者としての私の軌跡について語ってきた。〔……〕この職業的なアイデンティティは、私のアイ

［4］社会学と信仰という観点からバーガーを解釈しようとした試みとして、彼の思想を社会学者とキリスト者の「二重市民的アプローチ」（Ahern 1999）と見なすものがある。そこにおいてアネット・ジーン・アハーンは、「バーガーを適切に解釈するには二つの段階を経ねばならない」として、「第一にバーガーの宗教理論を吟味し」た上で「第二に宗教に対する社会学的視点と神学的視点を詳細に検討すること」を提起している（Ahern 1999: 2-3）。これは問題提起としては重要なアプローチであるが、とはいえあくまでも宗教研究に資する限りでバーガーを論じようとする試みであり、バーガーの思想全体に目を向けようとはしていない。この点において、アハーンの研究は限界のあるものであり、また本書とは目指す目標を異にしている。

［5］ミヒャエル・プファデンハウアーのモノグラフ（Pfadenhauer 2010=2013）は、『構成』以外の著作にも読者を導くことを目指して、『構成』を論述の大きな枠組みとしながらその他の著作にも目を配ってはいるが、やはりこれも信仰という論点に関しては不十分なものである。すなわちプファデンハウアー自身が認めているように（Pfadenhauer 2010=2013: 9）、同書はバーガー論としてバーガーの社会学に対する宗教的関心の影響をほとんど考慮に入れていないのである。本書の立場から言えば、これはバーガー論として大きな欠点である。

デンティティのヒエラルキーの中では三番目の位置を占めている。すなわち第一に、私の最内奥の自我を形成するものがある。――それは子供時代の夢の世界から始まり、青少年期の感情的な混乱を経て、とりわけ結婚と父親になったことに顕著に示される、成熟に近いものの訪れにまで至る部分である。私の場合、第二に宗教的な遍歴がある。――それは神の鳴らすドラムの低い音を聞き、それを理解する長い旅である。この二つの軌跡は本書では少ししか触れられていない。このため本書で語られた物語は、私の人生の中で最も重要なものという訳ではないのである。（Berger 2011: 258）

このように、バーガーは自身のアイデンティティを少なくとも三層の構造において把握している。すなわち彼の自己理解においては、第一に彼自身が何者であるのかということに関わる位相、第二に宗教的なものとの関わりにおける自己、そして最後に社会学者としての自己が来るのである。第一の最内奥の自己の層も宗教的なものに関わると考えられなくもないが、いずれにせよバーガーのアイデンティティのヒエラルキーの中では、社会学者としての彼はキリスト者としての彼よりも低い位置にある。ここには、バーガー自身の自己理解において、社会学よりもキリスト教信仰の方が根本的な位置を占めていたことが明示されている。そのため、彼の信仰やそれに基づく神学的な議論がその社会学的な議論を根底において規定していたと想定することも許されるのである。

もっとも、本書は神学者ないしは宗教思想家としてのバーガーを描き出そうとする試みではない。というのも本書は、バーガーを、まずもってキリスト教信仰を持った社会学者と見なしているからである。つまり本書の主眼は社会学者としてのバーガーの評価にあるのであって、神学者としての彼にあるのではない。本書の目論見は、篤信のキリスト者にして社会学者であったバーガーが現実の社会といかにして対峙したのかを描き出そうとすることにある。あるいは別の言い方をすれば、社会学者としてのバーガーとキリスト者としてのバーガーの緊張、相克が以下の議論における中心的な主題の一つになるということである。そのためここで主題とするバーガーの思想とは、何よりもまず彼が社会学者として表明した思想を指しているということを断っておきたい。[6]

右に述べてきたことから必然的に明らかになるように、本書がバーガーの思想の意義と言うとき、それは単に社会学理論の発展における彼の功績だけを指している訳ではない。本書の言うバーガーの思想の意義とは、彼のキリスト教信仰に支えられた、社会学理論とそれに基づく現代社会論全体の思想的な意義を意味しているのである。これらは、バーガーが社会学者として、そしてまたキリスト者として時代の難題と対決した苦闘の記録であり、その労苦の結晶である。それは専門的な社会学の理論研究の領野に収まりきるものではない。理論の体系的整合性や説明能力を検証しようとする通常の理論研究の枠組みでは、それを評価するには狭すぎるのである。バーガーの思索をこのようなものとして捉えるということは、そこに専門的な社会学理論研究の枠組みを越えた思想性を認めるということに他ならない。つまり本書はバーガーの書き残したテクストを、真空状態の中でひとりでに生み出された中立的な科学的命題としてではなく、この世界の現実的な文脈の中でなされた血の通った応答関係の所産として、そして自身を取り巻いていた現実に対する彼の態度決定の表明として読み解こうとしているのである。換言すれば本書は、バーガーの膨大な作品群を検討するにあたって、宗教的ないし政治的な思想と社会学説という観点を用意するということである。このようなものとしての彼の社会学説、それを支えていた思想、およびこれらに基づく規範的な社会構想こそが冒頭に

[6] 例えばロバート・C・フラーはバーガーを「われわれの時代における最も興味深い宗教思想家の一人」(Fuller 1987: 509) と見なしている。バーガーの神学思想、ないし宗教思想を取り上げ、それに考察を加えるというのは、無論のこと彼を論ずる際の一つの方法であろう。だが、本書はこのような視角をとろうとは思わない。その理由として、それは神学あるいは宗教学研究の専門的な課題に分類されるものであるということに加えて、本書がバーガーをまずもって社会学者であった人物として考えているということが挙げられる。たとえフラーの言う通り、バーガーがキリスト者として「社会科学的方法の限界を痛烈に感じ」、「現世性の宗教的拒否と呼びうるもの」を提唱していたとしても (Fuller 1987: 498-9)、彼は公的には社会学者をもって自認していたのである。彼が社会学者という職業に込めた含意については、第三章で詳しく論じる予定である。

立てた問い――バーガーの思想ということで何を意味するのか――に対する本書の答えであり、また本書において論究の対象となるところのものである。

それゆえまた本書はバーガーの作品群を検討するに際して、部分的に思想史的なパースペクティヴをも採用しなければならないだろう。特に本書の後半部の主題となるバーガーの現代社会論は、実際に、彼に近しい政治思想家や神学者との対話の中で同時代的文脈を意識しつつ展開されたものだからである。より正確に言えば、バーガーの現代社会論は同時代の保守主義思想への接近と乖離の中で形成されたものなのである。これは、彼の現代社会論を吟味する際に、政治思想史の中のバーガーという観点が不可欠であるということを意味している。このためわれわれはそれを考察するにあたって、アメリカの政治思想史研究の知見も援用しながらその意義を浮かび上がらせていく予定である。

思想史的なバーガー論としては、ギャリー・ドーリエンの研究（Dorrien 1993）が、本書の他にほぼ唯一の先行研究として存在する。その点において同作は貴重なものであり、本書もしばしばこれを参照することになるだろう。とはいえこれもバーガーの思想全体を取り扱っている訳ではないし、彼を論ずる際の視角にも問題があると言わざるをえない。同書の欠点は何よりも、それがネオコンとしてのバーガーを論じることに終始しているという点にある。すなわちドーリエンは、バーガーがネオコンの一人であるということを自明の前提とするあまり、その多様な論考のほとんどすべてを彼の政治的立場に還元してしまっているということである。[7] ここでは通常のバーガー研究において支配的な傾向とは逆に、社会学説への視点が欠落しているのである。ネオコンと呼ばれる保守派グループの形成と変容は二〇世紀のアメリカ政治思想史に関する研究の中心的主題の一つであり、この問題に引きつけてバーガーを理解しようとする試みの意義は十分に首肯しうるものである。とはいえバーガーがまずもって社会学者であったことを踏まえるならば、この端的な事実を看過することも大きな欠点であることが分かるだろう。その場合には、バーガーの社会学説とその政治的立場との関係を問おうとする視座が抜け落ちてしまうからである。

かかる視角からバーガーを論ずることは、先に述べた通り、単なるバーガー研究であるにとどまらず、現代アメリカ社会論にも大きく寄与することになるだろう。またそれに加えて本書は、それを通じてアメリカ社会学説研究にも重要な示唆を与えうるはずである。なぜなら本書は、バーガーの作品群を二〇世紀中葉から二一世紀初頭までのアメリカ社会の動向に関連づけて理解することを目指すからである。二度にわたる世界大戦の勝利の結果として、二〇世紀のアメリカは政治、経済、文化だけでなく学問の面においても世界的な覇権を握るに至った。周知の通り、もちろんこれには亡命学者たちの存在も大きく寄与していたことは言うまでもない。しかしながらそのヘゲモニーも二〇世紀の後半には早くも崩壊の兆しを見せ始め、冷戦終結以降の多極化する世界の中では、アメリカの影響力の相対的な低下は歴然としつつあるように思われる。とはいえそれは、アメリカのヘゲモニーが崩れつつあることを条件として、アメリカ社会学とは何であったのか、あるいは何であるのかということを改めて問う余地が生まれてきたということでもある。それは、二〇世紀の中葉においてはときにスタンダードなものと見なされることもあったアメリカの社会学を、アメリカ文化の一側面として理解する距離感が生じるということなのである。本書は、大局的にはこのような観点に立ちながら、それに対するささやかな貢献を試みるものである。[8]

最後に本章を閉じるにあたって、以下に続く本論の構成を示しておく。先に述べたように本書は、先述の二つの問いとバーガーにおける関心の変化に対応して、前半部では主としてバーガーの理論研究を、後半部ではそれに基づく

[7] 清水晋作のダニエル・ベル研究（2011）におけるバーガーについての論述も、ドーリエンと同じ欠点を共有している。さらに同書には、そのネオコン理解に関しても不十分な点がある。それはネオコンの世代間の相違に関する認識の不十分さである。すでに多くの論者が主張しているように（Dorrien 2004; Vaïsse 2008=2011; Ryan 2010）、世代区分という論点を抜きにしてネオコンを論じることはできない。本書も第五章や第六章でこの問題に触れることになるだろう。

[8] アメリカ社会学を普遍的なものではなく特殊なものとして捉えようとする研究としては、アーサー・J・ヴィディクとスタンフォード・M・ライマンのものがある（Vidich & Lyman 1985）。これはアメリカ社会学を宗教の世俗的代替物として理解しようとする研究であるが、同じような観点に立つものに、クリスチャン・スミスのアメリカ社会学研究がある（Smith 2003, 2014）。

彼の現代社会論を扱う。その結果として本書の議論は全体としてほぼ時系列に沿って組み立てられることになるが、とはいえ過度に時間的順序に拘泥することは避けて、前半部においても必要な限りで一九七〇年代以降の種々の作品に言及することとする。それは前半部で扱う問題を解くために必要なことだからであり、それによって後半部の諸々の主題の理解も助けられることになるだろう。

第一章はバーガーの学問的営為の出発点にあたる一九五〇年代の議論を取り上げる。主たる考察対象となるのは、一九五四年にニュー・スクール・フォア・ソーシャル・リサーチ（以下ニュー・スクールと略記）に提出された彼の博士論文と、その後のドイツでの調査を基にして著された論考である。バーガーにおける社会学的関心と宗教的関心の二重性を確認することがここでの目的となる。

第二章の主題は『構成』の完成に至るまでの理論的発展の過程である。第二章はそれについての考察を通じて、前章で確認されたバーガーの博士論文の議論がどのようにしてその後の理論へと社会学的に洗練されていったのかということを明らかにする。そこでは、『構成』として知られる理論の構築の過程において、バーガーがそれ以前の宗教的なターミノロジーを徐々にそぎ落としていった様子が描かれることになるだろう。

第三章では、バーガーにおける宗教的関心のこの一見するところの後景化の理由を解き明かし、その上で、一九六〇年代に登場してきたラディカル社会学に対するバーガーの批判とその神学的根拠についての考察を通して、彼の社会学的議論とキリスト教信仰との関係を解明する。概略的に述べれば、バーガーは、ウェーバーの議論とルター派の思想に依拠することでラディカル社会学とは異なる形で社会学を意義づけようとしていた。これを論証することによって、第一章で確認された彼の関心の二重性がいかなる形で調停されるようになったのか、そしてなぜ彼の思索において右に述べたような転回が生じたのかということが明らかになるはずである。これが本書の第一の問いに対する解答になる。また第三章においては、最後に、この転回を経た後のバーガーが第一世代のネオコンの立場に接近していたことが確認される。

第四章からは後半部の内容——本書の第二の問いに関する議論——になる。第四章は一九七〇年代のバーガーのアメリカ社会論を取り上げる。そこでの中心的な主題は正当化の危機という事態である。これは『構成』において理論的に描き出された社会的世界の現実的な成立可能性に関わる最初の議論であった。第四章では、仲介構造論にまつわる時事論の寄稿やハートフォード宣言の起草、発布といったバーガーの様々の社会活動も確認しながら、この時期の彼の所論を追うことになる。

第五章は一九七〇年代から八〇年代にかけてのバーガーの資本主義擁護論と、同時期の彼の対話相手の一人であったマイケル・ノヴァクの同種の議論とを対比する。二人の議論の比較検討を通じて、その後の九〇年代に訪れるバーガーとネオコンとの決裂に至る伏線を見出しておくことがこの章の目的である。具体的には、資本主義やアメリカ社会に対するノヴァクの熱烈な宗教的正当化の中に、バーガーとの見解の相違とその後のノヴァクらの原理主義化の萌芽を見出しておきたい。

第六章は今述べた決裂を迎えるまでの消息を、主にリチャード・J・ニューハウスとの関係に即してたどっていく。一般にこの決裂は、ニューハウスやノヴァクが「神政保守」（theocon）の方向へと舵を切ったことが直接的な原因と見なされている。しかし本書はこのような見方とは異なり、バーガーとニューハウスの関係の断絶にはより深い対立の源泉があったことを示すことになるだろう。それに際して本章は、ニューハウス、バーガー、ハンターらが参加していたウィリアムズバーグ憲章の内容も紹介しつつ、議論を進めていく。

第七章は「文化戦争」という状況を前にして構想された、バーガーの規範的な社会像を明らかにする。ハンターの提起した文化戦争論は、分極化するアメリカの様子を克明に描き出すものであると共に、それまでのバーガーの現代社会論に対する鋭い批判を含むものであった。これを受けてバーガーは、第四章で確認した七〇年代の議論の根本的な修正を余儀なくされることになる。また、その改訂の作業はこれまでに見てきた議論の最終的な総合の試みでもあった。彼はそこで、多元主義がニヒリスティックな相対主義や暴力的な闘争に陥るのを防ぐべく、人格の価値と自由――人間の尊厳――を理念的な核とした社会とその制度的秩序を構想するに至る。ここにおいてわれわれは、漸く彼の思索の到達点にたどり着くはずである。以上の議論を通して、本書はバーガーの思想の全貌の解明に取り組むと共に、それを通して現時点での彼の評価を見定めることに努めたい。

第一章　社会学的関心と宗教的関心の二重性

本章の目的はバーガーの一九五〇年代の関心の様態を、特に、彼がその活動の初期から宗教に深い関心を寄せた社会学者であったという点に着目しつつ明らかにすることである。これまでのところ、学者としての彼の出発点である博士論文をはじめとして、この時期のバーガーの活動はほとんど明らかにされていないと言ってよい。しかし五〇年代は、その後の半世紀以上にわたるバーガーの思索活動の端緒にあたる極めて重要な時期である。というのもそこには、バーガーという思想家を考える際に看過することのできないいくつかの論点が確認されるからである。それらの中のあるものは非常に明瞭な形で存在するのに対して、別のものは注意深く探さねばならないような萌芽的な形においてしか認められないのだが、ともかくもそうした重要な論点がこの時期の思索の内に様々に包有されている。それゆえ彼の知的営為の全貌を理解するためには、まずはこの五〇年代の彼の関心と活動の詳細を取り押さえておくことが不可欠である。

そのために本章は、まずは一九五四年にニュー・スクールに提出された彼の博士論文を検討する（第一節、第二節）。バハーイー教の歴史を扱ったこの作品も、おそらくごくわずかのバハーイー教の研究者を除けば全体として通読されたことはほとんどないため、[1] それを論ずるだけでも意義のあることであろう。次いでこれと密接に関連した主題として、同時期の彼の作品、特にドイツでの調査研究に示唆を受けた論考を取り上げる（第三節）。以上の論述を通じて、バーガーの五〇年代の思索は主に二つの主題からなることを明らかにしたい。すなわち第一にバハーイー教研究、第二にドイツでの調査活動である。バーガーはこのバハーイー教研究においてウェーバーの議論を継承しつつ、それを部分的に修正しようとしていたが、これは彼の教師の一人であったカール・マイヤーの問題提起の継承であった。これらの主題を取り上げることを通して、さらに次のことが示されることになる。すなわち、現代における宗教の再生を模索するという宗教的な関心が右の二つの主題を貫く最も根本的なものであったということ、しかしそれと同時に、バーガーは現代という時代についての冷厳な社会学的認識を備えてもいたということである。

第一節　ニュー・スクールの知的環境

バーガーの博士論文はいかなる知的環境の下で執筆され、提出されたのだろうか。周知の通りニュー・スクールは一九三〇年代にアルヴィン・ジョンソン学長の下で、大勢のヨーロッパからの亡命学者を受け入れていた。彼らは一九五〇年代にはもはや単なる亡命学者ではなく、アメリカにおいて確固たる地位を築いた学者となっていた。特に社会科学や社会思想の面からニュー・スクールの歴史を著した一書によれば、こうした亡命学者たちの若かりし頃以来の関心の的はマックス・ウェーバーであったという。そのため「一九五〇年代から六〇年代の初頭にかけてしばらくの間、ニュー・スクールの大学院はウェーバーの作品を知的な議論の源泉にしており、それが小規模ではあるが重要な、アメリカの若い学者集団に影響を与えたのである」（Rutkoff & Scott 1986: 200）。これらの亡命学者の中でも特にアルベルト・ザロモン、シュッツ、そしてマイヤーの三人の学者によって、ウェーバーはニュー・スクールの大学院において中心的な関心の対象となっていたという[2]（Rutkoff & Scott 1986: 213）。

この三人はバーガーが自分に決定的な影響を与えてくれたと自伝で述べている人物でもある（Berger 2011: 17）。彼によればこの三者からは種々の影響を被ったとのことであるが、とはいえこの時期以降も含めて彼の思想を総体として捉えた場合、やはりウェーバーの影響が顕著である。バーガーはその思索活動の様々の局面においてウェーバーの議論に依拠しながら、それとの対話の中で絶えずウェーバーから微妙に逸脱する形で自身の立場を築いていった。ウェーバーに対するこの一見するところの信順と、ともすれば見落としてしまいがちな離反の両面は、バーガーの思想を理解するに際して極めて重要な視点となる。後で見るように、彼の博士論文もまたその好例である。[3] それゆえ彼の博士論文はまさに当時のニュー・スクールの知的な環境を色濃く反映する作品であり、その点において、先に挙げた三人の学者からの影響を深く刻印するものであった。この三者の中でもシュッツは、バーガーとの関係はもちろんのこと、ウェーバーとの関係やそれをめぐるパーソンズとの論争なども含めてよく知られていると思われるため、以下では他の二人についてそれぞれ簡単に紹介をしておこう。今やほとんど自明となった、シュッツからバーガーへ続く現象学的社会学の系譜という社会学の教科書的理解を思い起こすならば、バーガーがその思想形成に際してシュッツ以外の人物からも影響を被ったというのは重要な事実である。

ザロモンは一九二〇年代中葉という極めて早い時期に、ドイツでウェーバーの社会学に総論的な論評を加えた人物

---

［1］バハーイー教に関する研究書にはバーガーの博士論文への言及を含むものもいくつか散見される。なかでも、それについて少々立ち入った考察を加えているものにピーター・スミスの論文がある（Smith 1978）。そこでは、バーガーが扱う資（史）料に対する批判などの興味深い議論がなされているが、全体としてスミスの主眼は、バハーイー教を分析する際のバーガーの概念的道具立てが不十分であるという点に置かれており、博士論文における彼の関心などは問題にされていない。

［2］ローレンス・A・スキャッフはアメリカにおけるウェーバー受容の主たる経路として、パーソンズの社会学、ハンス・ガースとC・ライト・ミルズによるウェーバーの英語訳論文集に加えて、ニュー・スクールの学者たちを挙げている（Scaff 2011: 229-44）。

［3］この他に比較的早い時期におけるウェーバーへの批判的な論考として、『アメリカン・ソシオロジカル・レビュー』誌に掲載された一九六三年のカリスマ論が挙げられる（Berger 1963b）。これはウェーバーの生きた時代以降の聖書学の発展を踏まえて、ウェーバーの議論の部分的な修正を試みたものである。

である（Salomon 1926）。ザロモンがこのように早い段階でウェーバーを総括的に論ずることができたのは、おそらく彼がエーミール・レーデラーやジェルジ・ルカーチといった人物と交友を持っていたためだと思われる（Matthiesen 1988: 307–11; Loader & Kettler 2002: 74, 103）。ザロモンは一九三〇年代にもニュー・スクールの紀要を通じて積極的にアメリカへのウェーバーの紹介に努めていた（Salomon 1934, 1935a, 1935b）。ウェーバー研究者のスティーヴン・カルバーグによれば、英語で書かれたこの一九三〇年代のウェーバー論も、英語圏では最も早い時期におけるウェーバーの全体像の紹介にあたる[4]（Kalberg 1993: 585）。バーガーとの関係を付言しておけば、彼がニュー・スクールで初めて履修した課程がザロモンの担当する「社会学者としてのバルザック」という授業であり、彼はそこでザロモンから社会学的な考え方を教わったと述べている（Berger 2011: 12–3）。

一方マイヤーはバーガーの博士論文の指導教員を務めた人物である（Berger 2011: 25）。ユダヤ人であったシュッツやザロモンとは異なり、マイヤー自身はプロテスタントであったが、彼の妻がユダヤ人であったためにアメリカに亡命することになったのだという（Berger 2011: 24）。亡命以前の時期も含めたマイヤーの学問的経歴に関しては、アルフレート・グーゴルツの論文に詳しい（Gugolz 1991）。グーゴルツによれば、マイヤーの思想形成において大きな影響を与えたのは、エドゥアルト・ハイマン、アルトゥール・ザルツ、カール・ヤスパース、カール・マンハイム、マックス・シェーラーといった思想家であった。ハイデルベルク大学において、マイヤーはこのザルツの下で博士論文を執筆した（Mayer 1933）。ザルツはマックス・ウェーバーとエルンスト・トレルチの学生の一人であり、セクトと教会の問題を扱ったこの論文には、ザルツを通じた二人の影響が見て取れるという。後述するように、彼はその中でウェーバーとトレルチのセクトと教会の類型に関して、この類型論が専ら組織の形態についての議論であり、それぞれの宗教生活の内容を取り上げていないと批判していた[5]。バーガーはマイヤーのこうした問題提起を自らの博士論文においてさらに敷衍しようとしたのだと述べている（Berger 2011: 36）。

バーガーの博士論文はこのような環境において、「セクトから教会へ——バハーイー教運動の社会学的理解」という表題で執筆、提出された（Berger 1954a）。審査にあたった教員の情報は記載されていないが、自伝の記述からは、少なくともシュッツは口頭試問の場に来ていたことが分かる（Berger 2011: 22-3）。この学位論文の分量は、脚注を含めてA4のタイプ原稿一九四ページ分である。構成は四章立てで、第一章から第三章まではバハーイー教の歴史を、最後の第四章はそれに基づく理論的考察を扱っている。バーガーによれば、それは「一九世紀のイランにおけるメシア的運動から二〇世紀のアメリカにおける幾分か落着いた共同体へというバハーイー教信仰の変遷についての研究」（Berger 2011: 27）であった。

とはいえ、なぜバーガーはバハーイー教という一見すると特殊な主題を選んだのであろうか。バハーイー教という宗教は、特にわれわれ日本人にとっては馴染みのないものかもしれない[6]。自伝によれば、この主題選択の直接的な契機となったのはミールザー・アフマド・ソフラブという人物との出会いであった。ソフラブは一九一二年から一九一五年まで、バハーイー教の二代目の指導者であるアブドル・バハー、通称アッバース・エッフェンディの通訳

[4] 英語圏ではザロモンの紹介以前にはわずかに、パーソンズによる『プロテスタンティズムの倫理と資本主義の精神』についての論文と、古代史家による『古代農業事情』へのいくつかの論評があるだけだという（Kalberg 1993: 585）。ただしその全体像の紹介には至らないものの、フランク・ナイト、パーソンズ、エドワード・シルズらによる英語訳を通じたウェーバーの受容は、ザロモンの論文にわずかに先んじて始まっていた（Scaff 2011: 202-3）。

[5] グーゴルツは次のように述べている。「マイヤーは、ウェーバーがあまりにも軽率にその類型論をつくり、そもそもの宗教的欲求を無視し、あまりにも経済的な原理に依拠しすぎてしまっていると非難する（Mayer 1933）。マイヤーの考えでは、宗教が持つ共同体形成力に関する根本的な問題は、ウェーバーの著作において正当に考察されていないのである」（Gugolz 1991: 129）。

[6] バハーイー教は一九世紀のイランにおいてイスラーム教およびバーブ教から派生して成立した一神教的宗教であり、公称では現在世界中に六〇〇万人近くの信徒を有し、二三六の国と地域に共同体を持つ世界宗教である。バハーイー教は一九世紀末の北米大陸への布教を契機として、それ以降世界的に広まっていった。二一世紀初頭の時点で、アメリカには約一四万五〇〇〇人の信徒がいるという（Hartz 2002=2003）。

を務めていた人物である。アッバースはヨーロッパやアメリカにバハーイー教を広め、当地の人々に、現代における「一種のキリスト的な人物」（Berger 1954a: 73）の印象を与えた指導者であった。バーガーの自伝の述べるところでは、ソフラブはその間のアッバースの言行や彼と出会った人の様子を英語で日記に記しており、それを読んだバーガーがその内容に大いに魅了されたとのことである（Berger 2011: 34）。ここから推論するに、学位論文における主題選択の理由としては、彼が同時代の生きた宗教の事例としてのバハーイー教に社会学的な関心を寄せたというのが妥当な線であろう。そうだとすれば、そこからはさらに次のことが推察されうる。すなわち篤信のキリスト者でもあったバーガーはバハーイー教への関心の裏側で秘かに、現代における宗教的なものの現れとその様々の様式にも目を向けていたのではないかということである。この点については後に改めて立ち戻ることになるが、以下ではひとまずそれに関して、バーガーの博士論文の理論的考察の部分を取り上げよう。

第二節　博士論文

右に述べた通り、バーガーの博士論文はバハーイー教の歴史を、救世主の到来を待望する至福千年説的運動の漸次的な変容過程として捉えている。すなわちそれは、現世に対して敵対的なセクト運動から、倫理的な教えを重視する、現世に対して比較的順応的な世界宗教への進展として理解されるのである。それが彼の博士論文の表題で言われる、セクトから教会へと至る運動である。論文執筆時点までのバハーイー教の歴史を第一章から第三章までで概観した上で、バーガーは結論部の第四章でそれについて理論的な考察を加えている。バーガーが言うには、バハーイー教の発展は、宗教社会学において重要な問題の一つであるセクトの性質に関して鋭い洞察を与えてくれるという。すなわち、

それは、第一にセクトから教会への発展における宗教的モティーフと社会構造の関係に関してある結論を引き出

すことを可能にしてくれる。第二に教会的形式の起源について優れた見方を与えてくれる。最後に第三に、東洋から西洋へのバハーイー教の移転は宗教的コミュニケーションの性質や回心という現象について非常に興味深い情報を与えてくれる。（Berger 1954a: 145）

これらはそれぞれ第一、第二の問いが社会学的な主題に、第三の問いが神学的な主題に関わっていると言えよう。全体としては、この第四章はセクトと教会をめぐる議論を主題としている。これは宗教社会学においては、周知のようにウェーバーやトレルチによって主題的に展開された議論であるが、バーガーはここでは専らウェーバーを意識している。それゆえここでのバーガーの行論はウェーバーの議論の継承と修正という形をとる。具体的には、バーガーは宗教的経験に関する議論をセクトや教会の定義に組み込もうとするのである。すでに確認した通り、彼は、それが彼の指導教員であったマイヤーの議論に従うものであることを率直に認めている（Berger 1954a: 149）。だがそのとき、彼にはマイヤーに従うということに加えてさらなる動機があったように思われる。それは彼の宗教的関心に基づくものである。つまりその後の神学的著作に顕著に見られる、宗教の本質を宗教的経験に見出そうとするバーガーの姿勢がすでにここに垣間見られるのである。さらに同章の末尾でバーガーは、こうした論述の上に彼自身の現代アメリカ論を重ねている。詳しく見ていこう。

バーガーはセクトや教会の定義に関して、ウェーバーの『社会学の基礎概念』における、政治的制度に関する一般的類型論との関連においてなされた議論を取り上げる。それに従えば教会は規範的秩序と物理的強制力を有した政治的制度、すなわちアンシュタルトであり、それに対してセクトは個々人の任意による自発的結合であるとされる。バーガーはこの議論にカリスマの日常化論を重ねつつ、セクトから教会への発展という集団の拡大の過程をバハーイー教の歴史に見ようとする。曰く、「明白に見て取れるように、セクトは、ウェーバーがカリスマの「日常化」と呼ぶ過程に従って、必然的に教会的類型へと発展していく」（Berger 1954a: 147）。言うまでもなく「日常化」とは、ウェーバーにおいては、カリスマの備える非日常的性質が薄れていき、支配の正当性の根拠がカリスマ以外のものに移っていく過程を指す。しかしここにおいてバーガーは日常化論を支配の正当性論から切り離し、それをセクトから教会への集団の変質論に適用するのである。ちなみにグーゴルツによれば、バーガーにおけるこうした観点はマイヤーの論文にすでに認められるという。グーゴルツは、カリスマの日常化という事態に象徴される精神の力と時間の力の「互いに対する不断の緊張関係」(Gugolz 1991: 130) という主題の存在を、セクトと教会を扱ったマイヤーの博士論文に見て取るのである。この観点がおそらくバーガーにも継承されている。

この議論に関してウェーバーのいわゆる「ゼクテ」論文を参照するならば、バーガーとウェーバーの相違がより明瞭になるだろう。バーガーは特に言及していないが、「ゼクテ」論文もウェーバーがそこにおいてセクトや教会という主題を扱った作品だと見なしうる。同作は『プロテスタンティズムの倫理と資本主義の精神』の姉妹編をなす作品であり、彼が自身の仮説の生きた証拠をアメリカのセクトの中に見出したことが表明されている重要な論考である。周知の通り、それはカトリック教会から分裂したプロテスタント諸派の様子に主眼を置いている。すなわちウェーバーはそこにおいてキリスト教教会の歴史的展開を論じているのであり、カリスマの日常化論はそれとは別個の、政治的世界にまつわる理論的な議論として独立して存在するのである。それに対してバーガーは、カリスマの日常化論を中心的な軸に据え、それをセクトから教会へという組織形態の議論へと転用する。ウェーバーが主にキリスト教に関する歴史的議論を展開したのに対して、バーガーは議論を宗教的組織一般の形態論へとずらしているということである。

このようにセクトと教会をめぐるバーガーの議論は、ある面では、ウェーバーの支配の社会学における知見の一部をセクトと教会の類型に応用したものであった。バハーイー教の歴史はこの議論を例証する重要な事例である。曰く、「われわれはウェーバーの「日常化」の概念がセクトから教会への発展において有効に証明されうると考えているし、また実際に、バハーイー教運動の事例においてそれがなされうると考えている」(Berger 1954a: 154)。ここまで見てくれば、バーガーが第四章冒頭に掲げた三つの問いの最初の二つはほぼ解決される。すなわちバハーイー教においては、至福千年説的モティーフが徐々にその影響力を変質させ、それと同時に教団の力点が革命的な現世拒否から現世への順応の方へと移っていき、それに応じて最終的にはセクトから教会への発展が生じたとされるのである。バーガーは具体的事例を引き合いに出しながら、日常化と教会形成の過程をより詳しく追跡している（Berger 1954a: 159–75）。

このように概略を述べると、バーガーはウェーバーの議論をほぼそのまま踏襲しているかのように思われるかもしれない。ところがまさにこの日常化をめぐる議論において、バーガーはウェーバーの議論に微妙ではあるが重要な修正をも施そうとするのである。それはセクトや教会の定義それ自体に関わるものである。バーガーはウェーバーの議論の妥当性をある程度認めつつ、また自身によるウェーバーの要約が極めて簡潔であることを認めつつ、それでもセクトと教会についてのその定義は不十分であると述べる。例えばウェーバーの定義に従えば、すでに当時のアメリカにおいて巨大な勢力となっていたバプテスト派ですらそれへの所属の仕方のためにセクトに分類されてしまうといった、現実にそぐわない事態が生じるというのである（Berger 1954a: 148）。もちろんこれはバーガーに先んじてH・リチャード・ニーバーが指摘した問題であり、このために彼が教派（denomination）という概念を創出したことはよく知られている。

しかしさらに重要なことに、バーガーは、ウェーバーによるこうした定義がウェーバー自身の理解社会学の観点から見て不十分だと指摘するのである。曰く、

ウェーバー自身の観点から言えば、セクトや教会といった現象の背後にある内的意味を理解する必要がある。この内的意味は宗教的な意味であるため、われわれは、特殊な宗教的相違を考慮に入れるような定義を必要とする。〔……〕ウェーバーの定義はあまりにも「社会形態学」に依拠しすぎているのである。（Berger 1954a: 149）

言い換えればセクトや教会に関するウェーバーの類型論は、組織論的観点を強調しすぎるあまり、それらの宗教生活の内実を捉えきれていないというのである。こうした批判はトレルチの議論にも当てはまるとされる。ここにおいてセクトや教会の定義をめぐるバーガーのこうした批判の土台となっているのが、宗教的経験に関する議論である。彼が第四章の冒頭に掲げた第三の問いはまさにこの点に関わる。

先述の第三の問いにおいてバーガーが論じているのは、宗教的経験とそれに伴う回心の様子である。それは『天使のうわさ』をはじめとするその後の神学的著作で論じられているような、宗教的経験についての宗教現象学的な議論である。バーガーによれば宗教的経験は日常のリアリティとは異なるリアリティとの出会いであり、また「回心とは古いリアリティから新しいリアリティへのステップである」（Berger 1954a: 176）という。おそらくウィリアム・ジェイムズやシュッツの多元的リアリティ論を意識しながら、バーガーは、こうした経験自体は宗教的経験に固有の過程ではないこと、美的経験や何らかの理念体系との出会いにも類似の性質があることを指摘する。だとすれば宗教の場合に固有の特徴とは何なのであろうか。彼によれば宗教的回心に特有なのは、ルドルフ・オットーの用語を借りれば、このリアリティ間の移行に「「ヌーメン的」性質」（Berger 1954a: 177）が伴うことである。つまりそれは「常に闇から光、実存のより低いレベルからより高いレベルへの移行」（Berger 1954a: 177）なのである。そこに見られるのはリアリティ間の単に水平的な移動にとどまらない、垂直方向のベクトルである。バーガーは、アッバースなどのカリスマ的指導者が生きていた時代には、彼らの人格的な力によるこうした回心の経験が数多く記録されたと記している（Berger 1954a: 177）。バーガーはこうした宗教的経験の観点をセクトや教会の定義に組み込もうとするのである。

すでに述べたように、その際バーガーはこの問題に関してマイヤーの議論を受け継いでいた。彼によれば、マイヤーはウェーバーとトレルチを批判して、教会とセクトを特に宗教的基準との関連において定義する必要性を強調した。これは、バーガーがウェーバーの議論における理解社会学的観点の不徹底として指摘していたのと同種の批判である。このためマイヤーは、セクトを霊（spirit）の秩序、教会を律法の秩序と定義する。バーガーによれば霊とは「宗教的対象そのもの」、すなわち「そこにおいて人間が聖なるものと出会う宗教的体験を生み出すもの」（Berger 1954a: 152）のことである。しかしバーガーは、確かにマイヤーのこうした基本的なアプローチに同意するものの、その定義はまだ不十分であると述べる。というのもマイヤーの定義に従えば、霊性はセクトにのみ保持されることになるからである。その場合には、教会とセクトとの連続性は見失われ、両者は相互に断絶した制度として規定されてしまうことになるだろう。それに対してバーガーは、教会とセクトのどちらの類型にも何らかの類の霊的経験が見出されると述べ、両者の連続性を主張する。そのためバーガーは、宗教的なものとの関連でそれらを定義しなければならないというマイヤーの問題提起を受け継ぎつつ、彼自身の定式化を用意するのである。

彼はマイヤーの定義に代えて、さらにはウェーバーのゼクテ論に含意されていた歴史性も外して、次のような定義を提案する。

> われわれはセクトを、一時的なものであれ持続的なものであれ、霊が直接的に現前しているという信念に基づく宗教的集団として定義しうる。他方教会は、霊が遠いという信念に基づく持続的な宗教的集団として定義しうる。[7]
> （Berger 1954a: 152）

つまり彼は聖なるものの近さ／遠さの感覚という主観的な思念を基礎とする定義を提案するのである。これがウェーバーの理解社会学的観点を取り入れたバーガーの見解であった。この近さと遠さの感覚という基準から次のような理解が導き出される。

［7］強調は原著者による。これに関して、特に断らない限りは以下すべて同様である。

宗教的基礎を持つ社会集団は、聖なるものの場所を中心として形成されるものだと理解することができる。聖なるものに近い領域は特殊宗教的な領域である。その外側には、語の宗教的な意味での現世がある。(Berger 1954a: 152–3)

バーガーはこのように述べて、霊を中心としてそこから外側へ向かってセクト、教会、現世と続いていく同心円を図示している(Berger 1954a: 153)。ここで重要なのは、「教会自身の立場は霊と現世を仲介するものとして理解される」(Berger 1954a: 154)ということである。教会は聖なる力の源泉たる霊から遠く離れた位置にあるとはいえ、その名残を完全に失うのではない。セクトや霊そのものが持つほどの力はないものの、それが消え去っている訳ではないのである。

ここに至ってバーガーによるウェーバーの議論の修正点が明らかになる。つまりこうである。ウェーバーの日常化論ではカリスマの権威、ここで言う霊の力が消えていってしまうという点に力点が置かれていた。それに対してバーガーの日常化論は、教会の定義に顕著に見られる通り、日常化の中でも聖なるものが残りうる可能性を示唆しているのである。そしてまたこれは、マイヤーにおけるセクトと教会の定義の部分的な修正でもあった。バーガーはバハーイー教運動の発展を以上のような概念枠組みの中で理解したのである。[8]

さらにバーガーは、セクトと教会それ自体をより大きな、動態的な関係の中で捉えようとする。「われわれのアプローチは次のような考えに基づいている。宗教集団とより広い社会制度との関係は互酬性や相互作用の関係にあり、どちらか一方向の決定の関係ではないという考えである」(Berger 1954a: 146)。もちろんこれを支える命題の一つは日常化論である。だがバーガーにおいて霊、セクト、教会、現世をめぐる関係の動態性は決して日常化の過程の一方的強調には尽きない。「霊はいついかなる時でもかつて現世であったところの中心に新たに現れ、新しい関係システムを生み出しうる」(Berger 1954a: 154)とされるからである。つまり日常化とは反対方向の動きにも目が向けられているのである。ウェーバーにおける教会／セクトの類型に含意されていた歴史性を外すことの強みが、ここで生きてくる。すなわちバーガーは霊の力と日常化の作用の相反するベクトルの中でセクトと教会を捉えることによって、両者の固定性を相対化しながら、それらを循環論的視角においてより動態的に理解しようとするのである。それは、たとえ何らかの教会的形式が制度化されていったとしても、なおも新たに霊の力の現出の可能性がありうるということである。これは聖なるものが新たに再生される可能性を認める理解であり、バーガーは博士論文においてこのような可能性をも理論的に模索していたのである。

このように見てくると、博士論文における彼の目論見は、単にウェーバーのセクト／教会論を継承した上でそれを部分的に修正するということには尽きなかったことが分かるだろう。換言すれば、バーガーのバハーイー教論におけるウェーバーの議論の修正は、ある根本的な関心に支えられていたということである。それを一言で言い表すとすれば、宗教的経験への関心と定式化できるだろうか。これこそがバーガーによるウェーバーやマイヤーの議論の修正を根底において促し、教会化が進んでもなお残存する霊性の模索や霊と現世の相互的循環論の展開を駆り立てていたものである。しかもその博士論文においてバハーイー教が題材とされていることからも窺える通り、彼のこうした関心は必ずしもキリスト教に限定されたものではなかった。バーガーの考えでは、真正の宗教的経験の可能性は決して

[8] この点において、バーガーが、アッバースの遺言によって設けられた「守護者」(Berger 1954a: 102) の制度に止目していたことに留意しておくべきであろう。守護者とは、アッバース以降のバハーイー教の指導者に与えられる制度的な地位のことである。バーガーは、守護者という制度の設立によって、バハーイー教の確固たる教会的形式が成立したと見ていた。バーガーによれば、「守護者の制度とその派生的機関は明らかに、啓示の時期が終わった後のバハーイー教運動の未来を守るための教会的形式として考え出され、理解された」(Berger 1954a: 105) という。すなわち守護者は預言者そのものではなく、啓示の内容を守り、伝えていく者にすぎないのである。とはいえ、それはまさに啓示の力を絶やさぬために案出された制度であった。つまりバーガーの概念的枠組みで言えば、それは霊の現出の時代を遠く離れて日常化していった教会に聖性を保持しようとする制度だったのである。

キリスト教徒に限られたものではない。宗教的経験の可能性は人間にとって普遍的なものであり、理論的にはキリスト教徒以外の宗教者にも等しく開かれたものなのである。これは他宗教への寛容な態度や、その結果としての宗教的多元主義の容認にもつながりうるモティーフである。このモティーフは、その後も形を変えながら通奏低音のようにバーガーの思想に響き続けることになる。

右に述べたことを証立てるように、バーガーはその博士論文の末尾の箇所でさらに、ウェーバーから大きく離れた議論を展開する。すなわちバーガーは宗教が対処すべき不利な条件として、近代における宗教一般の困難な状況を論じるのである。それはバハーイー教が布教の過程の中で、西洋、なかでも特にアメリカにおいて直面した状況でもあった。ここにおいてバーガーはウェーバーの議論を修正するのみならず、そこに彼自身の現代アメリカ論を重ねているのである。バーガーが取り上げるのは「宗教の市場的状況」（Berger 1954a: 181）である。これは宗教の多元化および相対化という事態を言い表したものであるが、同じように価値の多元化を問題化したウェーバーの捉え方とは異質の現実の描写である。

ウェーバーにあっては、例えば『職業としての学問』に説かれているように、現代において宗教は神々の闘争に巻き込まれるか、没意味化しつつも私秘的集団の中で細々と生き延びると考えられていた。それに対してバーガーは、現代の宗教は市場における商品のようなものとして、より公的な形で生き残ると見る。かかる状況においては、宗教が神々の闘争に陥るということはないだろう。商品と化した宗教にそのような事態を招きうるほどの内発的な原動力はないように思われるからである。あるいはバーガーの見方に従えば、たとえ宗教間の暴力的な闘争が招来されるとしても、そうした事態の根底に横たわるのは、いわゆる「文化人」の世界に対する態度決定ではない。人々を駆り立てるのは、後述する通りむしろ商品の誘惑とそれに不気味に貼りついた不安――別のものでもよいのではないかという不安――なのである。そこにあるのは乾坤一擲の価値選択というよりも、それに比べればはるかに軽やかな「翻身」（alteration）（Berger 1954a: 182）であるとされる。[9] 別言すれば、バーガーが市場的状況に見出すのは、自らの選ぶ価値に対して誠実であろうとする人間ではなく、変わり身の早い移り気な現代人の姿なのである。このようにして彼は現代における宗教の市場的状況を問題視し、それをこそ宗教にとっての脅威と見なす。これは、おそらくウェーバーの想定していなかったであろう、アメリカに特徴的な状況である。

宗教の多元性という状況に市場のアナロジーを用いて接近しようとするアプローチはその後の宗教社会学において一つの潮流となっていく重要な論点であるが[10]、バーガーはここで何を言おうとしていたのだろうか。市場という比喩が用いられているからには、当然そこでは宗教が単なる商品として消費者の選好に従って売買されるという事態が想定されている。そうなれば宗教的組織の関心も、消費者としての信徒の興味を面白さや日新しさといった点から惹きつけることに終始するようになる（Berger 1963a: 88-90）。これは確かに宗教が従来の意義を失っていく過程かもしれないが、その消滅ということではない。むしろ一見するところ、宗教は活況を呈しているようにも見えるのである。だがこれと同時に、バーガーの博士論文にはそうした事態に相即する、いわば原理主義的な動きへの着目も見られる。

この市場的状況は、西洋人の意識におけるキリスト教世界という概念の崩壊と共に訪れた、疎遠化の過程の結果

［9］バーガーはこの現代人の態度変更の軽やかさを指すために、セーレン・キルケゴールの「跳躍」（leap）とは区別して、あえて「翻身」という用語を用いている（Berger 1954a: 182）。

［10］宗教社会学において市場をモデルとする理論は、一般的には一九八〇年代からロドニー・スタークらによって提唱されたことになっている。それはバーガーに代表される世俗化論の古いパラダイムに対して、宗教の多様性と活発性を捉えうる新しいパラダイムとして主張されたものであった（Warner 1993）。とはいえこうした見解に対しては、すでに住家正芳（2005）が、宗教の多元的な存立状況を「市場」のアナロジーにおいて捉えようとするアプローチ自体は、すでに一九六〇年代から七〇年代にかけてのバーガーの論考に見出されると批判を加えている。そうした市場的状況についての解釈や評価の相違はあるにせよ、両者は市場のアナロジーを用いるという点で同じであるというのである。バーガーの博士論文は、一九五〇年代においてすでに彼がこの市場のアナロジーを用いていたことを示している。

である。〔……〕こうした疎遠化と孤立という状況の中にセクト主義の温床がある。自分たちだけが救済と意味を所有していると主張するあらゆる種類の運動が生じるのである。(Berger 1954a: 182)

バーガーはさらに続けて次のように述べる。

それは極端な孤立において燃え上がる極限的な情熱という悪魔崇拝（demonism）である。この悪魔崇拝は狂信的と呼ばれがちな運動だけでなく、その存在の目的がある種の平静や「心の平穏」であるような運動にも見出される。(Berger 1954a: 183)

すなわち、すべての意味体系がひとしなみに相対化されることに由来する不安が、過激な熱情を生み出すのである。引用文中の「疎遠化と孤立」という言葉にはこのことが含意されている。このようにバーガーの宗教市場論は、一方で宗教が商品となり消費されるような状況を、他方で、だからこそかえってその反動としてある種の狂信的反応が生まれかねないような状況を描き出している。これらは意味体系の乱立を特徴とする、後のバーガーであれば「聖なる天蓋」の崩壊と言い表す状況の二つの側面である。別言すればそれらは共に、宗教が従来の全体性と絶対性を失っていく事態に対する二様の反応なのである。博士論文の時点ではバーガーはまだこの問題を正面から取り扱ってはいない。だが彼はこの問題を後に一九九〇年代になってから、相対主義と原理主義という、近代の多元主義に対する二つの極端な反応として主題化することになる（Berger & Luckmann 1995: 60–1）。バーガーにとってはいずれの反応も宗教のあるべき様態ではなかった。本書の第七章で主題的に取り上げるように、この問題は九〇年代以降の彼にとって重要なものになっていくのだが、その萌芽自体はすでに彼の博士論文に孕まれていたと見ることができるだろう。

以上がバーガーの博士論文に説かれていた内容である。ここに見てきた結論部の第四章から推し量るに、全体として見れば彼の博士論文の根本的な主題は次のようなものであったと言えるだろう。すなわち近代において宗教がその活力と意義を保ち続ける可能性である。バーガーは日常化の中でも宗教的組織に何らかの霊性が残る可能性や、聖なるものが新たに現れる可能性を理論的に模索していた。だが同時に彼は、宗教的組織が直面せざるをえない市場化という困難な現代的状況を認識してもいたのである。それゆえ彼の博士論文はバハーイー教を直接の対象としながら、実は近代における宗教一般の問題を扱っていたと言うことさえできるだろう。そうだとすれば、バーガーはキリスト者として同種の関心をキリスト教にも向けていたのではないだろうか。こうした推論はあながち的外れではない。われわれはすでに彼の博士論文の主題選択に関する動機に言及した際に、そのような関心の存在を示唆しておいた。博士論文提出後のバーガーの活動は、実際にこうした推察を支持してくれるように思われる。

第三節　現代における霊性を求めて

自伝によればバーガーは、学位取得後には延期していた兵役に就かねばならなかったため、ドイツにおける宗教と政治について当時マイヤーが進めていた研究プロジェクトに参加する機会を逃していた[11]（Berger 2011: 45）。ところが兵役を終えた時期にバーガーは、幸運なことに、ドイツのバート・ボルの福音主義アカデミーの設立者であるエバーハルト・ミュラーから、一年ほどアカデミーの調査プロジェクトに参加して欲しいという依頼を受ける。信徒の階級や職業の構成を調査して欲しいという内容であった（Berger 2011: 54）。バーガーは博士論文を完成させる以前にすでにミュラーとは知り合いになっていたということであるから、この依頼自体はそう突飛なものでもなかったのであろ

［11］ちなみにバーガーが参加する機会を逃したマイヤーの主導によるドイツでの調査に、バーガーの代わりに参加したのがルックマンであった。この調査の結果の一部がルックマンの博士論文に用いられたとのことである（Dreher & Göttlich 2016: 28–9）。

う。右のような経緯もあり、バーガーはすぐさまこの求めに応じたようである。こうして博士論文を提出した翌年の一九五五年から一九五六年にかけての一年間、彼はバート・ボルの福音主義アカデミーの調査プロジェクトに参加することになった。調査は法的にプロテスタントとして記録されている住人のサンプルへのインタビューによって行なわれた。インタビューでは主にその人の職業と教会に出席する頻度に関するいくつかの簡単な質問がなされた。バーガーによれば、調査の結果は驚くようなものではなかったという。すなわち彼は、労働者階級よりも中産階級、男性よりも女性、若者よりも年配者の方が出席率が高いという、ある程度予想通りの結果が出たと述べている（Berger 2011: 56–7）。

しかしこうした調査結果以上にバーガーの関心を惹いたのは、ドイツの福音主義アカデミーの社会的な活動であった。ドイツの福音主義アカデミーは第二次世界大戦終了後に設立された施設である。その設立の中心となったのは、ナチスとそれに与する教会に対して教会闘争を繰り広げた、告白教会に関わっていた人々であった（Berger 2011: 53）。その設立の原動力となったのは、戦後のドイツにおける教会の役割は何であるべきか、そして第三帝国のような体制の出現を防ぐために教会は今後いかなる手助けをしうるのかという二つの問いである（Berger 2011: 53）。福音主義アカデミーはこうした問いに対する答えとして設立されたのであった。バーガーが言うには、それは二つの機能を果たすと考えられていた。すなわち「公的な事柄に関わる問題に関して平信徒を教育するという機能、そして様々の利害集団の代表が集まり、礼儀正しい雰囲気の中で自分たちの問題について話し合うことのできる空間を提供するという機能」（Berger 2011: 53）である。バーガーはこうしたアカデミーの活動、特に後者のはたらきに大いに感銘を受けた。そのためアメリカへ帰国後の一九五八年には、そのような制度をアメリカに輸入する可能性について考察した論文を著している[12]（Berger 1958a）。これは当時の彼の関心を鮮明に示す論考である。しかもそれだけではなく、特に本書の後半で確認するように、福音主義アカデミーは後々に至るまである種の理想の社会制度としてバーガーの思索に影響を及ぼし続けることになったものである。それゆえ短い論考ではあるが、少し詳しくこれを見ていこう。

バーガーによれば右に挙げた二つの機能のうち、以下に見ていく教会の理念から言えば、平信徒の教育はあくまでも二次的なものである。そのため彼は話し合いの場を用意することの方を重視して、ドイツの福音主義アカデミーの自己規定を「教会と現世の対話のための場所を提供するもの」（Berger 1958a: 40）であるとする。教会は現世に対する奉仕としてそのような場を提供するというのである。そこでは完全なる開放性が前提とされており、アカデミーは社会に属す様々の集団の間の議論を奨励する。バーガーが言うには、

> 開かれる会議の大半がそれぞれある特定の職業集団に合わせられていて、そこでは彼らに実際に関わる問題が論じられる。アカデミーのスタッフによって、問題や、その会議において練られる解決策が指示されるようなことはない。（Berger 1958a: 40）

したがって重視されるのは、常に「会議の参加者の間での議論、対話、人間的接触」（Berger 1958a: 40）である。アカデミーがキリスト教的な立場から何らかの解答を用意するのではなく、参加者がそこでの議論から自分自身の結論を引き出すことが重視されているのである。現代的な言い方をすれば、公共性の現れの場を教会が用意している事例であると言えるだろうか。バーガーはこのような形での教会と現世との関わりの中に一つの希望を見出していた。もちろんバーガーはドイツにおけるこうした活動がアメリカにそのまま輸入されうるとは考えていない。両国の間

[12]『クリスチャニティ・アンド・クライシス』誌に寄せられたこの論考の他に、バーガーはこの調査の結果を学術論文として報告してもいる（Berger 1958b）。『アメリカン・ジャーナル・オブ・ソシオロジー』誌に発表されたこちらの論文においては、それがセクトと教会の問題を扱っているということもあり、彼の社会学的な関心という面での博士論文との連続性がより明瞭なものとなっている。

にはその直接的輸入を妨げる大きな相違があるからである。バーガーは特に二つの相違を指摘している。第一にドイツのアカデミーは告白教会への参加者によって設立されたように、その出発点にあったのは「教会と現世の深い分裂」（Berger 1958a: 40）という認識であった。それは、現世に対して何かはたらきかけねばならないという教会の姿勢を生み出すものである。それに対してアメリカには「社会構造の中に安全に埋め込まれた教会」と「ぼんやりとした宗教性」（Berger 1958a: 40）があるとバーガーは言う。換言すれば「非常に世俗化されたキリスト教教会と擬似キリスト教的社会」（Berger 1958a: 40–1）があるというのである。つまり現世と教会との間に曖昧な連続性が存在するために、ドイツにあったような切迫した強い動機がアメリカの教会にはいまひとつ欠けているということである。後に見るように、アメリカ社会のこのような状況は、一九六〇年代初頭にも別の形でバーガーにおいて問題化されることになる。第二に、ドイツの教会は法的に国教会化された国民教会として現世と疎遠になっていた。そのため教会は一九四五年以降「唯一の教会（*the* church）」（Berger 1958a: 41）として現世に語りかけることができた。これに対してアメリカにおいては教派の多様性のゆえに、どの教派も唯一の教会として語ることなどできない現状があるというのである。

そこでバーガーはまず第二の問題に対して「エキュメニカルな基盤」（Berger 1958a: 41）という方策を提唱する。すなわち超教派的な組織の提案である。このような組織が必要なのは三つの理由による。第一に、アメリカにおいてどれか一つの教派がキリスト者としての、また市民としての責任に訴えかけることでこうした対話に関心を寄せる個人の気を惹こうとすれば、直ちに他の教派との軋轢を生じさせかねないということ。第二に、アカデミーでなされる対話は社会全体に影響を与えるべく、産業界、労働者、政府、教育界、その他の公的領域における指導者を巻き込まねばならないが、これを独力で実行することのできる教派はないということ。そして第三に、これは当然のことながら、アカデミーのはたらきは特定の教会の利害関心、成員資格、教会政治といった観点からの戦術的思考から自由でなければならないということである。以上の理由から、バーガーは全米キリスト教会協議会やその他の独立した制度による支援を提案している（Berger 1958a: 41）。

第一の問題に対してバーガーが主張する提案も、教会の普遍性ないし開放性という理念において右記の主張と関連している。先の主張が社会全体に関わる制度としてのアカデミーについてなされたものであったとすれば、この提案は地域的集会としてのアカデミーに関するものである。ここにおいてバーガーは教会と社会階級の相関性という、アメリカ社会においてはほとんど自明の事実に注意を促す。「アメリカ社会における宗教は社会学的には階級の函数として説明することができるのである」（Berger 1958a: 42）。バーガーによれば、現実において教会が階級的に分断されているというこの事実は、普遍的な教会という理念に反するものである。「教会についてのいかなる神学的考えの中にも、階級に縛られた区分なるもののための余地はない」（Berger 1958a: 42）からである。理想としては、教会はその身分に関係なくすべてのキリスト教徒を含まなければならないのである。しかし人間社会の自然な過程がこの理想の実現を困難にしてしまう。バーガーは地域的レベルでのアカデミーの活動にこうした現状を突破する可能性を見ている。それこそが教会の側の動機となるのである。すなわち、

地域的レベルにおけるアカデミーの運動は、今日大部分が自明視されているこのような社会的事実を自覚させ、そうすることによってこれらの事実をキリスト教の福音の観点から問い、判断させる。（Berger 1958a: 42）

つまりバーガーは階級による教会の分裂という現実を、アカデミーの集会において改めて問い直すチャンスを示唆しているのである。彼は、もしこうしたアカデミーの活動がうまくいけば、それは「キリスト教的ギルド概念」（Berger 1958a: 42）の再興につながるかもしれないと言う。それはすべての人が教会の説教と礼拝において一つになる一方で、教会に所属するそれぞれの特殊な職業集団においては、職業ごとの異なる責任が自覚されるような状況である（Berger 1958a: 42）。要するにバーガーは、アカデミーの活動を通じて教会の普遍性の理想を実現しながら、社会内部の分業ないし成層化という現実をその理想と折衷させる道を模索しているのである。

とはいえバーガーによれば、それは教会がアカデミーを通じて現世の諸問題に対するキリスト教的な解答を導き出そうとするということではない。ドイツの福音主義アカデミーの目標もそうしたことにはなかった。バーガーは、アカデミーの態度は「傾聴する教会」（Berger 1958a: 42）であると述べる。それは「闘うのでも説教するのでもなく、現世の苦しみや問題に心から耳を傾ける教会」（Berger 1958a: 42）である。そこにおいてあらゆる権威は放棄され、現世はそれ自身の観点と次元において真剣に受け止められるのである。もちろんそれは説教の放棄でも、福音の無時間的な権威ということでもない。

真実のところ、教会はわれわれの社会を苦しめる問題に対する答えを持っていないのである。しかしキリスト者は善意を備えた人と共にその答えを探すだろう。もはやほとんど誰も耳を傾けようとしない世界において、この傾聴する教会の態度は、それ自体が万人に対する神の愛の証明である。（Berger 1958a: 42）

教会が現世の諸問題を解決することはできない。だがキリスト者はその問題に寄り添い、共に苦しみ、共に答えを探すことができるというのである。まさにそれこそが、対話の空間を通してバーガーが見出そうとしたキリスト教教会の理想であった。無論このような理想はキリスト教においては古典的なものかもしれないが、彼はそれを実現するための現代的な形態の一つをドイツの福音主義アカデミーの活動に見出したのである。この福音主義アカデミーという理想は彼のその後の現代社会論においてもくり返し現れてくることになるが、それについては本書の後半で詳論することとしよう。

右の引用文に述べられているように、バーガーはアカデミーの「傾聴する教会」という態度を「神の愛の証明」と見なしていた。これに関連することとして、少し後の時期になるがバーガーは次のような言葉を残している。

この世における神の救済的臨在は歴史の中に現れるが、それは、新約聖書に記録された特定の歴史的出来事の中に一回限り与えられるのではない。〔……〕共同体が救済的な愛の行ないの周囲に集まるところならばどこにおいても、われわれはそこでキリストの臨在を探すことができる。この世におけるキリストの救済的共同体は、人間の経験的な歴史の中に何度も現れるものと見なされねばならないのだ。（Berger［1969］1990: 105-6）

ここに明言されているように、バーガーは現代における宗教的なものの顕現の可能性を確かに認めていた。しかもそれは歴史の中にくり返し現れるものだと考えられている。われわれはここに、彼の博士論文でなされていた議論を接続することができるだろう。すなわち、霊は現世に現れるや否や不可避的に日常化されていくが、それにもかかわらず霊は幾度となく現世に現れるという議論である。右に見てきた博士論文と同時期の彼の文章には、このように、博士論文における宗教的な関心がキリスト教に関する議論にも通底していたということが見て取れるのである。

けれども、実はここには注意すべき点が潜んでいる。なるほど確かにバーガーは博士論文において、霊の現れの可能性を理論的に論じていた。とはいえ、彼が現実におけるその望ましい形式をどのようなものとして考えていたのかということは、また別種の検討を要する問題だからである。福音主義アカデミーへの彼の関心は、この問題にも関わっていると思われる。その後の神学的な議論をここでの議論に重ねてみるならば、少なくとも至福千年説的なものの現出に彼が期待を寄せていたとは考え難い。言葉を換えれば、バーガーの求める霊性の再生は、社会構造の全面的な変革をもたらすもの、あるいはそうした理想を掲げるものとしては想定されていなかったと考えられるのである。現に、福音主義アカデミー論とほぼ同じ時期のある論文には次のようにある。

アガペーは人間の世界に突如現れた神の行ないの奇跡である。しかしながら今この時代において、この奇跡は現世とその構造を魔術的に変えはしない。イエス・キリストを十字架にかけた現世、しかし彼の復活においてすでに克服された現世は、最後の審判の日までは存在し続ける。〔……〕もしアガペーがわれわれによる社会学的実験の操作に従わないとしても、これは、現世の構造が神の恩寵によって捨て去られるということではない。われわれはルター派の言葉を用いて極めて簡潔に、この恩寵は現世の構造の「中に、それと共に、その下に」臨在していると言おう。（Berger 1960: 20–1）

この引用文に述べられていることは簡潔明瞭である。したがって右に述べた宗教的なものの顕現――バーガーの理想視した宗教的なものの現れの形式――は、革命的なものを指すのではない。むしろそれは、バーガーが後に「超越のしるし」（Berger [1969]1990: 59）と呼ぶことになる宗教性であると考えられる。これは人間の経験において現れるものでありながら、そのリアリティに収まりきらない〈余剰〉を持つものだとされる。

例えばバーガーは笑いという経験の宗教的な含意をいたるところで取り上げている。笑いという例に示されるように、それは決して劇的なものではなく、普通の日常的な場面における宗教的なものの無数の微細な現れである。こうした議論からは、彼が通常の人々の日常の中に普遍的に現れうる宗教的なものを重視していたことが窺える。だとすればバーガーがアカデミーに見出した理想も、本質的にはこのようなものであったと考えられる。そのことは、彼が、ある意味で凡庸なものにも見える「傾聴」という態度に教会の理想を見たことにも示されている。それは決して現世の革命的な変革をもたらすものではないのである。彼のいくつかの神学的な著作に説かれている通り、バーガーにとって現代における宗教性は、それが真正のものであるならば――つまりそれが市場化の流れに迎合しないものであるならば――、典型的にはそうした日常の間隙を縫うような形において残りうると考えられるものであった。それこそが、後に著作の表題としても定式化される「天使のうわさ」という言い回しの謂いである。それは、場合によっては極めて弱々しい形でしか存在しえないものなのである。[13] ここには、現代は啓示の時代の過ぎ去った世界であるという彼の宗教的な時代認識が遠くこだましている。そのようなものとしての宗教的経験をめぐる議論は後の神学的著作において展開されることになるが、重要なことに、これはまた現代社会論においても仲介構造論に密接に関わるものであった。

今はひとまずその後の思想的発展の詳細は措くとして、ここにおいてわれわれは、この時期のバーガーの思索を規定していた根本的な宗教的関心を同定することができる。端的に言ってそれは、現代における宗教的なものの現れへの関心である。一方で博士論文では教会の制度化が進む中でなおも残る霊の力、あるいはより直接的に霊の現出そのものの（あくまでも理論的な）可能性に、他方で、一九五八年の論文では現代においてキリスト教の精神を体現するような教会の活動に焦点が合わせられていた。これらは現代における宗教的なものの現れへの関心という点で一貫している。したがってバーガーはいずれの主題においても、現代における宗教性の現れを探し求めていたのである。とはいえ無論、バーガーがキリスト者として福音主義アカデミーの活動の方に、教会のより理想的な形態を見出していたことも明らかである。

しかしながらここでまた次のことを忘れてはならない。『天使のうわさ』などの神学的著作の完成を待たずとも、バーガーの博士論文においてすでに、この教会の理想的形態の実現を困難にするような状況も指摘されていたということである。これは彼の思索が単に宗教的理想の賛美に終始しなかったことの証左でもある。ここでは特に近代における意味体系の市場的状況の認識が決定的に重要である。というのも、それはまさに宗教的な「聖なる天蓋」の崩壊、ならびにそれに伴う宗教の多元主義的な状況を示しているからである。こうした状況のためにキリスト教の教会も、その他の様々の意味体系と同じくある程度は個人の選好に従うことを余儀なくされるのである。

このように一方でバーガーはキリスト者として教会の普遍性の理念を守ろうとするものの、他方で社会学者として

---

[13] 彼の信仰論とでも言うべき著作でバーガーは次のように述べている。「神からの語りかけ、もしそのようなものがあるとすれば、それはもっと間接的な形で訪れる」（Berger 2004: 21）。

現実における「聖なる天蓋」の崩壊という事態を明確に認識してもいた。まさにそのことによって、教会の普遍性の理想には重大な亀裂が生じてしまうのである。この現実的認識のためにバーガーは、ある意味で解けない問題を抱え込むことになる。つまりバーガーにおいて、現世に完全に迎合することなく万人に対して開かれた普遍的な教会という理想は、ある部分常に実現不可能な思想的要請として問題化され続けるのである。その後の彼の神学的な議論の用語を先取りして述べるならば、これは、現世がいまだ神の国の訪れざる不完全な世界だということによる。われわれはそのようなものとしての現世に生きることを余儀なくされている。このような現代における人間の条件とそれについての自覚がその後の彼の思索を生み出し、支え続けるバネの役目を果たしていく。換言すれば理想と現実の相克、キリスト者にして社会学者という彼の二重性が、その後も形を変えながら彼の思索の原動力となっていくのである。

さらに言えば、ここには、バーガーにとって社会学とはこのような現代の人間の条件を照らし出し、明確にするためのものであったということが含意されている。つまりバーガーの社会学的な議論は現実の認識への関心に促されていたが、より正確に言えば、彼の宗教的な関心こそが社会学を通じた認識への彼の関心を支えていたのである。その結果として、右記の二重の関心を孕んだ彼のこの時期の思索は、後に見ていくように、社会学理論としてはリアリティの社会的構成論と価値自由論に、現代社会論としては仲介構造論、教会改革論、および人間の尊厳論などに継承されていくことになる。われわれはバーガーの思索におけるこの二つの契機を、一九五〇年代という彼の活動の最初期に見出すことができるだろう。

それでは、ここに見てきた一九五〇年代のバーガーのこのような関心は、その後どのような形で六〇年代の彼の有名な議論へと発展していったのであろうか。次章ではこの軌跡をたどっていく。

第二章　社会学者としての形成期

本章では、前章で確認した一九五〇年代の関心が六〇年代の議論へと発展していく過程をたどっていく。言うまでもなくバーガーの社会学理論は『構成』においてひとまずの完成を迎える。同書は人間と社会の〈つくり／つくられ〉の弁証法的関係を説いたものとしてよく知られているが、以下に見ていくように、そこにつながっていく萌芽的な論点のいくつかはそれ以前の彼の議論にすでに胚胎されていた。しかしながら、バーガーの周知の社会学理論を一九五〇年代の社会学的関心および宗教的関心との連続性において理解しうる人は稀であろう。先述のように五〇年代の議論がそもそもあまり知られていないのであれば、それもやむをえないことなのかもしれない。だが五〇年代の思索から六〇年代の『構成』に至るまでの消息が明らかにならなければ、それ以降のバーガーの思索の軌跡を十全に理解することもできなくなる。そのため、前章で取り上げた五〇年代の議論と彼の名声にほぼ直結している六〇年代の議論との連続性を確かめることが、本章全体の大きな目的である。

それを明らかにするために、以下では、まずは二つの年代の議論をつなぐ結節点として一九六一年の第一作目の作品から一九六三年の『社会学への招待』（以下『招待』と略記）に至るまでの議論を取り上げる（第一節）。次いで、それ以降の議論が『構成』へと発展していく過程をたどり、その発展の理論的な到達点としての『構成』の所論を概観する（第二節)。以上の考察を通じて、博士論文において展開されていた議論が、バーガーの思索の発展の中で徐々にリアリティの転換、およびその不断の再構成についての社会学的な議論へと彫琢されていく過程が浮かび上がってくることになるだろう。このようにして本章では、一九五〇年代の議論の理論的発展の過程という側面から、五〇年代から六〇年代へと続く彼の思索の軌跡がたどられることになる。

第一節　人間主義的社会学

バーガーの〈つくり/つくられ〉論には自称のものもそうでないものも含めていくつかのラベリングが存在するが、一九六〇年代初頭から中葉にかけて彼自身が用いていたものとして、人間主義的社会学(humanistic sociology)という用語がある。これはバーガー社会学の特徴をよく示している呼称であるように思われるため、彼の思索における連続性を明らかにするという前述の目的を果たすべく、本節ではこの呼称に込められた含意を解き明かしていこう。[1]

そこへと続いていく彼の最初期の議論としては、さしあたり、博士論文で説かれていた霊と現世の相互作用に関する循環論的議論を挙げることができる。バハーイー教の歴史から導き出された理論的洞察は、宗教がその日常化と再生の力学の中にあることを示していた。これはリアリティの転換と新たなリアリティの常態化、そしてまた別の新たなリアリティの出現という不断の過程を含意する循環的な動態である。結論から言えば、一九六〇年代のバーガーの社会学的議論は、宗教についてのこうした循環論的な視角を社会学のターミノロジーで表現したものと見なすことができる。博士論文の時点ではまだ「弁証法的」という用語こそ用いられてはいないものの、そこにはすでに後の理論に結実していく視点が存在するのである。[2]

このような展望の下にバーガーの作品を見てみると、彼の第一作目の作品である『不安定な情景』(以下『情景』と略記)がまさに一九五〇年代の議論とその後の議論をつなぐミッシング・リンクとして現れる。[3] 同書は冒頭に「真に現代的な人間はキリスト者でありうるか」（Berger 1961b: 8）という問いを掲げた著作である。ここで現代の状況を照らし出すものとして想定されているのは社会学理論である。つまり同書は、彼が自身のキリスト教信仰に依拠しつつ、その信仰と社会学理論との対質を試みた作品なのである。このような問題設定から明らかなように、バーガー自身もこれが「科学的な著作ではない」（Berger 1961b: 9）ことを断っている。

そこにおいてバーガーは、まずは役割理論、知識社会学、準拠集団論といった社会学の議論に示された社会像を検討する。彼によれば、社会は本来的には人間によって構成された「虚構の劇」（Berger 1961b: 48）のようなものである。ここにはすでに、後のバーガーの代名詞的な観点となる社会的世界のリアリティの相対性が含意されている。とはいえ

［1］バーガーの社会学上の立場を表す呼称としては、この他に「構成（構築）主義」や「現象学的社会学」というものもある。だがこれらは共にバーガーの自称ではなく他者から彼に向けられた呼称である上に、彼の立場に本質的にそぐわない含意を持つものでもある。現象学、特にシュッツとの関係については第三章第一節で簡単に触れるが、「構成主義」という呼称に関しては本章注4を参照されたい。したがってここでは、広く一般に知られている「構成主義」や「現象学的社会学」ではなく、「人間主義的社会学」というバーガー自身が用いた言葉で彼の立場を指し示しておく。

［2］先に言及したグーゴルツも、本書と同じ視点からカリスマの日常化論とバーガーの一九六〇年代のリアリティ構成論との関連について次のように述べている。「重要なのは、新しい始まりがカリスマ的人物によって引き起こされ、その始まりが社会変動の引き金を引くということである。しかしながらこれらでさえ、時間と共に習慣となり、確立された形式となる。この過程においてリアリティが再構成されるのである」（Gugolz 1991: 140）。この論文においてバーガーの博士論文は考察の対象となってはいないが、このときグーゴルツが依拠しているのは、本書でも取り上げたバーガーの博士論文の第四章の内容を独立させた論文（Berger 1954b）である。そのため、バーガーの一九六〇年代の社会学理論は彼の博士論文を端緒として、そこから徐々に発展していったものと見なすことができるのである。ちなみにグーゴルツは、このバーガーの理論的観点もそもそもはマイヤーの論文に由来するものだとして、マイヤーを「古典的社会学と現代的知識社会学の媒介者」（Gugolz 1991: 142）と評している。

［3］厳密な著作の刊行順で言えば、『不安定な情景』は二番目の著作である。とはいえそれは同書の出版事情によってそうなってしまっただけであり、学位論文以外のまとまった分量の作品としてはこれが最初の作品である（Berger 2011: 72–4）。

このリアリティは、ひとたび構成されれば、人間から独立した自走的存在の様相を呈するようになる。右に挙げた社会学の議論にはこのようなものとしての社会像が描き出されているのである。バーガーはそのことをハンス・ファイヒンガーの用語を用いて描写する。すなわち彼は、構成されたリアリティは唯一のリアリティ、すなわちリアリティそのものである「「かのように」」(Berger 1961b: 72) 受け取られるようになると述べるのである。これは、数年後のスタンリー・プルバーグとの共著論文 (Berger & Pullberg 1965) や『構成』においては、周知の通り物象化論として語られるものである。しかしバーガーはこの『情景』では、「キリスト教信仰は社会認識に関係する」(Berger 1961b: 186) として、信仰の立場からこの社会像を捉え直そうとするのである。

同書においても、バーガーは特に笑いが持つ意義を力説している。曰く、「人間の実存についてのキリスト教的な理解は、喜劇こそが、人間の条件についてのより意義のある洞察をわれわれに与えてくれると主張するだろう」(Berger 1961b: 213)。というのもバーガーによれば、喜劇には「救済の約束」(Berger 1961b: 214) が含まれているからである。どういうことであろうか。バーガーが言うには、悲劇も喜劇も共に人間の有限性という事実をわれわれに認識させる。それらのいずれも、運命に翻弄され、道半ばにして挫折していく人間を描くことを通じて、われわれがこの世界に囚われていることを思い起こさせるというのである (Berger 1961b: 212)。しかしながらこの人間の限界という端的な事実についての捉え方は、悲劇と喜劇では正反対である。同語反復的な言い方になるが、この囚われの事実は、悲劇のパースペクティヴにおいては悲劇となり、喜劇のパースペクティヴにおいては喜劇となるのである。同一の出来事が、一方においては深い悲嘆を誘うものとなり、他方においては朗らかな笑いを惹起するものとなる。この相違を生み出しているのは、事実を捉える際の認識枠組みに他ならない。人間の有限性という事実を悲劇的なものにするのは、まさにそれが終局的な事態だという認識である。別言すれば、悲劇の枠組みにおいては人間の有限性が一切の真理であり、それを超えた先には何も存在しないのである。このことが、まさに悲劇を悲劇たらしめる。それに対して喜劇においては、人間の有限性という事実は決して究極的なものではない。人間が有限な存在として世界に囚われているということは事実としてそのままであるが、それがすべてという訳ではないのである。換言すれば、人間の囚われの事実をまさに喜劇的なものにするのは、自らの有限性を超えたものがあるにもかかわらず、その有限性に囚われているということの滑稽さなのだ。バーガーは悲劇と喜劇のこうした対照的な見方を次のように明快に語っている。

悲劇はこの牢獄の壁を受け入れ、そのような観点から人間の状況を認識する。喜劇はそうした壁が見かけほど確固たるものではないという印象を与える。悲劇は人間の状況を内在という相の下でのみ認識する。喜劇は超越のしるしであり、超越のほのめかしなのである。（Berger 1961b: 212）

このようにして喜劇は人間の有限性を超えた先を暗示する。喜劇はそれによって「ほんの数瞬の不安定な解放」（Berger 1961b: 214）のうちに「われわれを捕える壁の崩壊」（Berger 1961b: 214）を垣間見せてくれるのだという。そのことによって喜劇は「超越のしるし」となる。バーガーが特に認識の枠組みを問題としていることに着目されたい。彼は社会構造そのものの全面的な解体を論じているのではない。彼はここにおいて、自明視されたリアリティが破られる可能性を語っているのである。現にある世界とは別の世界の可能性の示唆である。笑いにおいてそれが暗示される。彼が言うには、キリスト教信仰は喜劇に基づくこのような人間観を与えてくれるのである。

そしてこのような理解にこそ「社会認識への直接的な応用可能性」（Berger 1961b: 214）があるという。すなわちそれは、堅牢なものに見える社会的世界が実は「段ボールでできた構造」（Berger 1961b: 214）にすぎないことを暴露し、まさにそれによって「救済のかすかな暗示」（Berger 1961b: 214）を現すのである。キリスト教信仰の立場から見れば、一見すると堅固なものである社会的世界のリアリティも決して不変のものではないということである。それは常にその都度の今とは別の社会的世界の可能性へと開かれているからである。それゆえ「キリスト教信仰が特殊な類の喜劇的な視角や特殊な喜劇理解を備えている限りにおいて、実際にそれは明瞭な社会認識に寄与するのである」（Berger 1961b: 217）。

だがその一方で、笑いは永遠には続かない。そこに暗示される救済の約束は「ほんの数瞬」のうちに過ぎ去り、非日常の後には再び日常が回帰する。というよりもむしろ、日々の隙間に現れ出た非日常的な出来事は、その非日常性を次第に薄れさせ、日常化していくと言うべきであろうか。いずれにせよこのために、笑いが与えてくれる洞察は決して一回限りの決定的なものではない。しかしだからこそ、それは絶えず日常の中に生起しうるのだとも言えよう。こうして笑いは、寄せては返す波が絶え間なく砂浜の紋様を変えていくように、絶えず日々の彩りを書き換えていくことになる。

ここにおいてわれわれは、霊と現世の相互作用的循環論がバーガーにおける社会認識の転換論に、より正確に言えば社会的世界のリアリティ解釈の転換論に援用されているのを見て取ることができる。彼が宗教的なものの現れとして笑いという現象を重視しているということは、すでに確認した通りである。ここでは霊性の現れとその日常化の議論が、社会的世界の捉え方の転換、常態化、そしてまた新たな転換という過程の描写に鋳直されているのである。

だとすれば、「リアリティは社会的に構成される」(Berger 1963c: 118) という『招待』における定式化までは、そこからあと一歩である。実際にバーガー自身も『招待』という作品を「『不安定な情景』のある種の世俗化版」(Berger 2011: 75) と見なしていた。同書でバーガーは次のように主張する。

あらゆる社会システムは人間によってつくられたものであるがゆえに、人間はそれらをつくり変えることもできる。〔……〕社会はわれわれを定義するが、逆にわれわれによって定義されもする。(Berger 1963c: 128-9)

これは、今ではあまりにも有名になったバーガーの議論の一つであろう。彼はこの命題に続けてこう述べる。「われわれがこのように社会を見るや否や、それは別の視点から見たときよりもはるかに脆いものに見えるのである」(Berger 1963c: 129)。われわれはこれらの一連の言明に、右記の議論が受け継がれているのを見て取ることができる。それは次のようにまとめられる。

リアリティの定義の変更は、無論、単にリアリティに関する見方を変えるだけでなされることではない。考え方を変えるだけで即座に変わるほど社会は脆弱なものではないし、もしもそうであれば、バーガーが『構成』へと結実していく理論研究を続ける必要もなかったはずである。『構成』の周知の議論を引いておけば、リアリティの定義の書き換えが生じるためには、その新たなリアリティの拠って立つ知識を生成し、沈殿させ、制度化する過程、その定義を承認する他者の存在、そしてこの新たなリアリティを支える正当化の体系等々が不可欠になるのである。認識の転換が即座に社会の変容に結びつくのではないということである。だがこのような諸々の前提条件が必要であることを認めながらも、われわれは、リアリティの（再）構成過程が認識の転換をその肝所としているという点に、『情景』から『招待』への連続性を認めることができる。つまり知識を定着させる過程やそれを支える制度が必要であるとはいえ、リアリティの転換が生じる場合には、新たなリアリティ解釈の誕生という出来事がその事態の根底に存在するということである。[4] 人々はこの新たなリアリティ解釈に従って行為を組み立て、知識を蓄え、制度を立ち上げ、そうして新しいリアリティを構築していくのである。『情景』において笑いという現象に象徴されていた社会的世界のリアリティの脆弱さの認識は、このようにして、『招待』においては人間がそれをつくり変える可能性へと理論的に昇華されるのである。

こうして今や博士論文からバーガーの周知の社会学理論のとば口への過程がたどられてきた訳であるが、われわれはここに示した説を補強するために、さらに二つの点を検討しておきたい。これらはバーガーが自身の社会学理論を彫琢していく上で前提としていたはずのものである。その二つの前提とは、「聖なる天蓋」の崩壊の認識と彼自身のキリスト教信仰である。これら二点を吟味することによって、バーガーの言う人間主義的社会学の意図を、そしてまた、それと一九五〇年代の議論との連続性を十全に理解しうると思われる。

聖なる天蓋の崩壊とは、哲学的に言えば、客観的意味の崩壊という事態である。バーガーはある箇所で、刊行された彼の著作はすべてこの「意味の天蓋の崩壊、あるいは少なくともその弱体化」（Berger 1986c: 225）に由来する問いに関わると述べている。見てきたように、このような事態は、すでに彼の博士論文においても「宗教市場」論として描き出されていた。このために彼は客観的意味を社会の基礎として想定しない。周知の通りバーガーにあっては、社会は意味的世界として把握される。しかしそれは神や理性、自然の客観的意味を反映したものではなく、人間によって解釈＝構成されたものであるとされる。それゆえ「リアリティは社会的に構成される」（Berger 1963c: 118）というのである。社会的世界のリアリティの相対性はこのような事態に由来している。

バーガーは彼のこうした立場を「人間主義的社会学」（Berger 1963c: 164）と称した。端的に言えば、それは社会が人間によって構成されたものであることを説く立場である。とはいえ「人間主義（的）」という言葉は一九六〇年代のアメリカにおいて大いに流行していた用語であり、必ずしもこの呼称それ自体にバーガーの独自性がある訳ではない。[5] 社会学においても、新左翼運動に結びついたラディカル社会学の台頭を受けて、バーガーとは異なる立場において「人間主義的社会学」を掲げる人々が登場した。彼らによれば人間主義的社会学は「人間精神の解放や人間の潜在能力の強化に貢献するものは何であれ善である」と見なし、「あらゆる形態の抑圧、搾取、支配からの解放のための社会的闘争を支持する」（Glass 1971: 192-3）ものであった。ジョン・F・グラスはこのような人間主義的社会学の代表的な人物としてC・ライト・ミルズやアルヴィン・W・グールドナーと並んでバーガーを挙げている。とはいえ、ここに見てきたバーガーの主張が社会の再構成の可能性を説く点で確かに左派の主張と親和的な傾向を持っていたとしても、ラディカルな闘争の要請は彼の議論の本意ではなかった。この点は次章でより詳しく見ていくが、ここではさしあたりバーガーが人間主義的社会学ということで含意していたこと、すなわち彼の社会学のもう一つの前提を明らかにしておけば事足りるだろう。

先にも述べたように、もう一つの前提とは彼のキリスト教信仰である。それが彼の人間主義的社会学の不可欠の前提となっていることは、特に第一作目の『情景』の所論に明白である。同書においてバーガーがキリスト教信仰の立場から人間の社会的世界を捉え返そうとしていたことは、すでに見てきた通りである。重要なことに、バーガーはそこでキリスト教信仰に基づく自身の社会観を神による世界創造と関わらせて、次のようにも述べていた。すなわち「神は天と地を創造し、そして人間を創造した。だが神は社会を創造しなかった。社会は完全に人間が発明したものである」

［4］本書がバーガーの議論における「reality」という用語に一貫して「リアリティ」という訳語をあてているのも、まさにこの点に基づいている。バーガーの見るところ、一般に「構成主義」と呼ばれる潮流は、特にその一部がバーガーとルックマンの著作以降、ポストモダニズムなどの思潮と混融しながら通俗化していってしまった。彼によればその立場は次のような主張に要約される。すなわち「あらゆる現実は社会的に構成されているので、いかなる客観的真理も存在しない、あるいは少なくとも、われわれが近づくことのできるいかなる客観的な真理も存在しない。実際にいかなる事実もなく、ただ「諸々の物語」だけが存在する。「諸々の物語」の間で認識的判断を下すための客観的方法は何もない。人がなしうるのはそれらの「脱構築」、つまりそれらの物語が常に表している利害関心を暴露することである。これらの利害関心は常に力への意志の表現である」（Berger 2011: 94）。バーガーはこうした思潮を痛烈に批判して、自身の立場を次のように述べていた。「リアリティの社会的構成というわれわれの考えは、決して、いかなる事実も存在しないということを意味しているのではない。特定の大虐殺が行なわれたという事実から誰かが私の車を盗んだという事実に至るまで、経験的に決定された物理的事実がもちろん存在するのである」（Berger 2011: 95）。バーガーもルックマンも、経験的な事実の存在それ自体が社会的に構成されるということを言おうとしていたのではない。それらに関するわれわれの意志が何であれ、そのような事実は現に存在するとされる。むしろ構成されるのは、この事実についてのラベリングやカテゴリーの方である。つまりバーガーたちが主張したのは、「あらゆるリアリティは社会に由来する解釈の支配下にある」（Berger & Zijderveld 2009: 66）ということだったのである。逆に言えば、いかなる解釈がなされようとも、その解釈の対象となる事実は存在するということである。それゆえ、例えばエーバーレは、『構成』という作品が実は「根本的に「実在論的」」（Eberle 2019: 139）な著作であったと指摘している。またこのような理解とパラレルな動向として、近年、批判的実在論の潮流に立つ論者たちもバーガーとルックマンの社会学理論に好意的な評価を下している（Smith 2010; Elder-Vass［2012］2013）。

［5］その流行は社会学の領域に限られた現象ではなかった。例えば心理学においては、同時期にアブラハム・マズローが人間の主体性、創造性を強調した「人間性心理学」（humanistic psychology）を提唱していた。その流行の要因の一端は、一九三二年に公刊されたカール・マルクスの「経済学・哲学草稿」の英語訳の刊行にあったと思われる。その英語訳は、まずは一九五九年にマーティン・ミリガンによって、また一九六一年にはミリガン訳とは別の版がトム・B・ボットモアによって出された。特に後者はエーリッヒ・フロムの『マルクスの人間観』に収められており、フロムはその著作の中で「マルクスは徹頭徹尾ヒューマニストであった」（Fromm［1961］2004: 68）と述べていた。

（Berger 1961b: 194）、と。この言明から分かる通り、バーガーの概念枠組みにおいて社会が人間の所産であるのは、端的に言ってそれが神の被造物ではないからである。つまり社会が人間の所産であるという主張は、決してラディカルな変革を第一義的に要請しているのではなく、何よりもまず神と人間との対比の中で考えられたものなのである。これが彼の人間主義的社会学の謂いであった。バーガーはその後『天蓋』においても、『情景』のこの議論への参照を求めつつ、超越的な神の視点を起点とした社会的世界の相対化と人間化の可能性を理論的に説明している（Berger［1967］1969: 96–99）。ここで言う「人間化」とは、社会を人間によって構成されたものとして捉える認識の誕生に他ならない。このような形での社会認識は、超越的なものの視点からの人間的世界の捉え直しという点で、博士論文のターミノロジーで言えばまさに霊が現世にはたらき返すということの一つの形である。

このように見てくると、博士論文から最初の著作を経て、『招待』および『構成』へと続いていくバーガーの思索にはかなりの程度の一貫性があったことが分かる。すなわち霊と現世の相互作用論は『情景』において彼自身の信仰に基づく社会観およびリアリティ解釈の転換論へと発展し、それが『招待』においては人間主義的社会学の提唱として以降のバーガーの社会学理論の重要な前提となり、これが最終的には『構成』へと結実していくのである。それはまた、博士論文や『情景』ではいまだ宗教的な色彩を帯びた用語で語られていた議論が、徐々に社会学のターミノロジーにおいて語り直されていく過程でもあった。第二節ではこの過程をさらに詳らかにしていこう。

第二節　『構成』の完成

見てきたように、『招待』においてすでに「リアリティは社会的に構成される」（Berger 1963c: 118）あるいは「人間は社会システムをつくり変えることができる」（Berger 1963c: 128）といった、バーガーの社会学理論の核となる命題が提出されていた。さらには、同書ではデュルケームとウェーバーに関して次のように述べられてもいた。「デュルケームとウェーバーの社会の見方は論理的に矛盾しない。それらは社会的リアリティの異なる側面に焦点を合わせているので、反目し合うというだけである」（Berger 1963c: 128）。周知のように、これもまた『構成』において、客観的な事実性と主観的な意味というリアリティの二面的な性質として理論的に定式化されるに至る観点である。このように『構成』を用意することになる種々の論点は同書の刊行に先立ってほぼ出揃っていた。本節ではこれらの命題が『構成』へとまとめられていく過程を見ていく。

バーガーは『招待』の刊行から『構成』の執筆までの間に数編の習作的論文を著している。『構成』に関係の深いものを挙げれば次の通りである。一九六三年と一九六四年のルックマンとの共著論文「宗教社会学と知識社会学」（Berger & Luckmann 1963）および「社会的移動と個人のアイデンティティ」（Berger & Luckmann 1964）、一九六四年と一九六五年のハンスフリート・ケルナーとの共著論文「結婚とリアリティの構成――知識のミクロ社会学試論」（Berger & Kellner 1964）および「アーノルト・ゲーレンと制度の理論」（Berger & Kellner 1965）、一九六五年のプルバーグとの共著論文「物象化と意識の社会学的批判」（Berger & Pullberg 1965）、同年の「精神分析の社会学的理解に向けて」（Berger 1965）、最後に『構成』と同年に発表された「知識社会学の問題としてのアイデンティティ」（Berger 1966）もここに含めておいてよいだろう。これらは、この時期のニュー・スクールに集まっていた、シュッツの教えを受けた学者たちとの対話の中で著されたものであった（Berger 2011: 80–4）。これらの論文で論じられた内容の大半はいずれもその後『構成』に収録されることになるのだが、なかでもルックマンとの一九六三年の共著論文とプルバーグとの共著論文は『構成』の議論にとって特に重要であると思われるため、それぞれ簡単に内容を紹介しておく。

ルックマンとの共著論文は、知識にまつわる問題を媒介として知識社会学と宗教社会学の密接な関係を明らかにしようとしたものである。もちろんここで言う知識とは、イデオロギーや理念といった狭い意味でのそれではなく、普通の人の意識において自明視された常識的な知識のことである。これが社会的世界を織り成すものだとされる。それゆえ彼らが想定する知識社会学も「社会構造と意識の関係の領域全体に固有に関わるもの」（Berger & Luckmann 1963: 423）として新しく定式化される。知識社会学をこのようなものとして捉えるならば、宗教社会学の課題もこれに従って定められる。すなわち「その最も重要な課題は、社会的に構成された世界（つまり、それについての「知識」）を正当化する認知的、規範的機構を分析することである」（Berger & Luckmann 1963: 423–4）。このような知識社会学理解やそこにおける正当化の問題などは、よく知られているように、『構成』や『天蓋』においてさらに詳しく取り上げられるものである。

他方プルバーグとの共著論文は、日本へのバーガーの紹介者の一人でもある山口節郎による邦語訳もあるため、比較的よく知られた作品であろう。この論文は冒頭に「主観的に意図された意味がいかにして客観的な事実性となりうるのか。〔……〕人間の行為はいかにして事物の世界をつくり出しうるのか」（Berger & Pullberg 1965: 196–7）という問いを掲げる。「ウェーバー的定式とデュルケーム的定式の対決」（Berger & Pullberg 1965: 196）とも言われるこの観点は、すでに『招待』においても提起されていた。バーガーたちはこの論文において、この問題を解くためには「社会を弁証法的な過程として理解することが不可欠になる」（Berger & Pullberg 1965: 197）と述べる。そうして彼らは、マルクス主義におけるいくつかのカテゴリーが有益な洞察を与えてくれるとして、客体化（objectivation）、対象化（objectification）、疎外（alienation）、物象化（reification）といった事態の分析に向かうのである。論文の表題から察せられるように、中心的な主題となっているのは物象化である。すなわちそこでは、社会的世界が自らの所産であることを人間が忘れてしまい、モノと化した世界が客観的妥当性を備えるようになる過程が主題的に論じられている。

しかしながら注意すべき点として、ここでわれわれは、バーガーにおけるマルクス主義的な用語の使用にあまり囚われすぎてはならない。プルバーグがマルクス主義の立場に立つ哲学者であったということもあり、この共著論文では、バーガーはマルクス主義的な用語を用いて、それによって名指される事態を分析している。物象化をはじめとするこれらの用語は『構成』などのその後の著作においても用いられているため、バーガーの批判的な問題関心を左派的な思想との関連において問うという観点は、もちろんある程度は妥当なものであろう。[6] とはいえわれわれの見るところでは、そうした問題設定は、バーガーの思想の理解という点から言えばそれほど有益なものではない。というのも以下に見ていく通り、バーガーにおけるジョージ・ハーバート・ミードの社会心理学の重視やラディカル社会学との関係を考えれば、バーガーにとっての左派の批判的な思潮の重要性は相対化されざるをえないからである。そのためこのプルバーグとの共著論文における重要な点としては、われわれは日常生活へのまなざしとミードへの言及という二点を指摘しておきたい。

この論文においてバーガーは日常的な意識の様態としての物象化を論じている。すなわちバーガーたちによれば、物象化は必ずしも資本主義社会においてのみ生起する事態なのではなく、文化横断的で、歴史的に反復的な事象であるという。言葉を換えれば、それは普通の日常生活において普遍的に生じうるものだということである。そうであるとすれば、彼らの議論には、あるいは少なくともバーガーにおいては、物象化論において通常は前提とされている資本主義批判というモティーフは存在しなかったはずである。物象化は、特に資本主義社会に固有の現象として理解されている訳ではないからである。だとすれば、この論文における彼らの主眼は奈辺にあったのだろうか。

「物象化と意識の社会学的批判」という表題に示唆されているように、バーガーたちのまなざしは資本主義のシステムではなく普通の人々の日常的な意識に向けられている。彼らによれば、意識における社会の物象化的倒錯視は普通の人々の日常生活においてありふれた現象だからである。それゆえ彼らの主張の要点は、日常生活を社会学の主題とすべ

［6］例えば山嵜哲哉（1991）はバーガーにおける疎外や物象化といった概念の用法の変遷の中にその批判的関心の後退を見ようとしている。またユルゲン・ハーバーマスは、ヘルダーからヘーゲル、マルクスにまで伝えられた意識哲学の「表出中心のモデル」（Habermas 1985=1990: 124）に基づくバーガーとルックマンの物象化論を、彼自身の哲学的立場から批判している（Habermas 1985=1990: 122–8）。シュッツの思想に基づく立場からバーガーの物象化論を批判したものとしては、バーク・C・トマソンの著作（Thomason 1982）がある。またズジスワフ・クラスノデンプスキは、ニュー・スクールでルックマンやバーガーの教えを受けたリヒャルト・グラトホーフを通じて、シュッツの現象学の思想がポーランドに伝えられたことを紹介している。それは当時の共産主義国家において、教条主義的なマルクス主義に対する理論的代案として有望視されたようである（Krasnodębski 2016）。

きだということにあった。社会はこの日常生活において自明視されている常識的知識を基盤として成立しており、社会学もまたこの日常生活世界に基づくものである。つまり「社会学は人間のリアルな世界において脈動する間主観性に根ざしているのである」（Berger & Pullberg 1965: 211）。だとすれば、既存の社会学理論に示される物象化された社会像もこの日常生活の常識的な知識に由来しているはずである。ここにおいてバーガーは、そうした社会像を日常生活の場面から解きほぐしていく必要を訴える。社会的世界は人間によって構成されるものであるということを、普通の日常生活に即して解明しなければならないというのである。社会という意味的世界の生成とその物象化のメカニズムはまさにそこにおいてはたらいているからである。これは人間主義的社会学の主張に他ならないが、『情景』においては、そのことは自身のキリスト教信仰に基づいて主張されていた。だが今やバーガーはそれを社会学の課題として引き受けようとする。それゆえ「自分自身やその主題を理解している社会学は絶えず日常生活を明らかにしなければならない」（Berger & Pullberg 1965: 211）ということになるのである。日常生活のリアリティの様態は後に『構成』の第一部で詳しく描出されるものであり、また物象化に関する議論は同書の第二部における制度化と正当化についての議論として展開されることになる。

この論文に関してもう一点指摘しておくべきことは、ミードの弁証法的観点への言及である。右に見た通り、この論文においてバーガーらは社会を弁証法的過程として捉えることの重要性を指摘していた。これに関して疎外や物象化といった用語に固執しすぎると見えにくくなってしまうかもしれないが、バーガーにおいてこの弁証法的観点の源泉は決してマルクスにのみあった訳ではない。ミードの「「主我」（I）と「客我」（me）の弁証法的理解」（Berger & Pullberg 1965: 206）もバーガーにとって重要な準拠点の一つであった。実際『構成』の末尾で彼は次のようにも述べている。「必要なのは弁証法的視角を社会科学の理論的方向性と関連させることである。だが言うまでもなく、われわれは社会学理論にマルクス主義的観念を狂信的に導入することを考えているのではない」（Berger & Luckmann［1966］1967: 187）。さらにバーガーは『構成』の刊行後に出された編書『マルクス主義と社会学』に寄せた序文においても、「社会と個人意識の関係についての弁証法的理解を与えてくれるのは、何よりもまずミードである」（Berger 1969: ix）と述べて、その社会心理学の重要性を確認している。このミードの議論の意義を集中的に取り上げたものが、先に挙げた一九六五年の論文と一九六六年の論文である。そこにおいては「社会構造と心理的リアリティの弁証法的関係」（Berger 1965: 33）、すなわちアイデンティティの形成が主題的に論じられている。[7] それは『構成』の第三部においてより詳しく展開される議論である。

以上のように、『構成』は言うまでもなくバーガーの主著として知られているものの、そこにおいて取り上げられる論点の多くはすでにそれ以前の論文で論じられていたものであり、『構成』はそれらを一貫した理論的パースペクティヴにおいてまとめ上げた作品であった。とはいえニュー・スクールでの学友ルックマンと共に著されたこの作品によって、バーガーの名声はアメリカにおいてのみならず国外においても決定的なものになった。バーガー自身の言明によれば、自伝が執筆された二〇一一年までの時点で同書は一八か国語に翻訳されており、アメリカにおいては当時もまだ絶版になっていなかったとのことである（Berger 2011: 89）。これは当初バーガーが予期していた以上の成功であったという。

［7］マルクスの洞察とミードのそれとの親近性の指摘は決して荒唐無稽なものではない。周知の通り、ミードにおける弁証法的な観点は彼のドイツ・ロマン派研究に由来していたからである。この点はドミトリ・N・シャーリンの論文（Shalin 1984, 1988）に詳しい。なおバーガーの思想の解明という本書の主題の範囲を大きく越えるために詳しく扱うことはできないが、マルクスの思想を補完するためにミードの議論を援用するということには、実は大変重要な思想史的問題が関わっている。というのもバーガーがミードに依拠すると述べるとき、そこでは、フロイトではなくミードに依拠するということが明確に意識されているからである。これに関して、バーガーはマルクス主義思想へのフロイトの導入について次のように述べていた。「それの試みは弁証法的な社会心理学をつくり出すためになされているが、それがなされている間中ずっと、ミードの弁証法はマルクス主義の理論家に発見されるのを待っている。しかもミードのアプローチは〔……〕根本的に非弁証法的なフロイト主義のアプローチよりもはるかにマルクス主義者に相応しいはずのものである」（Berger 1969: ix–x）。この問題は二〇世紀のアメリカにおける新フロイト派の台頭、パーソンズによるフロイトの受容、そしてアメリカへのフランクフルト学派の思想の流入なども含めて検討すべきものであるが、今後の課題としたい。

うが、この著作がこのように広く読み継がれているのは、それが日本を含む世界各地の大学で社会学の教科書として採用されたということにもよるのだろう。このため同書の内容はすでに広く知られていると思われるが、以下に続く本書の議論のために最低限必要な限りで彼の所論を確認しておこう。

『構成』を貫く問題意識を一言で言うならば、それは、「経験的なレベルでの知識社会学の課題を、経験的な学問としての社会学に合致した理論として規定し直す」（Berger & Luckmann［1966］1967: 14）ことである。これは、知識社会学の議論それ自体の妥当性に関する認識論的、方法論的な問題を放棄すること、および経験的な研究対象を知性史に限定しないことを意味している（Berger & Luckmann［1966］1967: 12-3）。こうした主題の重要性が否定される訳ではないが、前者は社会学的というよりも哲学的な問題であり、後者は社会学理論の研究にとっては周縁的なものであるとされるのである。知識社会学のこのような再定式化は、知識社会学は、社会を織り成す自明視された常識的な知識を対象としなければならないという考えに基づいていた。これはすでに幾度も確認してきた通りであるが、バーガーとルックマンは『構成』においてそれを次のように明快に語っている。

> 知識社会学は社会において「知識」とされているもののすべてに関わらねばならない。〔……〕知識社会学は何よりもまず、人々が日常生活において、すなわち非理論的、前理論的な生活において「リアリティ」として「知っている」ものに関わらねばならない。換言すれば、「理念」ではなく常識的な「知識」が知識社会学にとっての中心的な焦点でなければならないということである。意味の織物を構成しているのはまさにこの「知識」であり、これなくしてはいかなる社会も存在しえない。それゆえに知識社会学はリアリティの社会的構成に関わらねばならないのである。（Berger & Luckmann［1966］1967: 14-5）

ここに述べられているのは、いわばバーガー社会学のマニフェストである。ここには、社会が常識的知識によって織り成される意味的世界であること、そして知識社会学はこの意味的世界のリアリティがどのようにして構成されるのかを明らかにしなければならないということが明言されているのである。それはシュッツの洞察に基づきつつデュルケーム、ウェーバー、ミード、ゲーレンなどの社会学理論を知識社会学の観点から捉え直し、再構成すること、別言すれば、知識社会学を社会学理論の中心に位置づけることを意味する宣言であった（Berger & Luckmann［1966］1967: 18）。そしてまたリアリティが社会的に構成されると述べることによって、この言明は、社会という意味的世界のリアリティの相対性を告げるものでもあった。社会がもはや客観的な意味に基づくものでない以上、必然的にその相対性と構成性は相関的な事態になるからである。『構成』は以上のような問題意識において、これまでに見てきた様々の論点や命題を総合しようとする作品であった。

同書は三部から構成されており、それぞれ、第一部は「日常生活における知識の基礎」、第二部は「客観的リアリティとしての社会」、第三部は「主観的リアリティとしての社会」と題されている。第一部はその表題の通り、「社会の普通の成員の常識に立ち現れるがままのリアリティ」（Berger & Luckmann［1966］1967: 19）の様態の記述的な解明を主題としている。それはわれわれの常識的知識によって織り成された自明な世界であり、反省的な理論的態度の手前において生きられる世界である。この世界を描き出すためにバーガーとルックマンが用いる手法が現象学的な分析である。このように、『構成』の第一部はシュッツの思想に大いに依拠している。彼らが言うには、そこでの議論は、ルックマンによって編纂されたシュッツの遺稿（後にシュッツとルックマンの共著『生活世界の構造』として公刊）をバーガーが要約的に定式化したものであるという（Berger & Luckmann［1966］1967: 194; Luckmann 2001: 21–2）。彼らはそこにおいてシュッツの議論を下敷きにしながら、普通は自明なものとして反省されることのない日常生活世界のリアリティがわれわれの意識に対していかなるものとして現れるのか、われわれは日常生活世界においていかにして他者と関わるのか、そして日常生活世界が言語によってどのように整序されているのかということを明らかにしようとしている。

もっとも、日常生活世界の様態の描出それ自体はバーガーとルックマンの中心的な目的ではない。ここで彼らが日常生活世界のリアリティを記述しているのは、先に挙げたプルバーグとバーガーの共著論文に説かれていたように、それが社会という意味的世界の拠って立つ基盤だからである。換言すれば、彼らはリアリティの社会的構成過程を解明するための前段階として、当のリアリティのあり方を論じているのである。バーガーとルックマンにとって、自己と他者の固定化された相互作用形式が制度であり、自他を含む制度の集積が社会秩序であるということになるのだが、それらはおしなべてこの自明視された常識的な知識の世界に立脚しており、それによって媒介されている。かくして自己、他者、制度、ならびに社会は当たり前のリアリティとして普通は反省されることなく了解されるようになるのであり、このためにまた、リアリティとして受け取られている自明な常識的知識が社会の生成と存立にとって極めて根本的なものだと主張されるのである。

さらにこれもすでにバーガーとプルバーグの共著論文で論じられていた通り、こうした媒介過程を駆動する論理が人間と社会の弁証法的関係である。すなわち人間が社会をつくり、その逆に社会によって人間がつくられる中でわれわれの生きる世界が織り成されるのであり、この弁証法的関係において人間と社会を媒介するのが自他に共有された常識的な知識なのである。曰く、

> 社会において知識として自明視されているものは、知りうるものと外延上等しくなるか、いずれにしてもいまだ知られていないものが将来そこにおいて知られるようになる枠組みを与えてくれる。社会化の過程で学ばれ、個人の意識の内部で社会的世界の客体化された構造の内面化を媒介するのはこの知識である。この意味での知識が社会の根本的な弁証法の核心にある。〔……〕ゆえに社会についての知識は二重の意味でのリアル化、すなわち理解＝実現（realization）である。つまりそれは客体化された社会的リアリティの理解とこのリアリティの不断の産出という意味においてそうなのである。（Berger & Luckmann［1966］1967: 66）

このようにバーガーとルックマンは社会についての知識、社会としての知識が客観的なリアリティであると同時に主観的なリアリティであると説く。もっとも、先にも確認したように、ここで言うリアリティの客観性とは、そこに客観的な意味が映し出されているということではない。それは単に、社会的世界のリアリティが個人の意志とは独立した次元において存在するものであり、そのために個人の意志によってその存立を左右されるようなものではないということを意味しているに過ぎない。このようにして日常生活世界の自明なリアリティの観点から社会が意味的世界であるということを解き明かした上で、彼らはこの日常生活世界とその上に立脚する社会を構成する機制へと問いを差し向ける。こうして彼らはシュッツの議論をデュルケーム、ゲーレン、ウェーバー、ミードらの議論に接合することになる。このための議論が『構成』の第二部と第三部の内容である。

『構成』の第二部は、右記の〈つくり／つくられ〉の運動において、人間が社会を〈つくる〉／社会が人間によって〈つくられる〉という側面を主題的に取り上げている。それは、客観的なリアリティとして存在する社会が、常識的な知識としての意味に基づく人間の行為からいかにして構成されるのかということに関する議論である。バーガーとルックマンはその過程を「制度化」(Berger & Luckmann [1966] 1967: 47) と「正当化」(Berger & Luckmann [1966] 1967: 92) という観点から論じる。制度化は、習慣化された相互作用形式が種々の役割を含む類型化された知識として確立される過程である。例えば教育という制度には教師と生徒という役割があり、そこにおいては知識や規範の教授が行なわれるという共通の理解が定着している。この過程の根底には類型化された知識や理解があることからも分かるように、バーガーとルックマンの言う制度化はパーソンズの言う制度化とは微妙に異なるものである。パーソンズは社会に共有された価値が確立されることを制度化と称したが、バーガーたちは共通価値ではなく常識的な知識を主題としているからである。

次に正当化は制度化によって確立された知識や制度をより盤石なものにするためのはたらき、ないしは機構である。それは制度や社会秩序に認知的妥当性や規範的尊厳を与えることによって、それらを「「説明」する」(Berger & Luckmann [1966] 1967: 93)。換言すれば、正当化は意味の意味を付与するはたらきであるということである。これに関しても「制度の正当化において「知識」は「価値」に先行する」（Berger & Luckmann［1966］1967: 94）と述べられているように、バーガーたちの主眼は共通価値ではなく自明視された知識に置かれている。規範が保持されるには、その規範が適用される状況の定義が不可欠となるからである。バーガーとルックマンの挙げる例で言えば、近親姦禁忌は誰が近親者であるのかということについての定義を必要とするということである。正当化はまずもってこの種の知識に関わるとされる。正当化については第四章でさらに詳しく触れる予定であるため、さしあたりここでは、それが制度化された知識や理解のより深いレベル、あるいはより包括的なレベルでの説明に関わるものであるということを押さえておけばよい。いずれにせよこのはたらきによって、自明なリアリティはより堅固なものになるとされるのである。

これに続く『構成』の第三部の主題は、社会が人間を〈つくる〉／人間が社会によって〈つくられる〉という側面である。バーガーとルックマンはそれを、「リアリティの内面化」（Berger & Luckmann［1966］1967: 129）とそれに呼応したアイデンティティ形成の過程として論じる。すでに示唆したように、そこにおいてバーガーとルックマンはミードの社会心理学に依拠しつつ、個人の社会化過程における他者の役割取得を通じた知識と規範の内面化、およびそれに伴う自己の形成を分析している。それによって制度化された客観的なリアリティが内面化される一方で、逆に個人はこの内面化された主観的なリアリティに依拠して行為を組み立て、制度を生み出していく。このようにして人間と社会は、リアリティ＝知識を媒介として相互構成的な関係を取り結ぶことになるのである。

もちろん、制度が決して静態的で固定的なものではなく、その根底に常に人間の行為とその制度化の運動を孕んでいるのと同じように、リアリティの内面化と自己の形成も不断に継続していく過程である。というのも、「個人は自らを社会の内側にあると同時にその外側にもあるものとして理解する」（Berger & Luckmann［1966］1967: 134）がゆえに、「客観的なリアリティと主観的なリアリティとの調和は完全なものではありえない」（Berger & Luckmann［1966］1967: 133）からである。このために客観的なものとして立てられたリアリティが常に正当化を必要としているのと同じように、主観的なリアリティもまたその存立を支えてくれるものを必要とするのである。主観的なリアリティの維持に寄与するもの、すなわち客観的なリアリティにとっての正当化に相当するものとしてバーガーとルックマンが挙げるのが、他者との「会話」である（Berger & Luckmann［1966］1967: 152）。会話のはたらきによって、個人に内面化された主観的なリアリティも、何らかの問題が生じない限りは自明で堅固なものとして維持されるようになるのである。

客観的なリアリティにとっての正当化の必要性、ならびに主観的なリアリティにとっての会話の必要性は、いずれも、人間と社会によって打ち建てられたリアリティの脆弱性を示唆するものである。それらは、人間によって構成されたリアリティが、本来的に脆弱なものであるにもかかわらず一見すると自明なものとして存在するために不可欠の要件なのである。『構成』が、一方において自明なリアリティの堅牢さとそれを維持する種々の機構の存在を説きながらも、他方においてそのリアリティをつくり直す可能性を暗示しているということが、以上の点に見て取れるだろう。それゆえまたこの点において、『情景』から『招待』に至るまでの議論がシュッツ的なターミノロジーを用いた、一貫した社会学理論へとまとめられていることが明らかになる。なるほど確かに、ここに至ってバーガーの社会学的議論のターミノロジーからは、一九五〇年代から六〇年代初頭にまで見られた宗教的な色彩がほぼ抜け落ちている。とはいえ、社会が人間の所産であるがゆえに人間は社会をつくり変えることができるという主張や、その過程の根底にリアリティの認識が関わっているとする見解は、『構成』以前の彼の議論との連続性を証立てるものである。それゆえ前節から本節にかけて述べてきたように、『構成』はそれまでのバーガーの所論の社会学的な洗練に他ならないのである。

周知のように『構成』の刊行に先立つ時期のアメリカ社会学においては、パーソンズの社会学理論が大きな影響力を持っていた。ところがパーソンズの理論体系は壮大な展望の下に巧みな総合を成し遂げた一方で、それが共通価値の規範性を大いに強調していたために、その保守性を批判されてもいた。共通価値を個人と社会の媒介項として設定することは、必然的にという訳ではないだろうが、共通価値を体現する社会への個人の同化と順応を暗々裡に含意してしまうからである。ここに見てきたように、それに対して『構成』は常識的な知識を媒介として個人と社会を統合的な理論的視野の下に収めようとする意図を示していた。これは同じように個人と社会とを統合する理論を樹立しようとしたパーソンズの体系とある部分重なり合うものであったが、他方で共通価値ではなく知識ないし意味を個人と社会との媒介項として設定するという点においてパーソンズとは決定的に異なるものであり、そのためにパーソンズの社会学理論に対して批判的な観点を含意する作品だったのである。

リアリティの構成の核心に共通価値ではなく知識を想定する理論枠組みにおいては、規範への服従は決して自動的なものでも自明のものでもない。というのもそこにおいては人間の行為の根底に存在するものとして、規範への同調志向ではなく、そのさらに手前にある状況の定義という認知的次元が見出されているからである。価値判断以前の認知的な次元に立脚する限りにおいて、人間の行為には規範への同調からそれに対する闘争に至るまでの様々の幅がありうることになる。つまりそれは、人間の行為が必ずしも常に規範への服従に導かれている訳ではなく、そこには常に反抗の契機が孕まれているということを含意しているのである。『構成』が著された一九六〇年代はパーソンズに対するこのような批判が至る所で噴出した時代であり、バーガーたちの作品もある部分においてこのような時流に沿うものであった。さらに社会が人間による所産であると主張することによって、同書は、今現在の社会とは別様の社会の可能性を示唆する、ある種ラディカルな主張を暗黙のうちに含意するものでもあった。

とはいえ、バーガーは決してラディカリズムに向かう同時代の風潮に安易に身を任せたりはしなかった。なぜだろうか。ラディカル社会学との関係は一九七〇年代以降のバーガーの方向性にも深く関わる重要な論点である。したがってそれについては次章で当時のアメリカ社会の動向なども含めてより詳しく取り扱うことになるが、そのためには、社会学の意義についてのバーガーの考えを明らかにしなければならない。というのも、この論点こそが七〇年代以降の彼の転回、およびラディカル社会学との関係に深く関わっているからである。換言すれば、それにまつわる詳しい経緯は、社会学および社会学者の使命はいかなるものであるのか、あるいは、いかなるものであるべきなのかということについてのバーガーの考えを抜きにしては理解できないということである。それゆえ、彼が自身の社会学の「メタ科学的な前提」(Berger 1986c: 223) と呼んだものを明らかにしなければならないのである。

では、果たしてそれは何であったのか。これまでの議論を踏まえる限り、彼のキリスト教信仰がそれにあたるであろうということはほとんど疑いえない。しかしながら、これはそのように簡単に片づけられる問題でもないということには、注意しておく必要がある。というのもここに見てきた通り、博士論文から『情景』の頃までの議論においては、バーガーは社会学的な議論と自身の宗教的関心に基づく主張をあまり区別することなく絡み合わせていたのだが、『招待』や『構成』において、このような宗教的な言明はほとんど見られなくなっているからである。なぜこのような変化が生じたのだろうか。これが、彼のメタ科学的前提に関して明らかにしておかねばならない事柄である。そしてこれが社会学の意義についての彼の理解に深く関わるのである。次章ではこの問題に取り組む。

第三章　信仰と学問の調停

前章の末尾に述べたように、『構成』の完成へと至るバーガーの思索の理論的発展の過程において、一九五〇年代の宗教的な関心は明らかに後景に退いているかのように思われる。このことが社会学者バーガーにおけるキリスト教信仰という論点を見えにくくしている一つの要因でもあるのだが、なぜこのような変化が生じたのだろうか。この問題はバーガーの語り口にのみ関わるものではない。第一章で確認した通り、キリスト教信仰に基づいたバーガーの宗教的な関心がその学問的な出発点の当初から非常に強いものであったことは否定しえない事実だからである。そうであるとすれば、彼における社会学と信仰の関係の変化は彼の生き方そのものにも関わる重大な問題であったはずである。換言すれば、それは彼の知的なバイオグラフィー全体の行方を決定するほどに重要な問題だったはずなのである。

本章ではこの問題を解くべく、まずはバーガーの職業選択という個人史的な事情も踏まえつつ、彼の価値自由論を読み解く（第一節）。この議論の検討を通じて、ある時期以降のバーガーがなぜ社会学的な議論から宗教的な色彩を取り払っていったのかということが明らかになるはずである。次にその価値自由論を支えていた責任倫理についての彼の考えを明らかにする（第二節）。ここにおいて、社会学の意義についてのバーガーの議論が彼のキリスト教信仰に深く根ざしたものであったことが分かるだろう。またこの第二節においては、キリスト教信仰に立脚したバーガーの責任倫理が価値自由な社会学への動機のみならず、反ユートピア主義的な現世改革への志向をも生み出したということを確認する。これは、なぜバーガーが『構成』の刊行以降は体系的な理論の構築に主題的に関わろうとしなかったのかという問題を解くために是非とも押さえておかねばならない点である。このことを踏まえた上で、本章では最後にバーガーが一九七〇年代以降の自身の進路をいかなる方向に見定めたのかということを確認する（第三節）。それはラディカル社会学の隆盛などに象徴されるアメリカ社会の動向との関連において十全に理解されるだろう。こうした状況におけるバーガーの態度決定は、責任倫理論に含意されていたある種の保守的な傾向が政治的な保守主義の立場へと具体化されていくことを意味していた。以上の考察を通して、本章はバーガー社会学のメタ次元での前提を明らかにすると共に、彼の思索において社会学理論の研究から種々の具体的な現代社会論への転回が生じた理由を解明する。

第一節　価値自由論

前章でも述べたように、『構成』は日常生活世界の現象学的な分析に基づいて、その上に社会学理論を構築しようとしていた。これは、同書のメタ科学的な前提が現象学的分析であったということに他ならない。『構成』では、日常生活世界の分析を行なう第一部について次のように述べられていた。

以下に続く考察は哲学的プロレゴメナの性質を持っており、それ自体においては前社会学的なものである。日常生活における知識の基盤を明らかにするのに最も適していると考えられる方法は現象学的分析である。それは純粋に記述的な方法であり、そのようなものとして「経験的」ではあるが、われわれが経験的な学問の性質として理解しているような「科学的」なものではない。（Berger & Luckmann［1966］1967: 20）

この引用文に明示的に語られているように、『構成』は経験的な科学としての社会学の理論構築の手前に哲学的な分析を置く。この立論の構造は先に確認した同書の構成からも明白であろう。このような目論見と行論は、社会科学の哲学的基礎づけを目指したシュッツの立場、そしてその課題を受け継ごうとしたルックマンの立場を映し出したものである。実際にルックマンは別の箇所で次のように語っている。

筆者は次のような確信においてアルフレート・シュッツとアロン・ギュルヴィッチに従う。すなわち、生活世界の正確な現象学的記述が社会科学の基礎を提供し、それが実際に原心理学や原社会学のようなものを構成するという確信である。(Luckmann 1983: viii)

ルックマンがここに述べている学問構想は、『構成』の立論構造と同型である。この点において明らかになるように、ルックマンはシュッツの問題設定に対して極めて忠実な態度を保っており、それは『構成』においても一貫していたのである。

それでは、バーガーはこの点に関してどのように考えていたのであろうか。ルックマンとの共著を著しているという事実から察する限りでは、彼としてもシュッツやルックマンの構想に大きな異論はなかったはずである。無論それはその通りであろう。だがそれと同時に、バーガーによるシュッツの受け取り方には彼なりの力点移動があった。というのも、彼自身はある箇所で次のようにも述べているからである。

(特にトーマス・ルックマンやモーリス・ネイタンソンなどの) 私の初期の共同研究者とは異なり、私はフッサール的な言説空間の中には決して深く入り込まなかった。〔……〕このことは決してシュッツに対して私が負っているものを減じる訳ではないが、私は哲学者としてのシュッツよりも社会学の理論家としてのシュッツにより多くのものを負っている。私のメタ科学的な前提は〔……〕哲学的なルーツではなく宗教的なルーツを持っているのである。（Berger 1986c: 223）

これはバーガーが自らのメタ科学的な前提について語った貴重な証言である。そしてここには二つの重要な事実が述べられている。第一に、バーガーが現象学にそれほど大きな関心を寄せてはいなかったということ、ならびにその結果として、社会科学の哲学的基礎づけというシュッツの畢生の課題を受け継ぎはしなかったということ、そして第二に、バーガーのメタ科学的な前提が宗教的関心に基づいているということである。これらは相互に関連する事柄であると考えられる。

第一の点についてバーガーは、自分自身でも認めているように、『構成』の共著者であるルックマンとはその問題意識において好対照をなしている。哲学者としてのシュッツに負うものが少ないというのは、そのことを意味している。これは、シュッツの思想を継承した代表的な現象学的社会学者の一人という一般的なバーガー像の部分的な再考を迫る言明であろう。もちろん通説的な理解において言われている通り、バーガーに対するシュッツの影響は事実として否定できないものである。実際にバーガーも自伝において、シュッツから学んだ中心的な考えとして「多元的リアリティ」の概念を挙げている（Berger 2011: 20）。ところが彼がこの概念を受け取る際の力点の置き方は、細かく見てみると、やはりシュッツの場合とは明確に異なっていることが分かる。そのため、単にバーガーがシュッツの思想を受け継いだということではなく、いかなる関心からそれを受け止めていたのかということが重要なのである。本書の見るところでは、両者の多元的リアリティ論はその問題設定と視角において根本的に異なるものである。

シュッツの多元的リアリティ論は、右に述べた、社会科学の哲学的基礎づけという問題の観点から展開されたものである。シュッツの議論によれば、様々のリアリティを備えた多元的な世界――空想的想像物の世界、夢の世界、科学的理論の世界など――がわれわれに対して存在している。その中でも至高のリアリティを持つとされるのが日常生活世界であり、社会科学はこの領域を対象とすると同時に、この領域に根ざし、その中に基礎を持つとされる。それゆえシュッツにとって、多元的リアリティ論の焦点は日常生活世界と科学の世界との関係ということになる。すなわち「日常生活世界のリアリティと理論的、科学的な観想のリアリティとの関係を明らかにすること」（Schutz［1945］1973: 208）が彼の多元的リアリティ論の狙いなのである。

これに対してバーガーにあっては、シュッツにとって重要であったこの問題は中心的なものではない。バーガーが特に主題的に多元的リアリティ論を展開したのは、一九七〇年の論文「多元的リアリティの問題――アルフレート・シュッツとローベルト・ムージル」（Berger 1970a）においてである。これは一見すると、近代人の意識のあり方を、シュッツの多元的リアリティ論の枠組みとムージルの小説『特性のない男』を通じて描き出そうとする論考のように読めるものである。そしてまた実際にバーガーもそのような読み方へと誘導するような形で議論を展開している。ところがこの論文の最後において、ムージルのこの小説に対するバーガーの関心が、実は極めて宗教的なものであったことが明かされる。バーガーにおいて多元的リアリティ論は、社会科学方法論ではなく、まさにこのような関心に関わる議論なのである。

バーガーが目を向けるのは、この小説の第二巻の主題をなす、主人公ウルリヒとその妹アガーテによる「別の状態」の探求である。「別の状態」とは、実証的、因果的、機械的な通常の世界観とは異なる、神秘的な愛の合一の状態である。物語の中で、二人の兄妹は「聖なる対話」を通じてこの状態を探求する。だがこの試みの成否は、小説が未完に終わったことに加えて、ムージルの遺稿の配列をめぐって研究者の間で意見が分かれているということもあり、未決のままであるという。もちろんバーガーは、この専門的な問題に決定的な解答を与えようとしているのではない。彼はただ、自身の宗教的な関心に基づいてその結末を推し量るだけである。バーガーは、ウルリヒとアガーテの探求は右に述べたような近代の普通の世界観においてはドン・キホーテ的な、時代錯誤的なものであると述べた上で、その成否を悲劇と喜劇のパースペクティヴに関係づける。悲劇と喜劇の相違は、前章の第一節で『情景』の議論に即して確認しておいた通りである。その理解に従って、バーガーは、悲劇の相の下では彼らの探求は必然的に失敗と見なされるだろうと述べる。すなわちその場合、兄妹の実験はこの世の牢獄――「通常の状態」――に捕らえられたままであることが示されるという。しかし彼によれば、もしも宗教的な洞察の可能性を受け入れるならば、事態は別様に捉えられる。曰く「この場合、『特性のない男』はドン・キホーテの悲劇のくり返しではなく、彼の喜劇的な勝利の証明となる」（Berger 1970a: 233）。つまりバーガーは、信仰の立場において喜劇の相の下に眺めるならば、ウルリヒとアガーテの探求が成功に終わる可能性が暗示されることを示唆するのである。バーガーのこの示唆は、それがムージルの作品についての妥当な解釈であるかどうかという問題を超えた、彼自身の宗教的な関心の表明に他ならない。このようにバーガーは、シュッツが科学方法論的な問題に焦点を合わせていたのとは異なり、明確に宗教的な関心において多元的リアリティの問題を論じるのである[1]。そして両者の多元的リアリティ論の焦点の相違に表されたこうした相違は、この二人の思索全体の相違に関しても言えることであった。別言すれば、多元的リアリティ論は、シュッツとバーガーの問題意識の相違を端的に明示する主題なのである。

第二の点は、右の所論からも明らかなように、バーガー自身のメタ科学的な前提が宗教的なものだということであった。間接的には、これが社会科学の哲学的基礎づけという課題に彼が関心を寄せないということの遠因であったのではないかと考えられる。シュッツやルックマンが日常生活の現象学的分析というメタ社会学的な前提を想定していたのに対して、バーガーは、少なくとも彼自身の思索においては、キリスト教信仰という契機をその次元に置き入れていたからである[2]。このために、シュッツやルックマンにおいては社会科学の哲学的基礎づけという形で社会学と現象学的分析との関係が問題となったのに対して、バーガーにおいては、社会学と信仰の関係の方が重要な問題だったのである。しかしそうであるとすれば、その事実を述べた彼自身の言明と、『招待』や『構成』における彼の宗教的関心の一見するところの不在との関係をどのように考えればよいのだろうか。

この問題を解くにあたっては、『招待』という作品の由来を考えてみることが手がかりとなる。この作品は一九六三年に、バーガーがそれまでの勤務校であったハートフォード神学校から母校のニュー・スクールへと移る際に著されたものである。「『社会学への招待』には言外に、同僚の社会学者への「私を招待してくれ」というメッセージが込められていた」（Berger 2011: 76）と述べられているように、それはバーガーの生涯における一つの転機を象徴していた。その転機とは、彼の職業選択に関わるものである。つまり彼はこの著作を区切りとして、それ以降、社会学者という自身の世俗の職業の立場をより確固たるものとして確立することになったのである。このことの意味を理解するためには、そこに至るまでのバーガーの来し方を少しく振り返っておく必要があるだろう。

自伝において明かされているように、もともとバーガーは社会学者ではなく牧師になることを志していた。そのため彼によれば、社会学を学ぶことに決めたのも、アメリカ社会で牧師として活動するために必要な知識を得るためであったという（Berger 2011: 11）。実際にバーガーはニュー・スクールで修士号を取得した後の一年間、当初の志に従ってフィラデルフィア・ルーテル神学校で学んでいる（Berger 2011: 17）。だが結果としてバーガーは、アウクスブ

［1］例えば第一章で見たように、彼の博士論文において、すでに回心という宗教的な主題をめぐって多元的リアリティ論が展開されていた。同種の議論は『天使のうわさ』や『異端の時代』といった神学的な著作においても確認される。またバーガーは一九八四年にも『パルティザン・レヴュー』誌に、再び『特性のない男』を主題とした「ローベルト・ムージルと自己の救済」という論考を寄せている（Berger 1984）。この論考の表題は、エルンスト・マッハの哲学以降のドイツ文学に存在した「救済しえない自我」（das unrettbare Ich）という問題を意識したものである。そのためこのムージル論は、その末尾において、超越的なものとの関係に置かれた真なる自己の可能性（＝自己の救済の可能性）を、「別の状態」の探求に関わらせて論じている。ここから分かるように、ムージルに対するバーガーの関心は基本的に宗教的なものであった。さらに、この論考は『遥かなる栄光』（Berger ［1992］1993）という神学的な著作に補論として再録されているということも付記しておきたい。

［2］ルックマンは『構成』の刊行五十周年を記念したインタビューにおいて、自身がカトリックの信徒であることを告白している（Dreher & Göttlich 2016: 43）。ルックマンのカトリック信仰がその学問構想および哲学的、社会学的議論とどのように関わっていたのかということは、バーガーの学問論ならびにその後の思索との関係において非常に興味深く、重要な問題であるが、本書の主題からは逸れるため、ここで深く掘り下げはしない。

ルク信仰告白に疑いなく心から同意できるように思えなかったこと、およびニュー・スクールで学んだ社会学の面白さに惹かれたことにより、ルター派の牧師になることはなかったと述べている（Berger 2011: 17）。特に後者の点に関しては、シュッツのゼミについての回想が示唆的である。それは「社会学理論から見る現代の出来事と日常生活の状況」と題されたものであり、そこでは、学生が自身の関心に基づいて自由に書いたレポートを発表し、シュッツがそれに対してコメントをするというゼミが行なわれていた。そのゼミでバーガーはあるとき、「ある若い男性の信仰の危機を理解するための様々の（フロイト的、マルクス主義的、神学的な）方法に関するレポート」（Berger 2011: 20）を書いたという。彼はその際に、それが自身の信仰の問題を扱うのに有益な練習になることに気付いたと述べている。こうした回想からは、バーガーがすでにニュー・スクール時代から社会学を含む世俗的な知の方法と信仰との対質を試みていたということが窺える。さらには、後述する通りバーガーがニュー・スクールの博士課程に在籍していた一九五〇年代前半のアメリカ社会は、種々の社会的、政治的、文化的な理由からまさに空前の宗教復興を経験しつつあった。そうした中でバーガーは自身の信仰の意味を、そしてまた自らを取り巻く社会の宗教的状況を問うために社会学に引き寄せられていったのかもしれない。

こうしてバーガーは「予期せざる社会学者」（an accidental sociologist）の道を歩むことになるのだが、とはいえ彼が当初の宗教的な関心を放棄しなかったことは、その博士論文や『情景』などの論述から明らかである。確認してきたように、バーガーはそこにおいて、いまだ自身の信仰の立場からの主張と社会学的な議論とをあまり区別することなく展開していた。これらが著された時期においては、バーガーは、彼のキリスト教信仰と社会学との関係づけについてまだ明確な考えを持つには至っていなかったのであろうと推察される。そうした彼がこの問題に一つの解答を与えることになったのが、『招待』という作品であった。そしてまさにこの解答によって、本当の意味で社会学者としてのバーガーが誕生することになったのである。

この点において、同作は彼の生涯における一つの転機であった。そのための糸口を与えてくれたのは、やはりウェーバーの議論であったという。往時を回顧して彼は述べる。

> 私はハートフォード神学校を去りたかった。そこでの境遇が不幸なものだったからではなく、〔……〕社会学を専攻する大学院生と共に、専門の社会学部に籍を置きたかったからである。〔……〕私が信奉し続ける唯一の正統主義は社会学の使命についてのウェーバー的理解なのである。（Berger 2011: 76–7）

このようにバーガーは自身の宗教的関心と社会学的関心とを調停する方途をウェーバーの議論に見出し、社会学者としての構えを確立するようになるのである。とはいえ、もちろんこれは彼がキリスト教信仰を放棄するということではなかった。そのことは、バーガーがその後も『天使のうわさ』や『異端の時代』といった作品をはじめとする神学的著作を著し続けたことに示唆されている。それゆえ、『招待』以降の彼の社会学理論の研究における宗教的な関心の不在はその後景化を意味しているのであって、決してその消滅や放棄ではない。だがそうであるとすれば、バーガーはいかなる調停の道筋を見出したのであろうか。

こうした問題設定の下に『招待』を読み直してみると、その冒頭の方法論的議論がこの点に関するバーガー自身の立場表明であったことが分かる。そこにおいて、彼はウェーバーの用語を用いてこの問題に解答を与えている。すなわち経験科学としての「社会学は「価値自由」である」（Berger 1963c: 5）というのである。バーガーはここで、社会という意味的世界の理解に価値自由という原理を適用することを主張する。これは先に述べた聖なる天蓋の崩壊という事態の方法論的な帰結である。つまり聖なる天蓋の崩壊に伴って、社会的世界のリアリティは、この天蓋の意味の反映としてではなく、社会的世界のリアリティそれ自体において理解の対象となるのである。こうした世界把握の仕方はそれ自体が近代的なものであり、それゆえに社会学は「特殊近代的な意識形態」（Berger 1963c: 25）を表しているとされる。価値自由という原理はまさにこのような事態の中で方法論的に要請されるのである。この事情をさらに開いて説明すれば、次のようになる。

意味の天蓋の崩壊という事態の認識には、簡単に通り過ぎてはならない方法論上の重大な転換が関係している。それは、聖なる天蓋の存在を前提としえない以上、現実把握の構成契機が社会学者の主観の側に移されるようになるということである。すなわち現実の理解が、そこにある客観的意味を単に写し取ることではなく理解者の側で構成されるものとなるとき、後者の主観的な価値がその重要な契機となるのである。このとき社会学者は科学者としてどのように現実と向き合えばよいのだろうか。価値自由論はこの問題に関わるものであるが、これが大変に重要で厄介な問題なのである。というのも、それは単なる社会学の方法論的問題であるには尽きないからである。現実世界とそこに生きる個人を統括し、支える聖なる天蓋、すなわち客観的な意味や理念の効力が失われることによって、社会のあり方と個人の生、そして両者に関わるものとしての社会学のあり方が同時に自明な妥当性を失い、問題となるのである。換言すれば、それは、社会科学方法論においては認識論的問題を惹起すると同時に、個人の生と社会においては、例えば「意味問題」や「正当化の危機」といった言葉で名指されるような事態を生じさせるということである。方法論的問題を取り巻くようにして、倫理的、政治的な問題も連動して関わってくるのである。後に見るように、一九六〇年代におけるラディカル社会学の登場も、そしてまたバーガーの現代社会論も、この問題に深く関わっていた。価値自由の原理はまさにこうした状況において提案されているのである。

ここにおいてバーガーは、社会学者が社会学者として仕えるべき価値は「科学的廉直さ」(Berger 1963c: 5) のみであると言う。また彼はそのことを、「社会学者自身の確信、感情、偏見」などは「その仕事から取り除くべきバイアス」(Berger 1963c: 5) であるとも言い換える。「廉直さ」は、周知のようにウェーバーが『職業としての学問』においてとりわけ重視していたものであり、バーガーはこの点において彼に従うのである。このようにしてバーガーは、社会学者が自らの価値に対して自由な態度において社会学に従事すべきであることを説く。これが価値自由な社会学の提唱である。こうした構えは、社会学者の側に要請される「知的修練」(Berger 1963c: 5) であるとされる。つまりこれは、社会学者の側で身につけるべき主体的態度であるというのである。もしも価値自由原理が適用されなければ、その現実理解は社会学者の任意の主観的価値の反映に他ならなくなってしまうだろう。だからこそ、バーガーは社会学者の側に価値自由という主体的な態度を要請するのである。無論それは、社会学者が規範的、批判的な価値関心を決して持ってはならないということではない。そうではなくて、価値自由論においては、自分自身の抱く価値を自覚し、それを統御するという禁欲的な理想が求められているのである。

重要なことに、バーガーにおいてこの価値自由論は単なる社会学方法論ではなかった。これまでの議論を踏まえるならばすぐさま了解しうるように、それは社会学と自らの信仰とをいかに調停するかという、彼自身の内面の問題への答えでもあったのである。その解答は、社会学上の議論と信仰に根ざした主張を方法的に峻別するという態度だった。これが彼の価値自由論の意味である。そしてこの価値自由な社会学という理想がバーガーの考える社会学の意義であった。バーガーにとって社会学は、もはや自らの信仰内容やその究極的妥当性を問う場ではない。それらの問いは、今や明確に神学的議論の課題だとされるからである。それと同時に、その結果として――少なくとも理念の上では――、バーガーが現実の社会における諸問題の解決を神学に求めることもなくなる。「社会科学の問題は社会科学の経験的な参照枠組みの中で解決されねばならないのである」(Berger 1986c: 226)。

こうしてバーガーは価値自由という方法論的制約を自らに課した上で、キリスト者にして社会学者という道を選ぶ。そしてこのように価値自由な社会学という禁欲的な理想を自らに課したために、『招待』や『構成』の議論において、一見すると彼の宗教的関心が不在であるかのように見えるのである。換言すれば、以上のような方法論的な立場に則することによって、バーガーは、一方で社会学的関心と宗教的関心とを区別しながら、他方でそのキリスト教信仰を自身の社会学の前提とし続けることが可能になったということである。だがこのことによって、バーガーはより深い意味において社会学者として形成されていくことになった。すなわち彼は職業としての社会学者の自覚を次第に深めつつ、その中で自らの信仰と社会学との関係を調停する道を見出したのである。その方途としての価値自由な社会学の提唱と『構成』の完成をもって、われわれは、バーガーがキリスト教信仰を持った社会学者としての自身の立場をこの時期にひとまず確立させたと見なしておきたい。しかしくり返しになるが、これはその宗教的関心の放棄ではなく、社会学理論と神学的議論の峻別であった。この結果として、本書が序章で設定した、バーガーの思索における三つの基軸的な主題の区別の根拠が生まれてくることになるのである。[3]

以上がバーガーの価値自由論の意味とその背景にあった事情である。ここに至って、『情景』と『構成』の行論におけるターミノロジーの相違の理由は明らかになったはずである。とはいえ、バーガーが社会学と社会学者をいかなるものと見なしていたのかというわれわれの立てた問題には、いまだ明確な解答が与えられていない。この時点では、われわれはまだ彼のメタ科学的な前提、およびそれと社会学との概略的な関係を確認したにすぎないからである。そのためわれわれは節を改め、この問題についてより綿密な検討を加えておきたい。

第二節　責任倫理論

すでに幾度か触れている通り、一九六〇年代以降、アメリカ社会学において既存の社会学に対する異議申し立てが噴出してくる。C・ライト・ミルズの『社会学的想像力』はこうした動向を象徴する作品であった。そこで問われていたのは社会学説の内容だけではない。ミルズは社会学の「文化的、政治的な意義」（Mills [1959] 2000: 21）を問題にしていたからである。[4]こうしたミルズの問題提起に深い影響を受け、「ラディカル社会学運動」（高橋 1987: 123）と呼ばれるようになる潮流を担ったのは、主に新左翼運動にコミットした社会学者たちであった。

『構成』が著された直後の一九六〇年代後半の時期には、そうしたラディカル社会学者の主張が大きな影響力を持っていたということもあり、バーガーの価値自由論は同時代においてはあまり正確に理解されなかった。以下に見ていくように、価値自由な社会学の提唱はまさにラディカル社会学者たちの主たる批判の的であったということに加えて、

『構成』も一般的にはラディカル社会学の立場に親和的なものとして受け取られてしまったのである。バーガー自身の回想によると、彼の社会学、特に『招待』や『構成』はラディカル社会学の台頭の中で「ネオ・マルクス主義や対抗文化的言説の特殊な混合物の中に組み込まれて」(Berger 2011: 92) いったという。[5] 彼によれば自身の議論とラディカルな思潮との親和性を過度に強調する解釈は誤解であったというのだが、当時のこうした受容の原因の一つが、社

[3] これに伴って、彼の神学上の立場にも変化が訪れた。それまでバーガーが依拠していたのは、カール・バルトなどに代表される新正統主義神学と呼ばれる立場である。この立場は、神と人間の連続性の側面を強調した自由主義神学とは異なり、神と人間の徹底的断絶および神の絶対的超越性の主張を特徴とする。バーガーは『招待』を刊行した一九六三年に、それを機としてこの新正統主義神学から離れ、自由主義神学の立場へと移ったという。これは無論重大な変化ではあるが、彼の信仰の内容それ自体の根本的な変化ではない。後に見るように、彼は一九七〇年代においても引き続きキリスト教の超越性を呼びかけており、そこには疑いなく彼の宗教的立場の一貫性と連続性が確認されるからである。実際バーガーは、自身が自由主義神学によって説かれた教説の大半に批判的であると述べており、彼が自由主義神学に倣うのは、聖書についての歴史的研究や個人の宗教的経験の重視などに象徴される自由主義神学の精神ないし態度を高く評価するためであったという (Berger [1967] 1969: 184-5)。かくしてバーガーは、フリードリヒ・D・E・シュライエルマッハーやトレルチに倣って、キリスト教をも歴史的に相対的な宗教の一つと見なすようになる。その結果としてバーガーの思索において、他宗派や他宗教に対する寛容な態度をとる道が開かれたと言える。もちろんこれは博士論文でバハーイー教を題材に選んだ頃から潜在的に含意されていた態度ではあるものの、自由主義神学への賛同によって、今やより明確に、穏健な形で宗教的な多元主義を受け入れるという可能性が開かれたのである。なお、多元主義をめぐるこうした問題に関する自由主義神学の現代的意義については、フリードリヒ・ヴィルヘルム・グラーフの議論を参照 (Graf 2001=2001)。

[4] この問題は現代の「公共社会学」論につながるものである。公共社会学の詳しい説明についてはマイケル・ブラウォイの論考を参照 (Burawoy 2005)。公共社会学の提起する、何のための社会学なのか、誰のための社会学なのかという問いに、一九六〇年代の社会学の意義論との連続性を見出すことは難しくない。それどころか、ブラウォイはこの時期の社会学の意義論を公共社会学の重要な先駆けと見なしている。

[5] 日本においても、例えば『構成』等を邦訳した山口節郎などはバーガーをそのような方向において受容した。山口は批判を加えながらもバーガー社会学を、物象化批判を担う解放の社会学の方向性を示すものとして紹介している (山口 1982: 37-8)。

会をつくりかえることができるとする彼の主張にあったと考えることは的外れではないだろう。その誤解は決して故無きことではなかったということである。社会の変革を語るラディカル社会学と部分的に通底する主張が確かにそこには含まれていたからである。社会学の持つある種のラディカルさについてのバーガーの見解は次節でもう少し詳しく取り上げる予定であるが、社会学の意義に関するバーガーの思索はこのラディカル社会学の隆盛という状況の中で深化していくことになる。つまり彼はラディカル社会学運動に対して鋭い批判を寄せる中で、それとは異なる形で社会学の意義を見出そうとしたのである。[6]

すでに見たように、もともとバーガーは彼自身の内面の問題として〈社会学と信仰〉の関係を考えていたが、ラディカル社会学者たちは社会学の政治性を主題的に問うことで〈社会学と政治〉の問題を提起した。いずれも社会学の意義を問うているのだが、その焦点とするところは微妙に異なっている。後述するように、ラディカル社会学者は総じて社会学（者）の政治的コミットメントを唱導していた。こうした潮流の台頭を受けて、バーガーも〈社会学と政治〉という視角から社会学の意義を説かざるをえなくなる。彼らに対して価値自由な社会学を擁護するには、もはや単に価値自由原理を主張するだけでは不十分だからである。つまり、そもそも社会学と政治は結びつくのか、結びつくとすれば、いかなる形においてそうなるべきなのかということをより明確に示さねばならなかったのである。バーガーはこの問題を引き受ける形で、自身の信仰に基づきつつ改めて社会学の意義を考究していくことになる。そこで以下では、まずはラディカル社会学者の主張とそれに対するバーガーの批判を検討した後に、その根拠となっていたバーガーの神学的な議論を概観する。

第一項　ラディカル社会学への批判

そもそもラディカル社会学はそれまでの社会学にどのような批判を向けていたのだろうか。この時期に彼らによって盛んに主張されたのは、社会学の客観性は欺瞞であり神話であるということである。彼らは、価値自由原理を唱え客観的であることを謳う既存の社会学が、実際には社会の抑圧に加担していることを告発しようとしたのである。ラディカル社会学者が言うには、既存の社会学は価値自由や客観性を唱えながら抑圧や矛盾を孕んだ社会の現状を維持しようとする保守的なイデオロギーを体現しており、したがって社会を変革するためにまずは社会学が変革されねばならなかった。アルヴィン・W・グールドナーの浩瀚な『西欧社会学の迫り来る危機』（Gouldner［1970］1971）はこの時期のそうした潮流の一つの到達点であるとされており、同書とその続編である『社会学のために』（Gouldner［1973］1975）はラディカル社会学のマニフェストとなった。これらの著作においてグールドナーはバーガーと同時代の社会学者として、バーガーと同じく社会学の意義をめぐる問題を扱い、バーガーとは正反対の解答を与えていた。このためすでによく知られた議論ではあるかもしれないが、必要な限りでグールドナーの議論を一瞥しておくことは、バーガーの議論の比較項を用意するために有益な作業であろう。

グールドナーもバーガーと同じく、もはや社会認識において客観的意味の存在を前提とはしえないとする立場をとる。彼は、社会的世界の認識をそこにおける客観的意味の模写と見なす人を「客観主義者」と呼び、次のように述べる。

> 客観主義者は「客観的」な真理を、それを構成する人間とは別個に存在するもの、つまり人間の価値、利害、「態度」から離れて存在するものだと考えている。〔……〕彼は自らを、単に現実を「映し出す」ための「鏡」、それ

［6］バーガー社会学の政治的な立場に関しては、研究史上解釈の対立が存在してきた。一方は、バーガーは一九六〇年代においてはラディカリズムに親和的であったけれども一九七〇年代以降に保守化したと述べる（飯田 1990、山嵜 1991）。他方は、バーガー社会学には確かにラディカリズムへと通ずる要素はあるが同時に保守的な要素もあるがゆえに、その政治的立場は転向ではなく彼の社会学の必然的帰結だと主張している（Abercrombie 1986; O'Leary 1986）。本書もバーガーを基本的には保守的であった人物と見なして後者の解釈に賛同するが、以下では、彼の社会学がラディカルな面と保守的な面を共存させることになったより深い理由を明らかにする。

を通して世界が語るためのメディアだと考える。（Gouldner［1973］1975: 87–8）

グールドナーはこうした客観主義者の考えを退ける。すなわち彼は、「知識は必然的に個人の存在やコミットメントを伴う」（Gouldner［1973］1975: 88）と考えるのである。これは、主観的な価値が社会学者の認識において重要な構成契機となるとしたウェーバーやバーガーと考えを同じくする立場である。グールドナーは、何かあるものをリアルな事実として認定することを「価値帰属」（imputation）（Gouldner［1970］1971: 41）と呼ぶ。これはウェーバーの「文化人」の定義を想起させる表現である。その上でグールドナーは次のように言う。「世界についてのある価値帰属に事実性を与えることは、その真理性に対する個人的確信を表明することである。〔……〕ある信念に事実性を与えることは自己関与的コミットメントなのである」（Gouldner［1970］1971: 41–2）。グールドナーによれば、われわれの認識にはおしなべてこのような事態が付随している。彼が認識の模写説を批判するのはこのためである。われわれの認識から主観的価値の刻印を拭い去ることは不可能であるということである。したがってこのような立場に立つグールドナーは、彼の言う客観主義者の態度は「自己の抑圧、否認」（Gouldner［1973］1975: 88）であると考え、かかる態度を退けようとするのである。

この点に関して、バーガーとグールドナーの立場は正反対である。バーガーもグールドナーと同じような考えに導かれてはいたが、彼はウェーバーに倣って社会学者の禁欲的な主体的態度に基づく価値自由論を展開したからである。しかしグールドナーは全く逆に「人間が「全体的真理」を語ることができないのであれば、せめて彼は自分自身の真理を語ろうとすべきである」（Gouldner［1970］1971: 59–60）と述べる。それは、社会学者が自身の主観性や本来性を露呈させねばならないということである。彼によれば、「筆者のように客観主義を拒否する人〔……〕は、自らの存在をその仕事の中に示すこと、自己投影や個人的コミットメントを明示してさらけ出すこと、これらをすべての人に対して明らかにすることを望むのだ」（Gouldner［1973］1975: 88）という。バーガーが社会学者は主観的な価値を自覚し、統御すべきであると述べたのに対して、グールドナーはまさにこの主観的な価値を社会学に刻印すべきであると説くのである。

これこそが価値自由原理によって抑圧された社会学者の解放であるとされる。こうしてグールドナーは社会の解放へと向けて社会学の解放を主張し、そのための社会学者の解放を説く。換言すれば社会の変革のためには社会学の変革が不可欠であり、それは社会学者の変革に他ならないのである。これが彼の「自己反省の社会学」（Gouldner［1970］1971: 488）の目指すところである。

> ブラック・パワー、ウーマン・リヴ、学生の反乱は単に外部の世界を知り、それを変えることだけに関わっているのではなく、まさに彼らの自己、すなわち彼ら自身のアイデンティティを知り、それを変えることとも深く関係しているのである。（Gouldner［1973］1975: 124）

こうして社会の解放、社会学の解放、社会学者の解放という一連の目標は既存の社会、既存の社会学、既存の社会学者に対する批判と闘争という課題に結びつけられることになる。このようにしてグールドナーは、人間の解放に寄与する闘争の宣言を社会学の意義とする。要するに彼は、直接的な行動を社会学者の使命と定め、その要請を社会学の任務と見なすのである。これが社会学の意義という問題に対するグールドナーの解答であり、ラディカル社会学者にとっての社会学の使命であった。バーガーはこのような思潮に対して批判を向けたのである。では、それはいかなる批判だったのであろうか。

ラディカル社会学へのバーガーの批判は次の二点に集約される。すなわち社会学のあり方に関して、および現実の社会への社会学者としての応答の仕方に関してである。それは社会学の意義という論点と社会学者個人の実践的使命という論点に関わっていると言い換えてもいいだろう。無論これら二つの論点は相互に密接に関係していることには違いないのだが、ラディカル社会学の台頭を受けた後のバーガーの思索を理解するためには、両者を一応は区別して考えておいた方がよい。バーガーによるラディカル社会学批判がこのように二つの論点に及ぶのは、次のような事情による。

バーガーは「一九六〇年代において〔……〕「心情倫理」がアメリカの政治の中心となった」（Berger［1974］1976: 249）として、ラディカル社会学を含めた当時のラディカリズム全般の台頭を心情倫理的な政治行動の台頭と見なしていた。これはグールドナーと共通する認識であり、後者も「ラディカルの示す特徴的な反応の一つは心情倫理の重要性の大いなる強調である」（Gouldner［1970］1971: 407）と述べていた。とはいえもちろん、グールドナーはこれを好意的に捉えているのに対して、バーガーはそれに対して批判的である。

ラディカル社会学の登場をこのように捉えた上で、バーガーは〈社会学と政治〉の問題を「科学と倫理の問題」（Berger & Kellner［1981］1982: 166）として定式化する。バーガーのこの視点は非常に重要である。というのも、ラディカル社会学者にあっても、彼らが問題としていたのは社会学のあり方だけに限られなかったからである。グールドナーの議論に典型的に示されているように、彼らにおいても社会や個人のあり方といった政治的、倫理的な関心が心情倫理という形で社会学の意義論と結びついていたのである。前節で確認した、バーガーの社会学方法論において価値自由原理が要請されるに至った時代的境位を想起されたい。これに関連して、この時期のラディカル社会学者の間で定型となっていたウェーバー批判は、ウェーバーが価値自由論によって科学と倫理、社会学と政治を断絶させてしまったというものだった。換言すれば、ラディカル社会学者はバーガーとは逆にウェーバーの価値自由論を倫理的態度の要請としてではなく、没価値性論として受け取ったのである。もちろん、ウェーバーの価値自由論を「倫理の領域において、科学の領域にあるものと論理的な関係を持つものは何もない」（Szymanski 1971: 104）ということだとする彼らの理解は誤解であったかもしれない。だがウェーバー解釈としての妥当性はさておき、彼らも「科学と倫理」のあり方を問うという点においては、まさしくこの時代の問題に関与していたのである。右記の定式化はバーガーもそのことを認めていたということを示している。というよりもむしろ、おそらくバーガーはこのようなラディカル社会学者の問題設定を踏まえて、単に社会学の方法論だけを問題とするのではなく、そこに絡まる倫理的、政治的な次元をも自身の議論に組み込もうとしたのである。

そのことは一九七一年のバーガーの論文「社会学と自由」に示唆されている。[7] これは同時代のラディカル社会学の隆盛を受けて社会学の持つラディカル性や価値自由性の意味を簡略だが重要な形で述べた作品であるが、ここで引いておきたいのはその末尾の部分である。そこにおいてバーガーは、社会学の価値自由性という論点について、社会学に関する問題と社会学者に関する問題を区別しなければならないと言う。すなわち学問としての社会学は価値自由なものでなければならないが、その担い手たる社会学者は価値自由な存在になってはならないと述べるのである。というのも、「そうなった瞬間に社会学者は自らの人間性を裏切り、〔……〕抽象的な科学の幽霊的な権化となってしまう」(Berger［1977］1979: 20) からである。これは、社会学者は、生身の人間として価値から完全に自由になることはできないし、そうなってはならないということを意味している。だからこそバーガーが価値自由な社会学の理想を説くとき、それは社会学者の側に要求される禁欲的な理想であり、主体的な態度なのである。彼はそのことを次のように述べている。

> 社会学の価値自由性に関する言明は方法論的なものであるが、社会学者の価値自由性に関する言明は倫理的なものである。(Berger［1977］1979: 21)

バーガーのこの主張は極めて重要なものである。というのもそれは、価値自由な社会学を担うためには、何らかの倫理的態度が必要であることを説いているからである。つまり価値自由な社会学は、社会学者の側での何らかの価値

[7] 以下の論述においてこの論文から引用する場合は、それを再録した論文集の頁数を記す。

判断を前提とするのである。そうであるとすれば、問題はバーガーの言うこの倫理的態度がいかなるものなのか、そして、それは何によって支えられるのかということである。

ここにおいてわれわれは、ラディカル社会学の登場以降の社会学の意義とそれを取り巻く諸問題についてのバーガーの議論の問題機制を次のように見定めることができる。見てきたように、バーガーの価値自由論はそもそも彼の内面の問題と深く結びついた議論であった。それゆえバーガーがラディカル社会学との対峙において立てた「科学と倫理の問題」は、一方では確かに〈社会学と政治〉の問題であったが、他方においては〈経験的科学と信仰〉という彼自身の問題の延長でもあったのである。この二つの問題系列が「科学と倫理の問題」としての社会学の意義論において合流する。したがってバーガーにおける「科学と倫理の問題」の内実は〈社会学・政治・信仰〉という問題連関を形成することになるのである。[8] バーガーの社会学の意義論への問いとは、まさにこの連関の絡まり方、換言すればこの連関におけるバーガー的な結節と分節の仕方への問いである。われわれはこの点を明らかにしなければならない。この連関の様態を明らかにすることによって、社会学の意義、およびそれに基づく社会学者の責務についてのバーガーの見解が浮き彫りになるだろう。そこからさらには、ラディカル社会学の登場を促したアメリカ社会の趨勢に対するバーガー自身の応答も見えてくるはずである。このために、われわれはバーガーによるラディカル社会学批判の中に相互に深く関わり合いながらも区別される前出の二つの論点――社会学のあり方と現実の社会への社会学者の応答の仕方――を見出さねばならないのである。とはいえ後者の論点については本章の第三節で詳しく取り上げることとして、以下ではひとまず彼による社会学の意義論を解明していく。

まずは〈社会学と政治〉の側面から見ていこう。バーガーは、確かに社会学にはある種のラディカルさが胚胎されていることを認めるものの、ラディカル社会学者とは異なり、社会学のこのラディカルな可能性をそのまま社会変革を要請する主張に結びつけはしない。それどころかそのラディカルな力は、社会学が生み出された当初から、科学としての社会学の自己理解と常に緊張関係にあったと述べる。それはすなわち「「である」と「であるべき」、理解と希望、科学的分析と行為との緊張」（Berger & Kellner［1981］1982: 20）である。このような緊張が存在したのは、「大半の社会学者が常にその知見を社会の合理的な「改善」のために応用するよう誘惑されていた」（Berger & Kellner［1981］1982: 14）からである。だがこの誘惑に身を委ねてしまうとき、社会学は科学でなくなるとされる。「社会学者は、彼らが唱道者の役割を担おうとする場合には、常に自らの学問と対立するのである」（Berger & Kellner［1981］1982: 13）。ここでもバーガーはウェーバーに倣った主張をしている。つまり「である」と「であるべき」という命題を緊張関係において捉えた上で、科学としての社会学が関わるのは前者だけだと述べるのである。社会を変容しうるという命題と変革をすべきだという主張とは別物である。バーガーは科学と倫理、ここで言う社会学と政治の一体性をひとまず否定し、それらを区別する。「社会学は道徳的指針を与えることはできないのである」（Berger & Kellner［1981］1982: 77）。

しかしながらこの区別は、ラディカル社会学者の言うような両者の完全な断絶を意味しているのではない。全く逆である。バーガーは両者を「緊張関係」にあるものとして理解するからである。「緊張関係」という表現は象徴的である。これは科学と倫理の、無関係性を想起させる並列的な区別とは異なる、いわば層的な区別を指している。つまりこの区別は、区別であると同時に関係づけなのである。そのことを彼は次のように言う。

ここで強調されねばならないのは、同﹅一﹅の状況が科学と道徳、どちらの準拠枠組みにおいても取り扱われうると

［8］この三つの項の連関は、序章で述べた、バーガーにおける社会学理論の研究、神学的議論、現代社会論という三つの主題に密接に関係するものであるが、それそのものではない。厳密な言い方をすれば、バーガーの思索における三つの基軸的な主題は、この〈社会学・政治・信仰〉の結節と分節の様態に基づいて生まれてくるのである。われわれがここで問うているのはバーガーにおけるメタ科学的な前提であり、それが〈社会学・政治・信仰〉の三項連関の問題を形成している。これはバーガーの思想全体を規定するメタ次元での議論なのである。その意味において彼の思索における三つの主題とこの三項連関は、後者の方がより根本的な次元にあるという点で、密接に関係してはいるが別個のものである。

いうことである。別言すれば、同一の状況が、それに適用される二つのレリヴァンス構造〔……〕に応じて異なった風に見えてくるのである。（Berger & Kellner［1981］1982: 80）

これは社会学と道徳の関係を通じて科学と倫理の関係を述べた箇所であり、引用文中の「道徳」は「科学と倫理の問題」というバーガーの定式化における「倫理」と同義である。この文章で明白に述べられている通り、科学と倫理の管轄の区別は取り扱う対象の区別ではない。対象は「同一の状況」であるとされる。そのため両者を区別するのは、それを扱う論者の側の「レリヴァンス構造」という主観的な要因である。バーガーにあって社会学を科学たらしめるものは「価値自由」という主体的な態度であるということは、すでに確認した通りである。ここではそのことが改めて説かれている。科学と倫理の層的な区別は、区別されると同時に社会学者においてある形で結び合わされるのである。科学と倫理の層的区別とその主体的媒介というバーガーのこの立場は、ラディカル社会学におけるウェーバーの（ひょっとすると誤った）解釈とその克服の中間に位置づけられるだろう。すなわちバーガーの立場は、科学と倫理の断絶とそれらの心情倫理的直結の中間的な立場なのである。

これがラディカル社会学によるウェーバー解釈――没価値性論としての価値自由論の受容――への反論であり、おそらくこの点においてバーガーはウェーバーの精神により忠実である。すなわち彼はまたもやウェーバーの用語を援用し、「逆説的に社会学は〔……〕ウェーバーが責任倫理と呼んだものと興味深い関係を持っている」（Berger & Kellner［1981］1982: 77）というのである。この責任倫理こそ、バーガーにおいて価値自由な社会学とそれを担う社会学者とを結び合わせるものに他ならない。バーガーの意図は明瞭である。要するに彼はラディカル社会学者の心情倫理的態度に責任倫理的態度を対置し、そうすることによって、後者と結び合わされる価値自由な社会学の意義を主張しようとするのである。

実際にバーガーは、第三世界の発展に関する社会学的分析と政治倫理を主題とした『犠牲のピラミッド』という著作の末尾で、価値自由と責任倫理を接合しようとしたウェーバーの立場に自らの範を求めている。

ウェーバーは社会科学者の「価値自由性」や政治的行為者の道徳的責任についての彼の立場を述べた。この二種の立場はそれが重ねられたとき最もよくその意味がわかる。〔……〕ウェーバーの偉大さはこの二重の情熱にこそあった。（Berger［1974］1976: 248）

ここで言われているのは、つまり、『職業としての学問』（価値自由論）は『職業としての政治』（責任倫理論）と重ね合わせて読まれなければならないということである。その上でバーガーは「道徳的絶対主義者は結果というものを閑却するか、少なくとも強調しない」（Berger & Kellner［1981］1982: 77）と述べる。道徳的絶対主義者が奉じるのは心情倫理であり、彼にとって重要なのはその心根の純潔さのみだからである。このため心情倫理的行為者にとって、自らの行為がなされる場である現実世界の種々の条件とそこにおいてもたらされる結果は、究極的には関心の埒外にある。これに対して責任倫理的行為者は「起こりうる結果と代償の道徳的計算」（Berger & Kellner［1981］1982: 78）を必要とする。彼は自らの行為とその結果に対して責任を負おうとするからである。そして蓋然的な結果と代償の計算は、現実を、何らかの絶対的な倫理的公準の図式においてではなく現実それ自体において捉えること、要するに価値自由な社会学への専心によってこそ与えられるのである。

こうして、ラディカル社会学の台頭以降のバーガーの社会学の意義論の骨子が明らかになる。それは『招待』における議論を前提とした、価値自由な社会学と責任倫理の相互補完という主張である。すなわち、価値自由な社会学が責任倫理に寄与し、責任倫理的行為者が価値自由な社会学を必要とするという循環的関係である。このように見るならば、バーガーによるラディカル社会学批判は『招待』で展開されていた価値自由論の、同時代的文脈におけるさらなる発展だと言えるのである。

とはいえ、やはり価値自由な社会学という理想を改めて強調するバーガーのこの立場は同時代の社会学者、特にラディカル社会学者からは時代錯誤的なものに見えたに違いない。一九六〇年代から七〇年代にかけて、社会学の価値自由性という命題は徹底的にその神話性を暴露されつつあったからである。バーガーの議論はこうした同時代の動向とはかけ離れていた。価値自由な社会学の不可能性を説く議論が展開される中で、それでも彼はその理想を堅持したのである。無論バーガーも価値自由な社会学を「成し遂げるのはしばしば困難である」(Berger & Kellner [1981] 1982: 56) ことを十分に自覚していた。にもかかわらず、バーガーはこの理想の達成のために努力する社会学者の態度を力説する。すなわち彼は、価値自由な社会学のために、「自らの好悪、希望、恐れとは無関係に明確に理解しようとする情熱」(Berger & Kellner [1981] 1982: 56) という主体的態度をなおも要求するのである。

彼をここまで駆り立てていたものは何なのであろうか。同時代の社会学者の議論と見比べてみると、バーガーの議論においては、社会学者に求められ、課せられる重責がとりわけ大きいものに見えてくる。社会学者一般というよりも、バーガー個人に要求される使命と言った方が良いだろうか。バーガーは何よりも彼自身に、同時代の社会学の意義論からすれば不可能とすら考えたくなるほどの制約を課しているからである。彼に価値自由原理や責任倫理を要請させるものは何だったのであろうか。われわれはこの問いに、彼のウェーバー理解の屈折ないしバイアスという視角から答えることができるだろう。それは、彼がなぜウェーバーに惹かれ、いかなる立場からその議論を摂取したのかということに関わる論点である。バーガーは自身の議論をウェーバーの用語を通して語っており、それは一見ウェーバーの議論に酷似したものであった。しかし実は両者の間には重大な相違が存在する。まさにこの点こそがバーガー理解の鍵となるのである。

第二項　批判の根拠

ここに至って、バーガーの神学的議論を必要な限りで検討する必要が生じてくる。すでに見たように、彼の社会学の意義論は〈社会学・政治・信仰〉という問題機制において立てられていたからである。バーガーは宗教的にはルター派の信徒であり、この問題に関して言えば、彼は、あくまでも彼が理解する限りにおいて、その中心的教義の一つとされる二王国論に基づいて責任倫理論を説いていた。換言すれば、彼の信仰は二王国論の立場に立っており、右に述べた心情倫理批判はこの立場からなされているのである。それゆえここでは、バーガーの社会学の意義論に関係のある限りでその神学的議論を取り上げる。したがって以下の部分で展開される議論は、まずもってバーガーの思想の解析である。別言すれば、それは彼のメタ科学的な前提としての宗教的次元の解明なのである。これは彼の神学的議論の神学的妥当性を検討するものではないし、彼の主張をそのまま肯定するものでもない。最初にこのことを断っておいた上で、バーガーの神学的議論を見ていこう。

バーガーによれば責任倫理は何よりもまず神の国と現世、福音と律法との峻別に基づいている。彼はそのような立場からの心情倫理への批判と責任倫理の要請を次のように述べる。

> 二王国論は政治的行為〔……〕を通じて救済や究極的な意味を約束するような計画すべてに対する防御壁となる。〔……〕律法の領域には、絶対的、宗教的ないし準宗教的な帰依の精神でアプローチしてはならない。そうではなく、そこには賢明な理性の精神でアプローチしなければならないのである。（Berger 2010: 162）

引用文中の「賢明な理性の精神」は責任倫理を指しており、「絶対的、宗教的ないし準宗教的な帰依の精神」は心情倫理を意味している。そのためここには、現世においては責任倫理に則って行動すべきであることが明白に述べられているのである。

ではこの主張を支えるバーガーの神学的な責任倫理論の立論はどのようなものであったのだろうか。あらかじめその全体の概略を示しておけば、その論理的結構は四つの構成契機を含むものであった。第一の契機は彼の信仰である。これが以下に続くすべての議論の根幹となる。第二の契機は、現世がまだ神の国ではないということである。彼の信仰は二王国論の立場に立つ信仰であり、二王国論は「恩寵の世界はまだ来ていない」（Berger［1992］1993: 210）ことを告げるのである。ここから第三の、いまだ神の国ではない現実を現実そのものとして捉えるという契機が生ずる。これがバーガーの言う価値自由な社会学である。そして第四の契機がいまだ不完全な現世におけるキリスト者の使命としての隣人愛であり、バーガーはこれこそが責任倫理の本質であると言うのである。以下ではこれらについてもう少し詳しい説明をしていこう。

二王国論によれば、神の国はまだ来ていないだけであって、いつかは訪れるものである。「福音はいまだ来たらざる（とはいえキリストの復活において始まっている）神の国を告げ知らせる」（Berger 2010: 162）というのである。バーガーは、この「二王国論は信仰義認論に根ざしている」（Berger［1992］1993: 210）と述べる。信仰義認論とは、救済をもたらしうるのはわれわれの行為ではなくただ信仰のみ、恩寵のみであるとする教説である。二王国論と信仰義認論が説くのは次のことである。すなわち、恩寵をもたらす神の国が現世における何らかの行為によって実現されることはなく、それゆえまたわれわれの手によって神の国をもたらそうとしてはならないということである。このためにバーガーはキリストへの信仰においてその訪れを待つことを説く。曰く、「おそらくわれわれがなしうる最良のことは、地平線の向こうにきらめく閃光を見ることができるような態度で待つことなのである」（Berger 1971: 1263）。

このようにバーガーは、現世がいまだ神の国の来たらざる不完全な世界であると述べて神の国の訪れを待つよう説くのであるが、しかしながらそれは、ただ何もせずに待つことを意味するのではない。二王国論についてのかかる解釈が重要な点である。二王国論は一般的には政治的秩序（現世や国家）と霊的秩序（神の国や教会）との分離峻別を説いたものだとされる。それゆえにこの教義はドイツにおける非常に強固な保守主義の源泉の一つとなったとされ、また第二次大戦後はドイツのキリスト教教会がナチズムを止められなかったことの一因として断罪されてきた。けれどもバーガーはこのような二王国論の静寂主義的な解釈には与しない。彼が言うには、「それはこの教義の歪曲である」

(Berger 2010: 162)。というのも神の国の訪れを信じつつ待つ中にも、キリスト者として現世において果たすべき使命が存在すると彼は考えるからである。バーガーの考えるところによると、キリスト者はただ単に神の国を待つだけではないのである。なぜそう言えるのだろうか。まさにこの点に、彼の信仰の世界観が関わってくる。

ここには神義論の問題が深く関係している。バーガーは自伝において、ある時期にこの問題が彼の信仰の存続を危ぶませていたことを告白している (Berger 2011: 87)。「全能であり、かつ全き善である神が、その被造物であるとされるものにおける悪や苦しみをいかにして許すことができるのか」(Berger 2011: 87)。これがその問題の簡潔な表現である。彼はこの問題をどのようにして解決し、納得したのか。バーガー自身がそれについて多くを語っている訳ではないため、その詳細な道程を明らかにすることは難しい。われわれはただ、彼の信仰論と見なしうる作品からその到達地点を窺い知ることができるだけである。

そこにおいてバーガーは、神の創造したこの被造世界には謎めいた「綻び」(Berger 2004: 40) が存在すると言う。なぜ、そしていかにしてこのような綻びがあるのかというのは、およそわれわれには計り知れないことである。しかしながらこの世界には疑いようもなく、人間の行ないによって引き起こされる悪があり、またそれに加えて自然によってもたらされる災害、病気、自然淘汰などの、それよりもはるかに大きな規模の苦しみが存在している。この事実を否認することはできないと彼は言う。だとすればこの事実を前にして、バーガーの信仰はいかなる形で神の義を説こうというのだろうか。

バーガーはハンス・ヨナスの「アウシュヴィッツ以後の神概念」に依拠しつつ次のことを明言する。すなわちこの世界における悪と苦しみの実在を踏まえて神義論の問題に立ち向かうのであれば、神の全能という考えを多少とも曲げざるをえないということである。神の全き善という観念を修正することはできない。神の慈悲の観念を捨て去ることは悪魔の崇拝に等しいとされるからである。その上でバーガーは、「この世界の中で苦しむ神」と「この世界の未来において裁きを与える神」という二つの神観念を提示する (Berger 2004: 40)。彼の見るところでは、このいずれもが神の義を示すものである。歴史の終わりにおいてこの世界の悪を断罪する神という考えは、それを真に受けるかどうかということは別にしても、神義論の解答としてはまだしも納得しうるものであるかもしれない。しかしながら、この世界の中で苦しむ神という考えはどうであろうか。それは何を意味しているのだろうか。

バーガーが言うには、一見したところ矛盾するこの二つの神観念を受け入れるならば、「歴史と宇宙の両方が破局と救済の計り知れない戯曲の舞台として現れる」（Berger 2004: 40）という。右に述べたことに関連させれば、歴史上の破局は人間によって引き起こされる悪に、宇宙的な破局は自然によって生み出される苦しみに対応している。これらは先の箇所では「綻び」とも呼ばれていた。バーガーの信仰の世界観においては、神は、一方でこの綻びによって被造物と共に苦しみつつその修復に携わり、他方でその修復が完成した暁にはこの悪に裁きを下すものである。すなわち右記の二つの神観念は、このように、神の現在的な側面と未来的な側面を表現しているのである。とはいえこの神義論自体の妥当性の検討はここでの目的ではない。ここでの主題は、神の国の訪れを待つ間にできることは何かという問題であった。これに関わるのは、共に苦しむ神の観念である。これについてバーガーは次のように述べる。すなわち右記の戯曲において、

神は被造物の中でその綻びとの闘いに従事している。ひょっとすると、神はこの綻びを生み出し、それを望んでいる宇宙的な敵と闘っているのかもしれない。だがこの闘いは終わりなきものではない。最終的には神の力が再び肯定され、被造物は修復されるだろう。〔……〕まさにその自由のためにこの闘いに加わることができるということが、人間の尊厳の一部なのである。（Berger 2004: 40）

ここに述べられているように、バーガーの考えでは、人間にはこの不完全な現世においてもできることがある。人間はただ無為に神の国の訪れを待つばかりではないということである。すなわち、人間は現世における綻びを修復

すべく、神の側に立って現世を改革していくことができるというのである。とはいえ無論、二王国論に立脚する以上、不完全な世界における人間のそうした改革の試みは決して完璧なものではありえないとされる。二王国論から帰結するこのような理解が、バーガーをある種の保守的な立場へと向かわせる。それは現世におけるラディカルな変革の可能性に疑義を呈する立場である。実際、「二王国論は強力な反ユートピア主義的な公式である」（Berger 2010: 162）とバーガーは述べている。しかしだからこそ、そこにおいて賢明な理性の精神が必要とされる契機が生まれるのである。換言すれば、いまだ神の国ではない現世においては責任倫理に基づく行為が要請されるということである。この要請の実践的な帰結については後述するが、まさにこの点において社会学の意義が生じるのである。バーガーはそのことを次のように語っている。

われわれがなさねばならないのは、望ましい結果のために利用しうる手段の適切さの計算、成功の可能性の見極め、意図された帰結と意図せざる帰結の両方の予見である。言うまでもなく、われわれは今や道徳的確実性の世界から不確実性、相対性、妥協の世界へと踏み出している。もちろんこの後者の世界は、経験的なものの世界、すなわち人間の歴史の、不道徳的で混乱させる、しばしば破壊的な現実の世界である。この世界には何の保証もない。まさにここにおいて社会科学が必要になるのである。結局のところ社会科学は、人間の行為からなるこの経験的な現実を解明することに関心を寄せているからである。（Berger［1969］1990: 147）

バーガーの思索における重要な諸要素の連関、すなわち現世という不完全で相対的な世界、そこにおける責任倫理の必要性、そのために不可欠な社会学という論理の連関がここには極めて明瞭に示されている。この点においてバーガーの責任倫理論と価値自由論、およびそれらに基づいたある種保守的な社会学的議論は、彼の理解する限りでのルター派の二王国論に深く根ざしているのである。

そしてまたこのような責任倫理の要請は、その本質において現世におけるキリスト者の使命に大いに関係している。それに関して、バーガーは「現世においてわれわれのなしうる最善のことは正義の国の探求である」（Berger［1992］1993: 210）と述べ、さらに、この正義の探求とは隣人愛の実践であると言う。なぜなら現世における正義の基準は常に「われわれの行為が〔……〕他者のために何をなすか」（Berger［1992］1993: 211）ということだからである。それはすなわち、神の国の到来を信じて待ちつつ、隣人への奉仕に努めるということである。それはキリストに対しては信仰を通して、隣人に対しては愛を通して生活するという使命であり、これこそは、ルターが『キリスト者の自由』の結論として述べていたことに他ならない。このような隣人愛の実践がバーガーにおいて責任倫理の本質となるのである。彼が「起こりうる結果と代償の道徳的計算」と述べていた「道徳的」とはまさにこの謂いである。曰く、

ウェーバーの二つの倫理的可能性のうちどちらが信頼できるものであろうか。明らかに責任倫理であるに違いない。〔……〕キリスト教信仰はわれわれ自身の純潔性にではなく、隣人に対する最優先の関心を命じているのである。（Berger［1992］1993: 208）

それゆえにバーガーの言う責任倫理の責任とは、ウェーバー的な意味での自らの行為が他者に及ぼす結果に対する責任であると同時に、さらにそれを超えて、そうした形で隣人愛を実践することへの神に対する責任でもある。すなわち、

聖書の宗教は人間を責任ある者＝応答可能な者（responsible）として定義している。〔……〕人間は神に語りかけられ、それに応答することを求められている存在であるがゆえにまた、倫理的に責任を持つ者なのである。（Berger［1992］1993: 100）

神から語りかけられ、それへの応答において倫理的に責任を持つこと。それは、現世の綻びにおいて苦しみつつそれを修復しようとしている神と共に苦しみ、その修復に参与することであろう。バーガーにとってはそれこそが隣人愛の実践であり、正義の探求であった。それゆえ彼にとって二王国論に説かれた神の国とは、決して現実化されることはないが、それにもかかわらず彼を縛る理念であった。神の国は「いまだ来たらざる」ものであるが、にもかかわらず、その訪れは「キリストの復活においてすでに始まっている」からである（Berger 2010: 162）。来たるべき終末はすでに約束されている。そして信仰においてその到来を予期しつつ待つ中で他者への奉仕、すなわち隣人愛が要請されているのである。重要なことに、社会学者としてのバーガーにとって、それは価値自由な社会学の実践と責任倫理への寄与において果たされるものであった。要するに、社会学はバーガーにあっては、恩寵のいまだ来たらざる現世におけるキリスト者の使命、すなわち隣人愛という形での賢明な理性の行使に寄与するものなのである。これがバーガーの、「合理性という観点からの結果の考量が社会学的分析の核心にある」（Berger & Kellner［1981］1982: 78）というウェーバー的な命題の持つ深い宗教的な含意であった。

こうしてバーガーの立場の根本的な意味が明らかになる。一見ウェーバーをそのまま踏襲したかに思える彼の一連の議論は、ここに見てきたような宗教的な態度に基づいているのである。これが、バーガーにおいて価値自由な社会学とそれを担う彼自身とを責任倫理を介して結び合わせる論理なのであり、彼をしてその必要性をあれほどまでに強く説かせた理由であった。責任倫理についてバーガーは次のような驚くべき言明すらしている。「ここでウェーバーは世俗化したルター派の倫理を提示しているとも言えよう」（Berger & Zijderveld 2009: 138）、あるいは「ウェーバーの言う二つの倫理はルター派の二王国論と非常に強い類縁性を示している」（Berger 2010: 163）、と。ウェーバー派の立場から読むというのは、ウェーバー解釈としては少々異端的な主張かもしれない。とはいえこの言明はウェーバー論としての妥当性が問われるべきものというよりは、むしろバーガーによるウェーバー解釈の思想的なバイアスを示すものと解されるべきであろう。

ウェーバーとバーガーのこうした相違は、後者の『遥かなる栄光』という神学的著作（Berger［1992］1993）のエピローグにも示されている。バーガーはそこで『職業としての学問』に言及しながら、その末尾に引かれた旧約聖書における斥候（ものみ）の話に触れている。ウェーバーにとってこの話はまさに朝が来ないこと、すなわち現代において神の国が決して来ないことを意味するものであった。それゆえウェーバーにあっては宗教的救済のみならず、およそあらゆる擬似的救済手段が拒否され、各人は自らの行為の結果に対して責任を持たねばならないとされるのである。二王国論の立場に依拠するバーガーも、ウェーバーと同じく朝は〈今・ここ〉には訪れないと言う。この判断とそれに基づく心情倫理の拒否において、バーガーは間違いなくウェーバーの立場に従っている。だがウェーバーとは異なり、バーガーは決して朝が訪れる可能性自体を否定しはしない。いやそれどころか、この可能性を信じて隣人愛を実践することを説くのである。これはキリスト者であるバーガーの断じて譲れない点である。したがって彼はこの『遥かなる栄光』を次のように締めくくることになる。すなわち、「われわれの小著は希望の調子で終えられる。斥候のもとへと引き返し、くり返し問いかけるのだ。なぜなら朝は来るだろうからである」（Berger［1992］1993: 218）、と。

右記のことを踏まえると、『職業としての政治』末尾におけるウェーバーによる周知のルターの言葉の引照を、バーガーは故意に文字通りに受け取ろうとしたのだとも言えるだろう。よく知られているように、それはウェーバーが責任倫理に従う者の英雄的精神を述べた箇所である。ウェーバーとバーガーの違いはまさしくその言葉に見出される意味にあるのである。したがって同じく責任倫理を重視して現実主義的な態度を選ぶものの、ウェーバーとバーガーの立脚点は互いに異なるものであった。つまりウェーバーが禁欲主義的に現実のみを冷厳に直視しようとしたリアリストだったとすれば、バーガーはキリスト者の立場から現実に向き合おうとしたキリスト教的リアリストだったのである。

もちろんこのリアリズムという用語は多義的なものであるが、バーガーにおけるこの立場の要点を理解することはさほど困難ではない。これまでに見てきたように、彼にとってその眼目は何よりもまず二王国論に基づいた反ユートピア主義という点にあった。言い換えれば、その骨子は次のような現実の認識にあったと言えよう。すなわち人間は現世という不完全な世界に生きることを余儀なくされており、そこにおいては当然のことながら人間も不完全な存在でしかありえず、またそこには様々の意図せざる結果が溢れているために、完全な形での理想の実現も望みえないという現実である。くり返しておけばこのために、現実の諸条件をあるがままに捉えようとする価値自由な社会学が必要とされたのである。

しかしながらバーガーのこうしたリアリズムを守旧的な現状肯定の態度と解するのであれば、それは誤解であろう。これもすでに確認した通り、バーガーは現世、そこに生きる人間、および彼らの抱く理想の実現可能性の不完全性を熟知しながら、それにもかかわらず、より良き世界のための行動を諦めなかったからである。そして神義論の問題についてのバーガーの所論に示されている通り、このような改革志向の態度も究極的には彼のキリスト教信仰に根ざすものであった。まさにこの点において、バーガーの責任倫理論とキリスト教的リアリズムには価値自由な社会学の遂行にとどまらない要求が孕まれているのを読み取ることができるだろう。現世改革についてバーガーは次のように記している。

> 自らの手を汚すことなく政治的に行動することなど不可能である。〔……〕そう呼びたければ、これもまた〈鉄の法則〉である。〔……〕この現実から意図的に目を背けようとしないのであれば、〔……〕ただ二つの実存的態度がありうるように思う。第一に宗教的態度がある。パウロの信仰義認論はこの場合の極めて重要なキリスト教的態度である。第二に、人間の条件の一部である意図せざる悪の重荷を十分に自覚して背負うという禁欲的態度がある。付言すればこれがウェーバーの選択であった。〔……〕私はこの種の禁欲主義を大いに尊敬するものの、〔……〕この実存的ジレンマに対する私自身の応答は宗教的である。実際それは厳密な意味でパウロ的なのである。
>
> （Berger［1969］1990: 164–5）

ここで言われているのは、責任倫理を引き受け、それに従う者を支えるのは何かということである。政治的に行動する、あるいはより広く、現世において何らかの効力を生み出すべく行為するということには、不可避的に陰惨な側面が付きまとうことになる。善意に基づく現世の改革も決して例外ではない。この厳然たる事実を前にしてバーガーは、信仰の相の下に現世のこの不完全性を受け入れるのか、それともある種のマキァヴェリズム的な態度を選ぶのかという選択肢を提示する。バーガーの理解に従えば、彼自身は前者を選び、ウェーバーは後者を選んだということになる。バーガーの現実主義的な態度がキリスト教的リアリズムであったというのは、この点によるのである。それについて、彼の信仰論ではさらに明快に次のようにも言われている。

信仰の観点においては、さらに一歩踏み出すことができる。〔……〕われわれは実際に全力を尽くして「世界の修復」に加わる。――その結果として、避けられないことではあるが、われわれの最善の努力でさえもが不徳に転じることがあるとすれば、そのときは神の赦しをたのむのである。(Berger 2004: 161)

したがってこの責任倫理論において、社会学者としてのバーガーとキリスト者としてのバーガーが結び合わされ、ある意味で危うい均衡の中で両者が調停されているとも言えるだろう。信仰の世界観に根ざしたバーガーの責任倫理は、彼に価値自由な社会学への専心を要求すると共に、現実主義的な態度における現世改革をも促しているからである。言うまでもなく価値自由な社会学の実践と現世改革への従事はときに互いに相反し、矛盾する要求を生み出す。先に見たように、バーガーはそれを「緊張関係」と称していた。バーガーに引きつけて言えば、それは社会学者としての彼とキリスト者としての彼の緊張関係であり、認識と行為との緊張関係である。もちろん、これは第一章において確認された彼の思想の二重性の表れである。この二重性は彼なりの責任倫理論において、ひとまずのところ右記のように隣人愛の実践という形で調停されたようにも思われる。けれどもバーガーの理解する責任倫理は価値自由な社会学の要請に尽きる訳ではなく、それゆえにまた右記の二重性が生み出す緊張を完全に解消することもなかった。二王国論の教説に立脚するバーガーの責任倫理は、ラディカルではない形での現世改革への志向をも生み出しているのである。換言すれば、その倫理的要求はバーガーによる実際的な行動にも帰結するということである。それは信仰の世界観に基づいた、キリスト者としてのバーガーの使命であった。実際にバーガーは自身の政治的立場を表明した論考で次のように述べている。

われわれは自らの政治的行動を現世におけるキリスト者の責任として命じられたものだと理解している。われわれの見解においては、市民であるということは宗教的な使命を果たすことなのだ。この使命は、自らの行為の帰結を無視するような倫理や政治的アプローチによって妨害される。第一義的な社会的命令は自らの隣人を愛することである。〔……〕「責任倫理」は自らの精神的、道徳的な純潔性ではなく、まさに隣人の幸福に関心を寄せているのである。(Berger, B. & P. L. Berger 1986: 66)

この点を了解するならば、なぜある時期のバーガーにおいてその関心の焦点が抽象的な理論体系の構築からより具体的な現代社会論の展開へと移行したのかということの理由を推し量ることもできるように思われる。これこそ、われわれが序章で立てた第一の問いであった。その思索関心の転回についてはバーガー自身があまり多くを語っている訳ではなく、一九六〇年代末におけるイヴァン・イリイチとの交流の中で「筆者の新たな政治的関心とそれ以前の学問的な著作、特にいわゆる知識社会学との間に関連があると分かった」(Berger [1974] 1976: viii) と述べているに過ぎない。とはいえ、これは当時のバーガーの立場を考えてみると大変な決断であったことが察せられる。『構成』が世界各地の大学で教科書として採用されたということはすでに述べたが、この事実に示唆されているように、当時のバーガーはすでに世界的な社会学者としての地位と名声をほぼ掌中にしていた。そしてそれは間違いなく、『構成』

という理論的な著作の功績だったのである。それゆえ『構成』の刊行後に彼がその関心の焦点を理論研究からアメリカ社会の様々の具体的な諸問題に移すということは、ほとんど自動的に、『構成』の成功によって築いた自身の立場を捨て去ることを意味していた。もしもバーガーが『構成』の刊行後もルックマンのように理論研究に携わり、その理論体系の刷新と洗練に従事していたならば、その地位と名声はより一層確固たるものになっていたに違いない。事実、ルックマンはドイツでコンスタンツ学派を形成し、その方面での数多くの後進を育成することに成功した。しかしながらバーガーは現実のアメリカ社会の諸問題という、それに関わりを持たない人にとってはおよそ些末なものにしか思えないような具体的な主題に取り組むことによって、その確約されつつあった栄誉を放棄したのである。それは考えようによっては大変勇気のある決断であったかもしれないが、それと同時に、その決断の理由についての疑問を惹起する行動選択でもあった。右に見てきたバーガーの理解する限りでの責任倫理は、この問題を解く鍵を与えてくれるように思われるのである。

バーガーにとって、社会学者としての使命は価値自由な社会学の実践であり、社会学理論の構築もまたそのような態度において企図されねばならないものであった。『招待』や『構成』において、それまでに見られた宗教的なターミノロジーが姿を消していることからも彼のそうした意図が読み取れる。バーガーにとって社会学は自身の信条や政治的立場を吐露する舞台ではなかったということである。しかしながらそれと同時に、バーガーにとって現世における使命は決して価値自由な社会学への専心に尽きるものではなかった。彼はキリスト教信仰を持った社会学者であり、彼の信仰はリアリズム的な態度に則した現世の改革をも要求していたからである。本書は先の箇所で、バーガーの責任倫理論はこのような形においてある緊張関係を宿すものであったと述べた。われわれは、まさにバーガーの責任倫理理解に孕まれたこの緊張こそが彼のその後の現代社会論を生み出していったのだと考えることができる。彼の現代社会論は現状の分析に終始するのではなく、そこには現状分析を基にした規範的な提言も含まれていたからである。つ換言すれば、その規範的な提言はバーガーなりの現世改革の試みの一環と見なすことができるということである。

まりバーガーの理解する限りでの二王国論とそれに由来するキリスト者の使命が、彼に規範的な現代社会論を著すよう促す契機となったのである。このために、バーガーは『構成』の所論を体系的な理論としてさらに洗練させる方向には進まなかったのであり、またその一方でその後の現代社会論においては、規範的な主張を披露する段になるとしばしばキリスト者としての彼が顔をのぞかせることにもなるのである。いずれにせよ、このために『構成』の刊行以降、特に一九七〇年代以降の時期に彼は現実のアメリカ社会の分析、そしてそれを基にした規範的な議論へと向かっていく。

ここまで議論を進めてくれば、次のことが見えてくるであろう。すなわちバーガーの思想の全体を検討するにあたって、彼の社会学理論を論じるだけでは不十分だということである。それはもちろん重要な課題であることには違いないが、とはいえそれはまだ物語の半分でしかない。それはバーガーの思索において確かに重要な部分ではあるが、彼の思想は決してそれだけに尽きるものではないのである。われわれが彼の思索の全容を解明しようとするのであれば、以上の議論を踏まえて、彼の様々の現代社会論に踏み入っていかねばならないだろう。

別言すれば、バーガーは決して理論の彫琢それ自体を目的とした理論研究を行なっていたのではない。彼にとって抽象的な理論は、あくまでも現世の改革のための認識を本義とするものであった。すなわち彼にとっての社会学理論とは、改革への志向の中で、そのための前段として現実を価値自由な態度において把握し、分析するためのものだったのである。バーガーは自伝の中でそれを次のように述べている。

> この見解［＝社会学が道徳的な意味でのヒューマニズム的な目的に奉仕しうるという考え――引用者］が、筆者の信奉するウェーバー的な「価値自由な」社会科学の理念と反目することはなかった。というのももちろん、社会学の分析的営為は「価値自由」であらねばならないが、その実際的な応用は、より人道的な社会への貢献によって道徳的に正当化されるからである。（Berger 2011: 64）

このようにしてバーガーは理論から、彼なりの理解に即した実践へと向かうことになる。そして彼がその現代社会論を著す際に依拠していたのは、『構成』において完成を見た理論枠組みに他ならなかった。まさにこうした議論を展開していく中で、『構成』に提示された彼の理論も現実の社会の動向に照らして検証され、その結果として徐々に微妙な、けれども重要な改訂を施されていくことになったのである。

われわれは次章以降、彼のこの現代社会論の内容を主題的に取り上げる予定である。そこで次章以降の議論のための準備的作業として、次節ではバーガーのそうした態度決定の経緯についてのさらなる詳細と具体的な方向性——より正確に言えば、現代社会論を展開する際にバーガーが依拠していた政治的な立場——を考察していくことにしよう。

第三節　アメリカの動揺のさなかで

バーガーの解した宗教的な責任倫理は具体的にはどのようにして、そしてまたどのような方向において規範的な提言を含む現代社会論を彼に促すようになったのだろうか。先に示唆しておいたように、それはラディカル社会学者の主張、および彼らの登場を準備したアメリカ社会の動向との関連において理解することができる。バーガーの選択は、これらに対する彼なりの応答であったように考えられるからである。前節で見たバーガーのある種漠然とした保守的な立場、すなわち二王国論の教説に基づいた反ユートピア主義的な傾向は、同時代のラディカル社会学への対抗の中である具体的な形象をとるに至ったということである。つまり、それはラディカル社会学者とは異なる形での実践的行動だったのである。これがバーガーによるラディカル社会学批判の第二の論点を形成している。

この点について考察を加えていくにあたって重要な手がかりとなるのは、バーガーと代表的なラディカル社会学者であるグールドナーとが、いくつかの局面においてその見解を同じくしていたということである。そのことは例えば、先に言及したバーガーの一九七一年の論文「社会学と自由」に示されている。

この論文においてバーガーは「社会学が解放の学問であるというのはそもそもいかなる意味においてなのか」（Berger［1977］1979: 13）という問いを立てる。このような問いが立てられるということそれ自体が、バーガーが社会学にある種のラディカルさを認めていることの証左でもある。バーガーはこの問いに対して、次のように答えている。すなわち社会学は、確立された思考様式を転覆させるという点ではラディカルであるが、制度的秩序そのものに対しては保守的な見方をとるというのである（Berger［1977］1979: 13）。社会学の持つラディカルさがそのままラディカルな社会変革に直結する訳ではないということである。バーガーは、社会学が一方ではラディカルな側面を、他方では保守的な側面を宿すというこの命題の両方が真なるものであると主張する。すなわち社会学はラディカルであると同時に保守的でもあるというのである。ラディカルな面に関する最初の命題について、彼は次のように述べる。

社会学は社会的に確立されたリアリティ解釈の虚偽性を示す。それは事実が「公式」の見解と一致しないことを示したり、より単純にはその見解を相対化したりすること（つまり、それがありうべき複数の社会観の一つでしかないと示すこと）によってなされる。（Berger［1977］1979: 14）

ここに述べられていることは、『情景』から『招待』を経て『構成』へと至る彼の議論を追ってきたわれわれには容易に理解しうる内容である。すなわち社会学は社会的世界のリアリティの相対性を暴露し、そのことを通じて、現に存在する社会的世界が決して神聖なもの、絶対的なもの、不可侵のものではないという事実を示すということである。社会学はこうした認識において現にある社会とは別様の社会の可能性を示すことによって、ある種の転覆的な作用を生み出すのである。

しかしながら同時に、バーガーによれば、まさにこのような社会学的認識が社会の秩序に対して保守的な態度を生み出すという。無論それは、既成の秩序を神聖視するような保守主義ではない。右に述べた社会学の暴露的な認識がその種の保守主義を不可能にするからである。バーガーの言う社会学的な認識に基づく保守主義は、むしろ「社会の現状の体制ならびに新たな社会秩序のための種々のプログラムに対する懐疑に基づいている」（Berger［1977］1979: 19）。つまり社会学による転覆的相対化は既存の社会秩序だけでなく、来たるべき新たな社会構想にも及ぶのである。無論それは今とは別様の社会の可能性の一切を否認するということではない。そうした可能性は社会学の示す社会的世界の相対性に確かに含意されている。ただし、人間の所産としての社会的世界の相対性の認識には、来たるべき新たな秩序も古いものと同様に不完全で、相対的なものであるという重大な留保が付されているということである。バーガーはこのように述べて、社会学の孕むラディカルな性質を認めつつ、それと表裏一体の保守性を同時に主張するのである。

このような言明には、前節で確認した彼の信仰の世界観が反映されていると言えよう。すなわち、右記の主張は現世とそこに生きる人間の不完全さの認識に基づいているのである。実際、バーガーはある箇所で次のように述べている。曰く「私の倫理体系はキリスト教的な人間理解、不可避的に保守的な歴史観、徹底的に暴露的な社会学理論のパースペクティヴからなる、かなり複雑な相関関係を意味しているのである」（Berger［1974］1976: 252）。バーガーにおいては、二王国論の教説に基づく「キリスト教的な人間理解」を論拠として「徹底的に暴露的な社会学理論のパースペクティヴ」と「不可避的に保守的な歴史観」とが統一的に把握されているということである。

このようにグールドナーとバーガーの議論は、社会学に秘められたラディカルな可能性の承認という点においても意見を同じくしている。とはいうものの、もちろんバーガーはいわばラディカル社会学の一歩手前で、それに加担することなく引き返す。その理由は、バーガーが価値自由な社会学とそれを担う社会学者とを責任倫理において結び合わせるからである。これはすでに確認してきた通りであるが、ここで重要なのは、意見の不一致よりも、むしろ両者の議論のある部分において見解の一致が見られるということである。というのも、そこには次のような事実が示唆されているからである。それはすなわち、彼らが当時のアメリカ社会（学）の同じ文脈に共属し、そこにおける問題を共有していたということである。この点は先に社会学の意義論を取り巻く時代的境位という側面からも示唆したことであるが、バーガーの現代社会論の立ち位置を見ていく上でも重要な事実である。まさにこのために、彼の態度決定はラディカル社会学との対比において理解されなければならない。両者が分かち合っていたのはパーソンズ批判という文脈であり、またパーソンズ社会学を支えていた現実感覚の動揺という問題である。共通価値の制度化と内面化による社会統合を説くパーソンズの学説をラディカル社会学者やバーガーが否認し、それに代えて社会の再構成の可能性を説いた背景には、このような事態があったのである。

アメリカにおいてラディカル社会学を含む社会学の新たな諸潮流が登場してきた経緯それ自体がすでに、その背後にあったアメリカ社会の動揺というより大きな問題の存在を示唆していた。第二次世界大戦後に確立されたアメリカの政治的、経済的、文化的な覇権は、早くも一九六〇年代には国内外の両方の場面で揺らぎ始めていた。周知の通りアメリカ社会は一九六〇年代に人種問題の深刻化、ヴェトナム戦争の泥沼化と反戦運動の激化を経て、七〇年代にはニクソン・ショックとウォーターゲート事件を経験することになる。これらは、後述するように一九五〇年代のアメリカ社会が戦後最大の宗教復興と呼ばれた宗教的な価値の高まりの中で豊かな社会を誇っていたのとは対照的な出来事であった。この激動の時期にアメリカ社会の正当性は大きく揺らぎ始め、様々の既成の価値や枠組みが次々と批判的な考察の対象となっていき、その結果として現在にまで続く激しいイデオロギー的対立や分裂が生じていくことになった。日常の意味、政治の意味、文化の意味、労働の意味、性の意味、学問の意味、自己の意味、そしてそれらの総体としてのアメリカの意味——かつては自明であったはずのこれらのものが、以降、執拗に問い直され、不断に再規定されていくことになったのである。

社会学もこの大きな流れから逃れることはできなかった。この時期のアメリカ社会学における批判的な諸潮流は、多かれ少なかれ現実の社会におけるこのようなアメリカの正当性の動揺を反映していたのである。こうした背景が、共通価値論を核とするパーソンズ社会学への批判を支える社会的な文脈をなしていた。例えば早くも一九五〇年代にアーヴィング・ゴフマンの社会学は、人が道徳を身につけているかどうかではなく、身につけているように見えるかどうかということを問題にしていた。エスノメソドロジーは日常のミクロな場面における、共通価値の存在を前提としない秩序の構築に目を向けた。ハーバート・ブルーマーに代表される象徴的相互作用論は、共通価値ではなく絶えず解釈し直される意味によって媒介された対面的関係を描き出そうとした。こうした立場は現実のアメリカ社会において度を増していく混迷という現実感覚に裏づけられていたのである。もちろんバーガーとルックマンの理論もこの揺らぎの感覚を色濃く映し出すものであった。

アメリカ社会への信頼がまだ強固であった時代、より直截に言えばその政治的、経済的、文化的なヘゲモニーが健在であった時代においては、パーソンズの社会学はそれほど大きな抵抗もなく受け入れることのできるものであっただろう。だがパーソンズ社会学の威信を暗々裡に支えていたアメリカ社会の共通価値への信頼が揺らぐとき、彼の社会学は、欺瞞に満ち、抑圧を強いる社会の象徴としてある部分過剰な非難の対象となったのである。換言すれば、パーソンズの共通価値論は一九三〇年代の危機を克服して五〇年代にその極みに達したかに見えたアメリカ社会の正当性の理論的表現とも見なしうるものであるが、それはこの時期に急速にそのもっともらしさを失いつつあったのである。それを象徴する出来事の最たるものがラディカル社会学の台頭であった。バーガーがアメリカ社会の現実と向き合うようになっていったのは、およそこのような状況においてであった。

だが言うまでもなく、こうした事態へのバーガーの応答の仕方はラディカル社会学者のように直接的な行動を呼びかけるものではなかった。また社会学者による現世改革の方法としては、もちろんラディカルな直接行動に訴えかける道だけでなく、例えばパーソンズのように抽象的な理論体系のさらなる彫琢に志向する——とはいえ、現世における神の国の樹立を目指したパーソンズとは別の形で[9]——という道もあっただろう。けれどもバーガーのキリスト教信仰がそのいずれの方途をも彼に許しはしなかった。彼の信仰は、一方で価値自由な態度で練り上げられた社会学理論を、他方で漸進的な形での改革を目指す行動を要求していたからである。このゆえにバーガーは、抽象的な理論の構築でも直接的な行動でもなく、規範的な主張を含む現代社会論の発表という形で現世に関わろうとしていたのである。それが彼の理解する責任倫理とキリスト教的リアリズムの実践的な帰結であった。であるならば、その現代社会論はいかなる立場において著されていたのだろうか。

バーガーは、まさに自身の中で現代社会論への関心の転回が生じた直後の一九七〇年に、その立場を（当時はルター派の神学者であった）リチャード・J・ニューハウスとの共著に収められた論文において明言している（Berger 1970b）。それは政治的な保守主義の立場である。ニューハウスは一九六〇年代の末からバーガーと活動を共にしていた、彼の親しい対話相手の一人であった。ニューハウスとの関係については後に詳しく述べるが、バーガーが自身の政治的な立場を保守主義と明確に規定したのは、おそらくこの一九七〇年の論文が初めてである。

しかしバーガーの選ぶ保守主義の立場は、彼によれば、従来の意味での保守主義ではなかった。彼は旧来の、あるいは同時代のアメリカの保守主義者を「信条による保守主義者」（Berger 1970b: 21）と見なし、それを拒否していたからである。それは何らかの復古的、ないしは現状維持的なイデオロギーに依拠する保守主義であり、「現状の制度的布置を本質的に善きもの、自然なもの、聖なるものとさえ見なす」（Berger 1970b: 21）立場である。反対にバーガーが保守主義を選んだのは「現状の利点について深い確信を持っているからではなく、現状の代案として提起されるものの利点に対して深い懐疑を抱いている」（Berger 1970b: 21）からであった。彼によれば、それはイデオロギーへの帰依に基づく従来の保守主義ではない。彼の立場は「信条の欠如による保守主義者」（Berger 1970b: 21）なのである。バーガーのこのような立場がそのキリスト教信仰に立脚する社会学理解に淵源していたということは明らかである。ここからバーガーはアメリカ社会に関して次のような判断を下す。

---

［9］パーソンズの社会学理論のこうした思想性については、ウィリアム・バクストンや高城和義のパーソンズ論を参照されたい（Buxton 1985; 高城 1992）。

筆者は「左派」の人と同じくらいアメリカにおける不公平や暴力を自覚しているように思う。〔……〕それでもやはり筆者は、いかにして〔……〕人々が次のようなことを真剣に結論づけるようになるのかを理解しがたい。すなわち、アメリカ社会は絶望的に腐敗しているので、革命がもたらす苦痛も疑わしい帰結も現状に比べれば道徳的に望ましい、ましてや現実的に可能な現状の改善に比べればなおさらだ、と。〔……〕考えうる限りでそのような結論に至りうるのは、ユートピア的な未来との比較においてのみである。〔……〕確かに神の国と比べれば、あらゆる経験的社会の大半が破滅的なものに見えるだろう。〔……〕だがユートピア主義の歪曲から解放された目でアメリカ社会を見てみれば、それは意外にも思いやりのある達成に満ちた社会として現れるのである。

(Berger 1970b: 59)

また彼は自身のこうした立場を、別の箇所ではより具体的に次のようにも述べている。

実際的なレベルでは、筆者は本質的に現在の構造におけるアメリカ社会を保護したい。〔……〕リベラルと異なり、この立場はその構造についてのいかなる疑似宗教的な賛美にも基づいていない。中産階級の諸価値は人間の道徳の歴史における頂点ではないし、資本主義は経済的発明の中で究極的に素晴らしいものではないし、国民国家も大衆民主主義も究極的な政治的救済ではない。それでもやはり相対性の世界にあっては、これらの構造は、そしてそれらを正当化する、決して圧倒的に説得的ではない観念でさえもが、相当の敬意を抱く価値のあるものだということが証明された。こうした敬意は、経験的に利用しうる選択肢を見渡すときに、積極的な政治的関与へと翻訳される。(少なくとも筆者にとって) ブルジョワ的世界観に究極的に帰依することは、それ自体においてはほとんど無意味である。だが、ブルジョワの世界にそれ自身のユートピアを置き換えようとする諸力への抵抗に加担することは、切迫した意味を持つのである。(Berger [1977] 1979: 149)

これらの文章には、先に見た、神の国と現世の峻別、および後者の不完全さの認容というバーガーの立場が端的に表されている。このような立場からバーガーは反ユートピア主義に依拠して保守主義の立場を選んだのである。しかしながらもちろん、保守といっても決して一枚岩の集団ではない。重要なのは、バーガーがいかなる意味において保守主義者だったのかということである。結論から言えば、バーガーはこの時期にとりわけ第一世代のネオコンに接近しつつあった。だとすれば、それはどのようなグループであり、バーガーとの共通点はどのようなところにあったのだろうか。

この点を明らかにするために、ここでより大局的な視点からアメリカの保守主義を概観しておきたい。言うまでもなく保守はリベラルに対立し、それと対をなす思潮であるが、注意すべきことに、アメリカにおいて「保守」と「リベラル」というラベルはある独特の屈折した意味内容を帯びたものとなっている。というのもすでによく知られているように、アメリカにおけるリベラリズムは二〇世紀前半の革新主義からニューディールへと至る流れの中で、自由放任主義の暴走に対する歯止めたらんとした思潮だからである。したがってそれは基本的に政府による経済への介入、規制を支持する立場である。それに対して、逆に競争や市場システムを重視する経済的な自由主義を奉ずる立場が、アメリカにおいては保守主義として登場することになった。つまりアメリカにおいては、リベラリズムは概して大きな政府への、保守主義は小さな政府への志向を持つ思潮なのである。それゆえおそらくヨーロッパ的な用語法では、アメリカにおけるリベラリズムには社会民主主義、保守主義には自由主義というラベリングがなされるであろう（佐々木 1993: 24–9）。アメリカの保守を考えるにあたっては、まずはこの点を押さえておかねばならない。それを踏まえた上で、アメリカにおける保守主義の概略的な傾向を見ていこう。

戦後のアメリカの保守主義の研究として古典的名著の誉れ高いジョージ・H・ナッシュの著作によれば、第二次大戦後のアメリカにはリバタリアン、伝統主義者、反共主義者という三つの保守派のグループが形成されていた。反共主義者はその名の通りのグループであり、これに関する説明はほとんど不要であろう。リバタリアンと伝統主義者に関して言えば、両者共に全体主義的国家と集産主義に強く反対し、私有財産、分権化、自由市場経済を支持する傾向にあったが、互いに相容れない側面を持ってもいた。すなわちリバタリアンが国家に対する経済的自由の主張に力点を置いていたのに対して、伝統主義者は社会的、文化的な領域を重視し、物質的な利得ではなく伝統的な価値の復古を強調する傾向にあったのである（Nash［1976］2008: 79）。特に文化の面でも個人の自由を重視し、伝統的な価値を批判することもあったリバタリアンは、当然のことながらその点において伝統主義者とは対立することもあった。例えば、伝統的な価値への反対においてある時期に新左翼の立場にも接近しつつあったリバタリアンのマレー・ロスバードなどは、その好例であろう。

このようにアメリカの保守派はそれぞれに力点の置きどころを異にする別個のグループから形成されていたが、一九六〇年代の中葉までには、ウィリアム・F・バックリー・ジュニアの創刊した『ナショナル・レヴュー』誌を中心とした三派合同のゆるやかな統一が形成されるようになった。このためにとりわけ尽力したのが反共主義者であったフランク・マイヤーであり、この立場はいわゆる「融合主義（fusionism）」として周知のものとなっていった。これにより、その内部にはいまだに細かな哲学的、政治的な論点の相違はあるとしても、反共主義という大義のために互いに協力して国内のリベラル、国外の共産主義者と闘っていくという立場が保守主義者の間に確立されたのである[10]（Nash［1976］2008: 155–88）。保守派の陣営は、リベラリズムにおける大きな政府への志向が全体主義的傾向を持つことを懸念していたからである。一九七〇年代以降、この融合主義に第一世代のネオコンが加わっていくことになる。

すでに多くの先行研究が指摘しているように、アーヴィング・クリストル、ノーマン・ポドレッツ、マイケル・ノヴァク、そして先述のニューハウスなどをはじめとして、第一世代のネオコンの中心人物となった論者の多くは左派からの転向者たちであった[11]（Dorrien 1993; Vaïsse 2008=2011）。彼らの多くは一九五〇年代から六〇年代の前半にかけては、保守ではなく、公民権運動を強く支持する反共リベラルの立場にあった。彼らは自分たちを、国内においては社会的進歩と市民的自由を重視し、国外においては反共主義を貫く「ヴァイタル・センター・リベラル」と見なしていた。彼らは、この立場こそがアメリカのリベラリズムの、というよりもアメリカ社会全体の偉大な伝統であると考えていたのである。そうした彼らの転向の契機となったのが、ヴェトナム戦争への反対運動の激化、そこにおける反米主義の高揚、および新左翼や対抗文化の登場に代表される事態である。彼らにとっては、これらはリベラリズムの極端な左傾化を象徴的に示す出来事であった。ネオコンへと転じていった人々にとってこうした傾向は、家族やコミュニティに代表されるアメリカの伝統的な価値の放棄、それらに支えられる法と秩序に対する反逆、容共主義の公認、さらにはリベラリズム全体の悪しき変質のように思われたのである。彼らは、このようにしてリベラルが新左翼と手を結び、福祉国家を過度に肥大化させ、家族やコミュニティを含む私的領域を併呑し、そこにおいて道徳的な頽廃が広まっていく傾向を懸念し、それに反対した。こうして第一世代のネオコンは一九七〇年代以降の時期に保守派のグループに合流し、融合主義の一翼を担っていくことになったのである。

[10] もっとも、ここに要約的に記したアメリカの保守主義思想の主流の中にも様々の対立や緊張が内包されていたこと、さらにはこの大同団結の形成の途上に際して傍流の位置を余儀なくされたグループもあったことを忘れてはならないだろう。そうした周縁化や排除の動きの具体的な詳細はジョージ・ホーリーの著作に詳しい（Hawley 2016）。

[11] ネオコンの世代区分についてここで付言しておく。ドーリエンやマリア・ライアンは冷戦の終結をおおよその区切りとして、それ以前と以後のネオコンを第一世代と第二世代に区別している（Dorrien 2004; Ryan 2010）。これに対してジュスタン・ヴァイスはドーリエンやライアンの言う第一世代をさらに細分化し、一九六〇年代の新左翼運動に対する理論的反動を第一世代（クリストルやダニエル・ベルなど）、新左翼運動に呼応した民主党の左傾化に抵抗した政治的反動を第二世代（ヘンリー・「スクープ」・ジャクソン上院議員を中心とするメンバー）、そしてドーリエンらが第二世代と分類する世代を第三世代（ウィリアム・クリストルやロバート・ケーガンなど）としている（Vaïsse 2008=2011）。この世代区分という問題に関して言えば、議論の緻密さの点ではヴァイスの分類に軍配が上がるように思われるが、彼自身も認めているように、彼の言う第一世代と第二世代の両方に属するとされる人物も少なくない。例えば本書第五章で取り上げるノヴァクがそうである。この点において、ヴァイスの分類は多少の混乱を招きかねない。こうした事情に鑑みて、本書では一貫してドーリエンたちの言う意味で第一世代、第二世代という分類を用いることにする。

第一世代のネオコンが保守派の陣営に加わったことにより、この時期のアメリカにおける保守とリベラルの争点にも新たな対立軸が現れることになった。すなわち自由な経済活動の主張、伝統的な文化や道徳の再建、そして反共主義に加えて新たに、大きな政府による社会工学的な政策の有効性という論点が争われることになったのである。第一世代のネオコンたちは社会科学の知見に基づきつつ、リベラルの推進する諸政策が見るべき成果をほとんどあげていないこと、それどころか複雑な人間の社会はそうした社会工学的な発想に基づく政策に意図せざる結果でもって応えることを主張した。彼らのこのような主張の根底には次のような考えがあった。すなわち、究極的な原因に狙いを定めた政策によって社会問題の完全な解決が可能であるとする立場をユートピア主義的なものと見なす考えである。まさにこうした考えに基づいて、第一世代のネオコンは当時のリベラルへの批判を展開したのである。とはいえもともとは彼ら自身がリベラルをもって自認していたということもあり、この時期のネオコンの主張の力点は、対内的には、基本的に福祉国家の存在を容認しつつその社会政策の効力の限界を指摘し、私的領域における伝統的な価値と道徳の意義を擁護するというところにあった。また対外政策の場面では、ネオコンはデタント政策を批判し、引き続きソ連の共産主義に対する強硬な態度を維持することを力説した（佐々木 1993: 16-7）。バーガーは一九七〇年代から八〇年代にかけて、まさにこの第一世代のネオコンの立場に自らの政治的な居場所を見出していたのである。

バーガーは妻のブリギッテとの共著論文「われわれの保守主義と彼らの保守主義」（Berger, B. & P. L. Berger 1986）でそのことを明言している。この論文において彼は、冒頭で前掲のナッシュの著作に言及しつつ、同時代のアメリカにおける複数の保守派グループの存在を指摘する。もちろん彼はネオコンの立場を選ぶと述べるのだが、その理由はこれまでに見てきたものと大きく異なるところはない。すなわち彼は、「われわれは信念ではなく懐疑のために保守的である」（Berger, B. & P. L. Berger 1986: 65）と断言し、さらにこの立場が、ルター派の信仰義認論と二王国論、およびそれに基づく責任倫理的態度に由来することを論じるのである（Berger, B. & P. L. Berger 1986: 66）。バーガーはこうした立場に基づいて、新左翼のラディカリズムへの反対や社会政策の意図せざる結果の強調という第一世代のネオコンの中心的な主張に賛同していた。つまりバーガーにおいては、二王国論に基づく反ユートピア主義と責任倫理的態度が新左翼的なラディカリズムに対する反対となり、現世とそこに生きる人間の不完全さの認識が社会政策への過剰な期待に対する歯止めとして表明されたのである。さらに次章以降でより詳しく見ていくように、バーガーは福祉国家の過度の肥大化には批判的であったが、福祉国家の存在それ自体は容認しており、この点においても第一世代のネオコンと立場を同じくしていた。

右のことから、彼がこの時期に第一世代のネオコンの立場に近づいていたということの意味が明らかになるだろう。先に見たようにバーガーは同時代のアメリカの保守主義者を批判してはいたものの、大枠において、彼の立場は当時のアメリカの保守主義における主流派に数えられるものであり、そのことはまずもって共産主義諸国の脅威に対峙するということを意味していた。個別的な争点に関して言えば、バーガーにとってネオコンの立場を選ぶということは次のことを意味していた。すなわち、伝統主義者とは異なり神聖かつ客観的な道徳的秩序の存在を自明視せず、社会学の知見に典型的に開陳されている相対性の感覚を受け入れるということ、またリバタリアンとは異なり、市場経済を絶対的に神聖視せず、福祉国家の肥大化傾向に批判を寄せつつも基本的にはその存在を容認するということである。

先に紹介した妻との共著論文の中で、バーガーは、様々の保守主義者のグループ間の相違はその歴史観の相違に由来すると述べていた。すなわちそれぞれの立場の違いは、現在よりも優れていたはずの過去からの堕落としての歴史の始点をどこに見出すかという点に根ざしているということである（Berger, B. & P. L. Berger 1986: 62）。バーガーは、ネオコンにとってのそれは一九六〇年代であると述べた。もちろんそれは六〇年代のラディカリズムの隆盛への反対を意味する文言であったことに間違いないが、それ以上に、一九六〇年代までのアメリカ社会の達成――それは例えばニューディールや公民権運動に象徴的に示されるだろう――を肯定し、保守するということを含意するものだったのである。後述するように、確かにバーガーとネオコンとの間には後者の世界的な覇権主義をバーガーが共有しなかったという相違があるとはいえ、両者の立場は、右記の点において基本的には合致していたと言えるだろう。

　ここにおいてわれわれは次のように言うことができる。すなわち第一世代のネオコンへの接近というバーガーの政治的な立場は、彼の思想に胚胎されていたある種の保守的な傾向が現実の社会の局面において具体化されたものであったのだ、と。その保守的な傾向は彼なりの責任倫理理解とそれに基づくキリスト教的リアリズムを核とするものであった。それが現実のアメリカ社会の政治的状況の中で第一世代のネオコンという具体的な立場に近づいていくことになったのである。これが、一九七〇年代以降のバーガーが規範的な現代社会論を著していく際に依拠していた文脈と立場であった。しかしながら重要なことに、それと同時にバーガーの現代社会論には、ネオコンの全般的な傾向とされるものとは相反する側面も含まれていた。本書が社会学者としてのバーガーを中心的な主題とする限り、この点を見落としてはならないだろう。そこで次章以降はその詳細の解明を進めていくこととしたい。

第四章　アメリカ社会の正当化の危機

すでにくり返し述べたように、一九六〇年代末を境として、バーガーの関心の対象は現実の社会における具体的な諸問題の方向へと大きく舵を切っていく。今やわれわれには、それが責任倫理に則った現世改革という形での隣人愛の実践であったということが明らかである。

ここで一九七〇年代以降の彼の軌跡を概略的に示しておけば、次のように要約できる。一九七〇年代から八〇年代にかけては、前章で確認した通り、バーガーは第一世代のネオコンに接近しながら、アメリカ社会論や資本主義論を著した。これは、一方で『構成』に示された理論や社会像の具体的応用版として展開された議論であると共に、他方では、同書の枠組みによる分析の有効性の検証という側面を持つものでもあった。その後一九九〇年代には、冷戦の終結を背景としてネオコンが徐々に変質していったという事情もあり、バーガーはネオコンから離れて独自の道を模索していくことになる。それは現実の社会の動向に対峙する中で進んでいった、彼の思索のさらなる深化であり、また『構成』に説かれていた議論の補完的な改訂作業であった。それと同時に、一九七〇年代以降の彼の思索はアメリカにおいて保守すべきもの――アメリカ社会の達成ないし意義――の具体的な明確化の過程でもあった。以下に続く諸章では、この間の彼の思考の消息を詳らかにしていく。

そこで本章では、まずは一九七〇年代の彼のアメリカ社会論を取り上げる。前章までに見てきた社会学の意義論とほぼ時期を同じくして著されたこの議論は、正当化の危機を主題としている。これが社会学の意義論と深く関わる議論であったことはすでに確認した通りである。以下では正当化の危機に対するバーガーの方策を解明するべく、次のような手順で論述を進める。すなわち、まず最初にバーガーにおける正当化の危機論の概略を示し（第一節）、次いでそれへの対処として展開された仲介構造論を検討する（第二節）。そしてさらに、この仲介構造論が教会改革論として展開されていく様子を追っていく（第三節）。その際本書は、バーガーの時事的な論考や神学的な宣言の発布といった社会的活動にも着目することで、彼の主張が単に抽象的な議論に終始していた訳ではないことを示したい。さらにこれらの論点を取り上げる中で、正当化の危機とそれに対する方策をめぐる彼の議論が、『構成』の理論の、微妙ではあるが重要な改訂作業の開始でもあったということが明らかになるだろう。

第一節　危機の構図

言うまでもなく、正当化の危機は政治学や歴史学においても主題となりうる大きな問題であり、近代社会一般に共通する問題である。しかしながらこの危機の現れ方には、それぞれの社会の間で様々の相違があることも事実である。一九六〇年代から七〇年代にかけては、同時期の諸々の象徴的な出来事を経て、自らの社会が正当化の危機にあるという認識がアメリカで広く共有されつつあり、バーガーもそうした状況を「正当性の喪失」（Berger [1977] 1979: 200）という言葉で捉えていた。またこの危機が招く帰結として、現在にまで続くアメリカ社会のイデオロギー的な分極化も進展しつつあった。同時期の社会学の趨勢もこの問題と無関係でなかったことはすでに見た通りであり、この時期に共通価値論を核とするパーソンズ社会学は激しいイデオロギー批判にさらされることとなる。もっともバーガーの考えに従えば、一九六〇年代から七〇年代にかけての出来事はこの危機の原因そのものではなかった。彼は、正当化の危機は近代社会のより根本的な条件に根ざす事態だと考えていたからである。その条件とは、生と社会を意義づける宗教的な「意味の天蓋の崩壊、あるいは少なくともその弱体化」（Berger 1986c: 225）に他ならない。バーガーはアメリカ社会の動揺の根底にこの条件を見出していたのである。

もちろんこれはごく一般的な命題であり、それゆえにともすれば素通りしてしまいかねない言明なのだが、アメリカ社会の動向に引きつけて考えてみると、これはその実情に少々そぐわないもののように見えるかもしれない。というのもアメリカにおいては一九五〇年代の宗教復興に示されるように、一見すると二〇世紀の中頃においても宗教の力が一応は健在であったようにも思われるからである。しかしながらまさにこうした盛況の中に、鋭い知性を持った同時代の知識人は宗教の内的な頽廃を見て取っていたのである。バーガーもまたそのうちの一人であった。この問題に関してバーガーが一九六〇年代初頭に著した議論は、本章の主題である、彼による正当化の危機論の萌芽的な形態と見なすことができる。

バーガーは、先にも取り上げた彼の最初の著作である『情景』において、社会という「虚構の劇」のリアリティを補強するものとしての宗教の力を論じていた。「社会制度としての宗教は虚構の劇に確実性の幻想を付与する」（Berger 1961b: 102）というのである。それは超越的な視点を失ってしまった宗教の負の側面である。もちろん宗教の持つこのような力は社会統合への貢献において正機能する場合もあるのだが、バーガーはここでは専らその逆機能的様態に批判的な視線を向けている。一見すると均等性を欠くように思われるこうした彼の論述の偏りは、同時代のアメリカ社会に向けられた彼の関心を考慮に入れるとき、はじめて了解しうるものとなる。すなわちこのときバーガーは、単に理論的な論点としてこのような事実を指摘しているだけでなく、ある具体的な現実を念頭に置いているのである。それはアメリカにおける「非常に世俗化されたキリスト教教会と擬似キリスト教的社会」（Berger 1958a: 40–1）の存在である。これは、彼がドイツの福音主義アカデミーを取り上げた際に、ドイツとは異なる特殊アメリカ的な状況として把握されていたものである。バーガーは『情景』と同年に刊行された『聖会の騒音』（以下『騒音』と略記）

という著作において、アメリカ社会とそこにおける教会のこうした現状に対して鋭い批判を向けていた。こうした批判的な観点が右記の彼の言明に反映されていたのである。

すでに述べたように、第二次大戦後の一九五〇年代のアメリカにおいては、二〇世紀最大ともいわれる空前の宗教復興が巻き起こっていた。しかもこれは必ずしもプロテスタントだけに限られた現象ではなく、一九世紀を通じて迫害されてきたカトリックやユダヤ教徒をも巻き込んだ大規模な教勢の拡大過程であった。その結果として、この時期にはプロテスタンティズム、カトリシズム、ユダヤ教がアメリカの公認宗教と見なされるようになる。こうした事態を分析した有名な著作において、ウィル・ハーバーグは次のように述べた。

> われわれは、〔……〕アメリカにおけるプロテスタンティズム、カトリシズム、ユダヤ教を「アメリカの宗教」の三つの大きな支流ないし部門と言うことができるだろう。この考えの根底にある前提は〔……〕、三つの宗教的コミュニティが基底的な神学的統一性を有しているということではない――もちろん、そうした統一性は存在しているのだが。むしろここでの前提は、それらが同一の「精神的価値」の三つの異なる表象であるということである。その「精神的価値」とは、アメリカの民主主義が象徴すると考えられているもの（神の父性、人間の同胞愛、人間個人の尊厳など）である。（Herberg［1955］1983: 38–9）

ハーバーグがこの「精神的価値」を「アメリカ的生活様式（American Way of Life）」（Herberg［1955］1983: 38）とも称したのはよく知られていよう。また周知の通り、ロバート・N・ベラーはそれを「アメリカの市民宗教」（Bellah［1970］1991: 168）という言い方で表した。それらは大半のアメリカの人々に共有された文化的価値の核を指すものであった。

とはいえアメリカ的な価値を核とするこうした宗教復興は、同時に、冷戦構造とそれに応じたナショナリズムの高揚に支えられたものでもあった。ハーバーグによれば、当時のアメリカのこの宗教性は容易に「国家的な独善性の精神的強化や国家的な身勝手の精神的な是認」として機能し、共産主義諸国に対するアメリカの「巨大で否定しえない道徳的優位」を示すための武器となってしまうものであった（Herberg［1955］1983: 263-4）。すなわち、この時期のアメリカの諸教会の様子を論じた古屋安雄によれば「流行の現象を呈した宗教とは、深い信仰理解を持った宗教ではなく、ただ感情的な宗教性一般とナショナリズムが結合した、擬似宗教であった」（古屋 1967: 67）のである。バーガーの『騒音』はまさにこのような文脈において書かれた著作であった（古屋 1967: 208-16）。

ハーバーグはかかる状況を「広範な世俗主義と宗教性の高揚」（Herberg［1955］1983: 2）という逆説的な事態として把握し、そこにおける超越性の不在を批判した[1]。ハーバーグのこのような理解は前出のバーガーによるアメリカ社会の定式化と同種のものであり、またバーガー自身も、『騒音』において自らの議論が彼の議論に依拠していることを認めていた（Berger 1961a: 34）。そのためバーガーの『騒音』に語られたアメリカ社会とそこにおける教会への批判もハーバーグの主張と大きく変わるところはない。バーガーが言うには、

アメリカ社会には漠然とユダヤ‐キリスト教的伝統に由来し、多くのアメリカ人に一般的に抱かれている価値を有した文化的宗教がある。文化的宗教はこれらの価値に厳かな承認を与えるのである。（Berger 1961a: 63）

［1］ベラーの「市民宗教」論はしばしば国家としてのアメリカの偶像崇拝の承認であるかのように誤解されているが、無論それは彼の本意ではなかった。そのことは、彼が後に『破られた契約』において明確に示したアメリカに対する批判的なまなざしによって証明されている。要するに、ベラーもまたアメリカの市民宗教に鋭い批判を寄せていたのである。実際、彼は「市民宗教」という用語をめぐる論争に辟易してこの用語の使用自体をやめてしまうのだが、同書で展開されたアメリカに対する批判と改悛の要請はその後も彼の継続的な問題意識であり続けた。ベラー自身も『破られた契約』の第二版への序文でそのことを述べている（Bellah［1975］1992: vi-xiii）。

またアメリカにおけるこのような宗教性は社会制度や共通価値の修辞的装飾となるばかりでない。それは、「個人的な危機がその社会的順応を脅かしたときには個人を慰める」（Berger 1961a: 103）ことによって、個人にとってセラピー的な機能をも果たすとされる。「宗教と心理セラピーが、感情的安定と社会的適応を生み出すことにおいて同盟を組むのである」（Berger 1961a: 97）。こうした状況に対してバーガーは、キリスト教の意義は決して社会制度の聖化や個人の生活の是認に尽きるものではないとして、その超越性を取り戻すことを主張していた。曰く、「宗教が社会的にも心理的にも機能しているような文化においては、キリスト教の説教はそれ自体が、そうした社会の必要や人間の心の願望に対立している神と人間とを直面させるべきである」（Berger 1961a: 123）。後述するように、彼のこうした主張は一九七〇年代の現代社会論においても受け継がれることになる。いずれにせよ、バーガーは同時代の優れた社会学者や神学者たちと同じように、二〇世紀最大の宗教復興と目された事態の只中に、まさにアメリカにおける宗教の空洞化を見て取っていたのである。

これが、バーガーがアメリカの「宗教市場」と呼んだものの内実であった。それゆえ、正当化の危機が意味の天蓋の崩壊という近代の条件に由来するとするバーガーの見解と現実のアメリカ社会の実状は一見するほど矛盾したものではない。またその後のアメリカ社会の動向は、そこにおいて徐々にこの近代の条件が文化的、大衆的なレベルにまで全般的に行き渡りつつあることを明白に物語っていた。つまりバーガーによれば、一九六〇年代から七〇年代にかけての出来事は、正当化の危機の直接的な原因というよりも「近代社会の底にある困難が顕現する機会」（Berger［1977］1979: 199）だったのである。

こうしてバーガーの思索において、それまでは萌芽的なものにとどまっていた正当化の問題が一九七〇年代に決定的に重要なものとして前景化していく。もちろんこれまでに見てきた通り、一九六〇年代の『構成』においても、正当化の問題は構成されたリアリティの存立に関わるものとして論じられていた。ところがそこにおいてこの問題は、重要ではあるが一つの論点にすぎないものであった。というのも同書においてバーガーは、近代社会に関して、それが内的に多元的なものであることを認めつつも「イデオロギー間の率直な対立は様々の程度の寛容や協同に置き換えられている」（Berger & Luckmann［1966］1967: 125）という診断を下していたからである。そのため『構成』の時点においては、彼はまだ正当化の危機やその結果としての社会の分極化という問題をそれほど深刻なものとは見なしていなかったということが推察されるのである。

そのように考えると、一九七〇年代に正当化の問題が彼の思考において前景化してきたという事実は、大きく言って次の二つのことを物語っていると見なしうる。すなわち第一に、『構成』において完成された理論が現実のアメリカ社会の分析にとってある程度有効であったということ、そして第二に、とはいえアメリカ社会の現実の動向――宗教の形骸化とイデオロギー的な分極化に対する歯止めの喪失――は『構成』の右記のような認識の妥当性を考え直すよう促していたということである。『構成』の議論は、確かに現実の社会の理解を助けるものではあったが、それと同時に、現実の社会に照らして部分的に書き改めねばならないものでもあったのである。要するに、なるほど確かに正当化の危機という論点は『構成』の理論の応用によって導出されうるものの、それへの対処を講ずるにあたっては、『構成』の所論に何らかの新たな議論を接続する必要があったということである。正当化の危機に対する個々の具体的な文脈に即した方策に関して、『構成』はほとんど何も述べてはいないからである。この点において、以下に見ていく議論は『構成』に説かれていた内容を改訂ないしは補完するための議論であったと見なすことができるのである。さらにまた当然のことながら、彼の思索におけるこうした展開は宗教的な関心に基づいてもいた。無論、この「意味の天蓋の崩壊」という事態に対して、バーガーは宗教が過日の全体性を取り戻すことは認めなかったし、望まなかった。だがキリスト者でもあった彼は、宗教が何らかの形で現代のアメリカにおいても持ちうる意義を正当化の危機論において問うていたのである。

ここでバーガーが正当化という場合、そこには二つの次元が想定されている。正当化は『構成』においては「制度化された「一次的」な意味の客体化」の「「二次的」客体化」（Berger & Luckmann［1966］1967: 92）であるとされていた。すなわち、それはすでに確立された意味的世界のメタ的な意義づけであるということである。もちろん正当化にまつわるバーガーの議論はウェーバーに由来している。とはいえウェーバーが政治的支配の正当化を扱っていたのに対して、ここでバーガーは主に社会、文化的な面での正当化を論じている。[2]

その際彼はそこに「水平的次元」（Berger & Luckmann［1966］1967: 92）と「垂直的次元」（Berger & Luckmann［1966］1967: 93）の二つの次元があると述べる。前者は制度的秩序の意義づけに関わる正当化であり、そこに参加する諸個人すべてに制度のもっともらしさを伝えるために「水平的」であるとされる。これに対して「垂直的次元」における正当化は個人の生の全体性に関わる。なかでもそれは「死の正当化」（Berger & Luckmann［1966］1967: 101）、すなわち死の意義づけという重要なはたらきをなすとされる。死は端的に生の否定であり、死を前にして世界の一切は意味を失いかねない。だとすれば逆に、死を意義づけることができれば、不可避的にそこへと向かっていく生も意味あるものとなるのである。死の意義づけは個人の生の全体性に関わり、それを垂直的ベクトルで支える。それは個人の生に立体性を与え、垂直方向に屹立させるのである。後述する通り、まさにこの点において彼は宗教にある期待を寄せていた。

正当化の両次元は、理論的には、共に「象徴的世界」という「社会的に客体化され、主観的にリアルな意味すべての母体」（Berger & Luckmann［1966］1967: 96）を確立することによって相関的に果たされるとされる。歴史的には、もちろんこれは宗教的世界観の果たす役割の一つであった。けれどもすでに述べたように、バーガーは、近代においてまさにこのような「象徴的世界」という意味の天蓋が崩壊ないしは弱体化していると見たのである。彼は『天蓋』においても、「制度的秩序の最も公的な部門と最も私的な部門、すなわち国家と家族とに宗教が両極化する傾向」（Berger［1967］1969: 129）を指摘していた。つまり近代社会における宗教は、公的領域においては「修辞的装飾」（Berger［1967］1969: 133）にすぎないものとなり、私的領域においては「道徳的、セラピー的な機能」（Berger［1967］1969: 147）を果たすようになるというのである。すでに確認してきたように、バーガーの博士論文においては宗教の公的な意義喪失と私化の様子が「宗教市場」論として展開され、そしてまた『騒音』では、そうした事態が宗教の実質的形骸化と心理的セラピー化として論じられていた。後者の著作においては、アメリカにおいて宗教が単に文化的な価値を肯定し、心理的に不安定な個人を慰めるだけのものに堕していることが批判されていた。この見解はもちろん『天蓋』にも継承されているが、そこでバーガーはさらに議論を先へ進めて、次のように述べている。

> 宗教は公的な修辞と私的な徳として現れる。換言すれば、宗教が共通のものである限り、それは「リアリティ」を欠いており、それが「リアル」である限りにおいては共通性を欠いているのである。〔……〕この状況は宗教の伝統的な任務の深刻な破綻を示している。その任務とはまさに、社会の成員に対して共通の意味的世界の役目を果たしうる、統合された一連のリアリティの定義の確立である。（Berger［1967］1969: 134）

右の引用文で語られているこのような状況が正当化の危機の根本的な原因となる。周知のように彼はこうした状況を「故郷喪失」という言葉で表現し、それを「生活世界の多元性」とも言い表している（Berger et al.［1973］1974: 64）。これにより日常生活は様々の部門に細分化され、そこにおける意味も多元化していくのである。

そうした事態の最も根本的な側面が公的領域と私的領域の分裂である（Berger et al.［1973］1974: 65）。これが宗教的天蓋の分裂に対応する事態であることは明らかであろう。バーガーによれば、この結果として、近代社会は国家、官僚制、企業などの政治的、経済的な「巨大構造」（Berger & Neuhaus［1977］1996: 158）からなる公的領域とそれ以外の私的領域とに分化することになる。ユルゲン・ハーバーマスはこれをシステムと生活世界の分化として描き出したが、バーガーが言うにはその結果として、

［2］バーガーはすでに『構成』において次のように述べていた。「「正当化」という用語はウェーバーに由来しているが、彼にあっては、その議論は特に政治社会学の文脈において展開されている。ここにおいてわれわれはその用語に、それよりもはるかに広い用法を認めている」（Berger & Luckmann［1966］1967: 201）。

近代社会における個人にとって、生活はこれらの公的領域と私的領域の二つの間の絶え間ない移動となる。巨大構造は概して疎外的である。つまり、それらは個人の実存に意味やアイデンティティを与える助けとはならないのである。意味、達成感、個人的アイデンティティは私的領域において実現されねばならなくなる。（Berger & Neuhaus［1977］1996: 159）

こうした状況は、一方で私的領域における不安定な意味の探求を個人に課し、他方で巨大構造から意味を剥ぎ取りその正当性を失わせることになる。バーガーが言うように人間が絶えず意味を、特に一貫性を持った安定した意味を求める存在であるとすれば、これは危険な状況である。というのもそこには、新たに人為的に「一つの包括的な意味秩序が生に押しつけられる」（Berger & Neuhaus［1977］1996: 160）、あるいは「価値が巨大構造、とりわけ国家のもう一つの機能になる」（Berger & Neuhaus［1977］1996: 163）という「全体主義」（Berger & Neuhaus［1977］1996: 160）の危険が潜んでいるからである。かつて人間の意味的世界を統合していた宗教の座は実質的に空位の状態になり、それと共に、この空白を埋めようとする種々の試みが誘発されるのである。

こうした事態に対して、バーガーは失われた全体性の復古を目論みはしなかった。彼は全体主義という選択肢をきっぱりと拒否するのである。それはつまり、公的領域と私的領域の分裂を認め、社会制度の正当化と個人の生の正当化がもはや一致しないという事実を受け入れるということであった。だとすれば彼は正当化の危機に対していかなる方策を企てるのであろうか。これに関してバーガーは現実の趨勢を踏まえながら、それでもなおアメリカ社会には意味的世界が多元化した状況下で他者と共存するための制度が存在すると考えていた。それが民主主義という生活様式であり、またそれを支える「仲介構造（mediating structure）」であった。[3]

これらが多元主義的状況における生の営みを支える基盤となるのである。仲介構造はある種の中間集団であり、「私的生活にある程度の安定性を与え」、また「巨大構造に意味や価値を伝達する」（Berger & Neuhaus［1977］1996:

159）ものである。正当化の危機は仲介構造のこうしたはたらきによって和らげられるとされるのである。そうした機能を果たすものとして、バーガーは主に近隣関係、家族、教会、自発結社といった四つの例を挙げている。重要なのは彼がこうした仲介構造を、アメリカに現に存在するものと見なしていたということである。曰く、

いかに弱められていようとも、われわれは、社会政策の形成において対抗的な力を与えてくれるような比較的強力な政治的、経済的、宗教的、文化的制度をいまだに持っているのである。（Berger & Neuhaus［1977］1996: 207）

バーガーはこのようなアメリカ観に基づいて、その動揺のさなかで当時声高に主張されていた左派による社会変革の要求に対して現状の保守という立場を選んだ。アメリカ社会は確かに正当化の危機という状態にあるかもしれないが、アメリカ社会にはそれに対処するための手段もまた存在するというのである。すでに見たようにこれは、私的領域とそこにおける伝統的な多元的集団の自発性を信じるという点で、政治的にはネオコンの第一世代に近い立場であった。

様々の中間集団の存立するこの次元は、社会学においては特に大衆社会論の文脈で主題化されてきたものである。

［3］訳語について一言述べておく。「仲介構造」は単に公的領域と私的領域の間に「介在」する中間的構造という意味には尽きない。前者に後者からの意味や価値を「伝達」するという、より強い意味が含意されているからである。これまでは「媒介構造」という用語が定訳であったが、「媒介」という用語にはときに弁証法の予定調和的な含意を伴う面がある。それに対して特に本書の第七章で論じるように、バーガーの論じるこの中間集団は、その実態において必ずしも媒介の完成を伴わないということがその後次第に明らかになっていく。そのためここでは「介在」と「伝達」という二つの意味の方を重視して「仲介構造」という訳語を採用しておく。

換言すれば、バーガーの仲介構造論は、大衆社会に関する社会学的な議論の系譜に位置づけることができるということである。よく知られているように、大衆社会論にはヨーロッパ型とアメリカ型の二つの型がある。全般的な傾向を述べれば、ヨーロッパ型の大衆社会論は全体主義体制を仮想敵として、中間集団の崩壊と寄る辺のなくなった大衆の不安を説く。それに対してアメリカ型の大衆社会論は、豊かな消費社会における諸個人の同調志向とその結果としての彼らの大衆への埋没を説く傾向にある。アメリカ社会学においては、ヨーロッパ型を代表する論者としてはロバート・A・ニスベットやライト・ミルズが、アメリカ型の代表的な論者としてはデイヴィッド・リースマンが挙げられる。とはいえヨーロッパ型の大衆社会論には、例えばダニエル・ベルのような社会学者から、アメリカには強固な中間集団がいまだに存在するという批判が寄せられていた（Bell [1960] 2000: 21-38）。バーガーの議論は、全体主義体制の可能性を遠くに見据えるという点においてヨーロッパ型の大衆社会論の流れを汲んでいる。しかしながらそれと同時に、アメリカにおける個人と全体社会をつなぐ仲介構造の存在を認めるという点において、彼の立場はヨーロッパ型の大衆社会論の伝統とそれに対する批判を折衷するような位置にあると言えるだろう。

一九七〇年代のバーガーはこのような立場に立脚しながら、正当化の危機という事態に対して仲介構造の意義を詳説していく。その際彼は単に抽象的な議論として仲介構造論を展開するだけではなく、種々の時事的な問題に関わらせる形でそれを論じてもいた。換言すれば、彼の仲介構造論はアメリカの具体的な文脈の中で語られていたのである。次節ではその詳細を明らかにすべく、彼の議論をたどっていこう。その中でバーガーの主張と同時代のネオコンの動向との重なり合いと微妙なズレも明らかになっていくはずである。

第二節　仲介構造論の展開

右に見てきた議論は、近代社会における公的領域と私的領域との分化や両者を仲介することの重要性などの点でハーバーマスの議論と類似した現状認識を示している。だが時事論を通じて仲介構造の重要性を説くというバーガーの方針は、その出発点と目標においてハーバーマスの路線とは微妙に異なるものであった。ハーバーマスの『晩期資本主義における正統化の諸問題』は『正当化の危機』という表題で一九七五年に英訳が出され、広く同時代人の知るところとなっていた。よく知られている通り、ハーバーマスは公的領域と私的領域の分化と正当化の危機という事態――ハーバーマスの言葉で言えば、システムと生活世界の乖離と前者による後者の植民地化という事態――に対して、いわゆる抗事実的概念としての公共性を主張する。つまり現実にはない（あるいは萌芽的にしか存在しない）、立ち上げるべき理念としてそれを打ち出すのである。これに対してバーガーは正当化の危機に対処するための制度が、いかなる状態であれ、すでにアメリカ社会に存在すると見ていた。そのために彼は保守主義の立場を選び、また時事論を通じて現にある仲介構造を鼓舞しようとしたのである。

バーガーは一九七〇年代から様々の雑誌に時事論を寄稿し始めているが、七〇年代から八〇年代にかけて寄稿先の中心となったのは『コメンタリー』誌と『ワールドビュー』誌である。これまではバーガーの時事論が扱われること自体が多くはなく、取り上げられることがあったとしても、そのほとんどが前者の論考であった。[4] 周知のように『コメンタリー』誌はこの時期に編集長のポドレッツの下で次第に保守化していき、ネオコンの牙城の一つとなりつつあった。そのためバーガーの時事論が扱われる場合も、その主眼は常にバーガーがネオコンの一人であることの確認に置かれてきた。もちろん先にも触れたように、バーガーがある時期にネオコンの立場に居場所を求めていたことは事実である。とはいえ彼の議論を細かく見ていくと、特に対外政策をめぐる議論に関して、必ずしもネオコンの全般的な傾向とされるものにはそぐわない点も現れてくる。以下の論述においては、『コメンタリー』誌だけでなく『ワールドビュー』誌にも目を向けていく。

[4] ドーリエンは従来のバーガー論の中でも例外的に時事論を多く取り扱っているものの、彼ですら『ワールドビュー』誌には触れていない（Dorrien 1993）。日本においては、次節で扱うハートフォード宣言との関連で古屋安雄（1978）が同誌に言及している。

ドビュー』誌に寄せられた論考も合わせて取り上げることによって、バーガーの思索におけるこの局面を浮き彫りにすることができるだろう。

『コメンタリー』誌はアメリカ・ユダヤ人委員会によって一九四五年に創刊された月刊誌であり、戦後のアメリカを代表するオピニオン誌の一つである。同誌の創刊当初の意図は、アメリカを、ディアスポラを余儀なくされたユダヤの民の新たな故郷と見なそうとするものであり、初代編集長エリオット・コーエンもこの方針に忠実であった。すなわちアメリカ・ユダヤ人委員会は「自分たちの祖国としてのアメリカと存続可能なユダヤ系アメリカ人コミュニティの建設」（Abrams 2005: 12）に専心しており、そのために『コメンタリー』誌が創刊されたのである。それゆえ同誌は、ユダヤ人に関する問題、例えばシオニズムやイスラエルをめぐる問題は言うまでもなく、広くアメリカの政治や文化に関する鋭い論考を数多く掲載する有力誌となっていった。そして前述の通り、同誌は一九七〇年代にはポドレツの指導下でネオコンがその声明を積極的に発するための媒体となりつつあった[5]。

一方、『ワールドビュー』誌は、アンドリュー・カーネギーによって一九一四年に設立された教会平和同盟の援助を受けて、一九五八年に創刊された。副題は「倫理と国際問題の雑誌」である。創刊号の論説では同誌が「深く、本質的にユダヤ‐キリスト教的な価値、および古典的な人文主義者の人間観、社会観に根ざす」（Editorial Comment 1958: 1）観点からそうした問題に取り組むことが宣言されている。また一九七一年のある論説によれば、同誌は単一の観点や党派的立場に関与するのではなく、「対立し、時にはぶつかり合う様々の党派的観点を接触させる」（J. F. 1971: 4）ことに重きを置いているのだという。バーガーが同誌に寄稿を始めた一九七〇年代にはすでに、アメリカにおけるイデオロギー的な対立、分裂が激化しつつあった。バーガーにとってそれは民主主義の精神が蝕まれていくことだと思われただろう。そうした中、イデオロギー的対立を超えた対話の場という同誌の方針はまさしく彼の目指すべき方向と合致していたと考えられる。とはいえ『コメンタリー』誌とは異なり、彼は自伝の中で、同誌がアメリカにおいて大きな影響力を持っていたかどうかは疑わしいと述懐している（Berger 2011: 111）。実際『ワールドビュー』

誌は資金面での困難から、一九八五年には廃刊が決定されてしまうことになった。しかしながら、逆にそれゆえにこそ、バーガーは同誌においてはある程度自由に書くこともできたのではないかと思われる。自伝によれば、彼はコラム欄を一つ任されており、そこで彼の書きたいと望むことを何でも書けたということであった（Berger 2011: 112）。『コメンタリー』誌と『ワールドビュー』誌の以上のような傾向の相違からも、バーガーが、第一世代のネオコンに接近しながらも、それと同時に、リベラルとの過度のイデオロギー的対立は避けようとしていたということが読み取れるはずである。実際、バーガーは『ワールドビュー』誌に寄せたある論考において「アメリカには既存のイデオロギーの境界線を越えた政策大綱と実践的義務が必要である」（Berger 1974a: 4）と述べていた。そして以下で見ていくように、ここで言われている義務こそが仲介構造の擁護、育成だったのである。

それでは、彼はアメリカをどのように見ていたのだろうか。バーガーによれば一九七〇年代当時のアメリカ社会はニューディールや公民権運動の所産であり、それはアメリカのリベラリズムの「荘厳な人道的達成」（Berger 1974b: 24）であった。そのため過去のリベラリズムには一定の敬意が払われている。しかしバーガーは同時代のリベラリズムには、危険な傾向を孕んでいるとして批判的であった。それはいわゆる大きな政府の行き過ぎへの批判である。妻との共著である「階級への攻撃」という論考において彼は、リベラルによる人種的不正義への批判が階級システムそのものへの攻撃と渾融していることを指摘する。強制バス通学、中流階級住宅地への下層階級の住宅提供という公共政策、政府による集団的な雇用の割当てといったアファーマティブ・アクションはそれを如実に表す政策だとされる。どういうことであろうか。

バーガーの批判の矛先は、まずは肥大化しすぎた福祉国家の政策の非合理性に向けられる。彼によれば、例えば人

---

［5］『コメンタリー』誌の沿革やアメリカ文化においてそれが果たした意義などに関しては、下記の文献に収められた諸論文を参照（Friedman 2005）。

種統合のために遠方の学校へバスで子供を通学させるという政策に対する反対は、必ずしも人種差別的な動機にのみ由来している訳ではない。この問題は、自分たちの階級的利益を守るために、それに適した学校に子供を通わせたいという親たちの階級的な利害関心にも絡んでくるからである。住宅政策、雇用の割当て政策、およびアファーマティブ・アクションなどへの反対にも、同じように人種問題のみには還元されえない複雑な階級的利害関心が関係していると彼は指摘する。このような階級システムやそれに付随する利害関心の存在は、人間の社会においてはある程度必然的な事実である。そのためバーガーが言うには、この事実を無視して強引な人種統合を達成しようとする政策はほぼ確実に失敗に終わることが予測される。複雑な現実の諸問題を単純な政策によって一挙に解決することはできないということである。

とはいえ、彼の批判はこれだけではなくさらに先へと進む。それは、これらの種々の政策の根底に潜むある傾向に対する批判である。その傾向とはすなわち、政府による禁止的な措置から規定的な措置への移行――「○○することを禁ず」という命令から「□□すべし」という準則への移行――であり、それに伴って現れる行政の肥大化傾向である。バーガーはそれを「以前は政治化されていなかった社会生活の部門への政府の権力の拡大」という「全体主義的発展の前兆」（Berger, P. L. & B. Berger 1972: 23-4）と見なす。バーガーはここにリベラルな政策の非合理性以上に危険な動向を嗅ぎつけ、それを批判するのである。こうした議論からは、バーガーが私的な領域での種々の活動を重視しており、それゆえにその領域を蝕む国家の肥大化傾向に反対していたことが明瞭に見て取れる。この点において、彼の立場はまさに第一世代のネオコンに重なり合っていると言えよう。

愛国心をめぐる論考も、こうしたネオコンとの近さの事実を裏づけるものと見なしうるように思われる。バーガーにとって全体主義とは、同時代に実際に存在する形態としてソ連やその他の共産主義諸国に体現されるものであった。「今日真に全体主義的な唯一の体制はソ連とその衛星国である」（Berger 1976a: 30）と彼は述べている。そのためアメリカの多元主義的な民主主義の理想は何よりもまずソ連の脅威に対して守られなければならなかったのである。ここで愛国心というものが重要になってくる。バーガーによれば、ソ連に対抗してアメリカの民主主義の理念を守り、育んでいくためには、アメリカの体現するそうした理念への愛着が不可欠だからである。そのような愛着は「アメリカの民主主義の未来の成長可能性にとって非常に重要なのである」(Berger 1974b: 24)。

「愛国心についての省察」という論考ではこの問題が扱われている。愛国心は「自分自身を愛すること」(Berger 1974b: 19) と定義される。だがここにおいてバーガーは自分自身と認識されうる人々の範囲に応じて二種類の愛国心を区別する。すなわち対面的関係にある人々に対して抱かれる「共同的愛国心」と、決して会うことのない人々をも含む「抽象的愛国心」という区別である (Berger 1974b: 20)。バーガーによれば、リベラリズムは啓蒙主義に知的なルーツを持ち、普遍性や抽象性、合理性を志向する傾向のために抽象的愛国心を過度に強調してしまうきらいがあるという。確かに近代社会においては人間の社会関係が拡張され、抽象的愛国心に基づく結束が飛躍的に拡大していく。「想像の共同体」の形成である。それはある種不可避の、止めようもない事態なのかもしれない。しかしバーガーが言うには、「アメリカの市民であるということの徳は、それが〔……〕相互の対面的やり取りにおいて継続的に実現される徳に基づいていなければ存続しえない」(Berger 1974b: 21)。別言すれば、抽象的愛国心は共同的愛国心に基づかねばならないということである。前節の議論に関連づけて言えば、これは制度的秩序の水平的な正当化に関わるものである。というのも、まさにこうした文脈においてバーガーは仲介構造を提唱するからである。

> アメリカ社会は高度に抽象的な制度的秩序である。これらの制度は大抵、人々の日常的経験から極めて遠く離れた観念によって正当化されている。〔……〕このために仲介構造の存在が非常に重要なのである。仲介とは抽象的な政治システムと個人の具体的生活との仲介である。(Berger 1974b: 25)

この引用文に示された主張は、先に見た福祉国家の非合理的な拡大への批判と表裏一体のものである。ここでは大きな政府への直接的な批判ではなく、政府の支配の及ばない私的領域での人々の活動の重要性が主題的に説かれている。より正確に言えば、ここでは、福祉国家の支配の外にある仲介構造の機能に焦点が合わされているのである。それが重視されるのは、そこにおいて育まれるアメリカ社会の制度への愛着が当の制度を支えるからである。曰く、「アメリカの民主主義は、その基本的前提がアメリカ的生活の具体的経験によって引き起こされる愛国心にどれだけ結びつけられるのかということにかかっているのである」（Berger 1974b: 24）。

さらに前掲の引用文に続けてバーガーは、仲介構造の存在するところではそれを守ること、それが存在しないか、消滅してしまったところではそれを新たに生み出すことが公共の関心でなければならないと主張し、「それは現在のイデオロギー的境界を横切り、慣習的な意味での「左派」でも「右派」でもないプログラムとなるだろう」（Berger 1974b: 25）と述べている。イデオロギー的な急進化とその結果としての社会の分極化は、彼にとって、無論のこと避けねばならない事態であった。それゆえ、バーガーはアメリカ国内のイデオロギー的対立を超えた共存の道を進もうとした。その際に彼は、仲介構造の育成、擁護こそが対立する陣営を結びつける目標になると考えたのであった。

このようにバーガーの仲介構造論の大きな文脈の一つは対外的な問題としての全体主義批判、対内的な問題としてのリベラリズム批判であった。もちろん両者は密接に絡み合っており、民主主義社会アメリカの擁護という点で共通している。これが、彼が正当化の危機論を展開した具体的な文脈の一つであった。つまりそこには、東西冷戦を背景とした共産主義諸国の全体主義を批判し、それとの対比においてアメリカにおける民主主義を肯定するという立場は、冷戦の時期のアメリカの保守に典型的なスタンスであろう。すなわち、これは当時のアメリカの保守の最大公約数的な立場であったと言ってよい。この点において、バーガーは間違いなく保守派陣営の一人であったし、第一世代のネオコンやその他の保守主義者のグループとも立場を同じくしていたのである。とはいえバーガーのこうした主張は、決して狂信的な性質を帯びることはなかった。この点には留意しておく必要がある。

これを明らかにするために、ここで補足的な議論を参照しておこう。ジュスタン・ヴァイスはそのネオコン研究の中で、一九七〇年代前半から中葉にかけてのアメリカの対外政策に関する四つの政治的立場をタイポロジー化している[6]（Vaïsse 2008=2011: 98-100）。彼によれば、その政治的スペクトルの最左派に位置するのは、新左翼と結びついたラディカルである。彼らは海外でのアメリカの行動、アメリカの帝国主義、そしてあらゆる形式の封じ込め政策を強く非難した。それよりも中道寄りの左派の立場にあったのは、『フォーリン・ポリシー』誌を中心とした面々である。同誌にはテクノロジー、石油危機、環境問題、移民問題、多国籍企業、メディア、NGOといった多様な主題をめぐる論考が掲載されていた。その結果としてこの立場においては、様々の面でのアメリカと他国との相互依存関係が指摘され、アメリカと諸外国との多国間協調が主張されたという。いくつかの点でこの立場はヘンリー・キッシンジャーに代表される中道右派の見解とも共通点を持つものであった。これは共和党内の現実主義派を体現する立場でもある。もちろん確かに互いに相容れない点はいくつか存在したものの、中道左派と中道右派は、対ソ全面対決を回避しようとするデタント政策の原則と目標に関しては基本的に意見を同じくしていたという。

ヴァイスによれば、一九七〇年代の最も大きな断層はキッシンジャーの立場のさらに右側に生じていた。この最右派の立場こそ、デタント政策を激しく批判し、ソ連に対する徹底抗戦を主張したグループ、すなわちネオコンの立場であった。ネオコンにとってソ連は膨張主義的な全体主義国家であり、いかなる点においてもそれと和解すべきものではなかった。そしてその拡大から民主主義を守ることができるのは、アメリカを措いて他にはないと彼らは考えていた。そのためネオコンたちはキッシンジャーに象徴される現実主義路線を大いに忌み嫌ったのである。「キッシン

[6] 先に述べたように、本書はヴァイスの言う意味での第一世代のネオコンと第二世代のネオコンとを区別していない。それゆえ、ヴァイスはここでは特に彼の言う意味での第二世代のネオコンについて論じているのだが、本書ではそれをバーガーと同時期に活動した第一世代のネオコンの傾向として論じている。実際にヴァイス自身も、彼の言う第二世代のネオコンが一九七〇年代に『コメンタリー』誌において第一世代に合流していったと述べている（Vaïsse 2008=2011: 122）

ジャーが国際関係における破壊的な要素と見なしてイデオロギー的十字軍を警戒したのに対して、ネオコンは、非道徳的でアメリカの伝統にそぐわないものとして彼のこのようなスタンスを拒否した」（Vaïsse 2008=2011: 100）ということである。『コメンタリー』誌はまさしくネオコンのこの立場を代弁する象徴的な雑誌であった（Vaïsse 2008=2011: 122）。

ヴァイスの議論を踏まえて考えてみると、この時期に書かれたものから窺えるバーガーの立場は、基本的な路線はネオコンと重なり合うとはいえ、特に外交政策の面では多少の開きがあったようにも思われる。例えば『コメンタリー』誌に寄せた第三世界論において、アメリカ社会のメルクマールとも言える資本主義と民主主義の重要性を説きながらも、彼は次のように述べていた。

> これは、アメリカ人が巨大な十字軍に、すなわち世界を民主的資本主義の安全を保証するものにすることを目的とした十字軍に従事すべきであるということではない。それを行なうだけの権力がわれわれにはないし、たとえあったとしても、われわれは別の方向を選んだ人を尊重すべきである。（Berger 1981: 35）

この言明には、バーガーが対外政策に関して現実主義的な方針を重んじていたことが明示されている。アメリカ社会の本質的な特徴としての資本主義と民主主義の意義を肯定することは、世界中にそれを広めるための十字軍の要請と同義ではないのである。彼のこのようなスタンスは、アメリカの対外政策を主題とした、右の論考と同年の『コメンタリー』誌の誌上シンポジウムでの発言にもはっきりと示されている。彼はそこにおいて「アメリカが世界の警察でありえない限りにおいて、アメリカは世界の日曜学校の先生でもありえないのである」（A Symposium 1981: 27）と述べていた。もちろんバーガーは共産主義諸国の全体主義体制には明確に反対し、それと対照的な、仲介構造に支えられるアメリカの民主主義社会の優位性を信じてもいた。しかしながら彼の立場は、右に見たごとく彼自身が認めるように、アメリカ社会への熱狂的なイデオロギー的称賛には依拠していなかったのである。[7]

このような彼の態度は、愛国心を扱った前出の論考においてもすでに示唆されていた。先に見たようにバーガーはそこにおいて、アメリカ社会の諸制度を支えることとの関連で愛国心の重要性を説いている。しかしながら、それもまたアメリカに対する手放しの礼賛であった訳ではないのである。バーガーは愛国心を持つことの是非に関して、その愛国心が意味するところの倫理的な評価の必要性を指摘するからである。国民、国民国家、そして国家のイデオロギーはそれぞれが別個のものであり、かつそのそれぞれのレベルにおいて非常に多種多様な相違が存在する。それゆえ「これらの事例それぞれにおいて、それらがまさに人間の現実や人間的諸価値の観点から何を表象しているのかが問われねばならないのである」(Berger 1974b: 23)。ここで彼が提案しているのは「倫理的な費用・便益分析」(Berger 1974b: 23）であるという。つまり、例えばある国家のイデオロギーの是非を問う場合には、それが人道的立場から見て何を意味しているのか、そのイデオロギーが現実においていかなる帰結をもたらし、それは倫理的にどのように評価されるのか、という一連の個別具体的な検証手続きが要求されるというのである。彼のこうした主張は、これまでに見てきた、責任倫理に基づく現実主義の反映に他ならない。このような立場から、彼は「アメリカの愛国心に何らかの倫理的評価を下すかどうかは、〔……〕この特殊なイデオロギーの価値と持続的な実現性をどう評価するのかということにかかっている」（Berger 1974b: 23-4）と述べるのである。彼の重視する愛国心もまた、抽象的イデオロギー

---

［7］ 実際、バーガーは友人のニューハウスと共にヴェトナム戦争には一貫して反対の立場をとり続けており、アメリカ軍がヴェトナムから撤退してから数年後に書かれた論考においても、引き続きアメリカ軍の当時の残忍さを批判していた。目的があらゆる手段を正当化する訳ではない。バーガーの立場から見れば、そのような正当化が可能であると信ずる人は心情倫理を奉ずる者であった。それに対してバーガーは、責任倫理に立脚して現実主義的な路線を説くのである。実際にその論考においてもバーガーは、対外政策の面では全体主義体制との友好的関係や同盟も避けられないかもしれないということを認め、責任倫理の重要性を主張している（Berger 1980）。

のレベルと現実にもたらされた帰結のレベルでの倫理的な自己省察を免れないということである。

すでに確認した通り、第一世代のネオコンと同じくバーガーも、一九六〇年代後半から登場してきたラディカリズムの反米主義に対抗しようとしていた。そのことは彼が保守の立場を選んだことにも明示されている。こうして、ラディカルの反米主義に対して彼はアメリカ社会の一定の達成をもって応えようとしたのだが、その際彼のスタンスには右記のような重大な留保も付されていたのである。

この留保は、一般にネオコンの特徴の一つだとされる世界的な覇権主義にバーガーが同調しなかったことを示すものである。ネオコンにおけるこの要素は、後に触れるようにもちろん第二世代の台頭と共に顕著になっていくものであるが、その萌芽自体は、シドニー・フックやジェイムズ・バーナムといった人物を通じて、すでに第一世代の面々にも宿されていた。しかしながらバーガーはこの傾向を決して共有してはいなかったのである。その理由は、おそらくだが、バーガーが東西冷戦の文脈を十分に意識しながらも、社会学者として米ソの世界大戦ではなくアメリカ国内の社会的条件をこそ自身の主題的な関心の焦点に設定していたことによるのだと思われる。仲介構造の意義を提唱した論考（愛国心を主題とした前掲の論考）の中で彼がアメリカの世界的な覇権主義に歯止めをかけているという事実が、そのことを示唆している。つまり別言すれば、バーガーの思想における社会学者としての側面が、彼をしてネオコンの覇権主義への賛同を思いとどまらせる契機となったのである。そのことが右記の留保として現れていると言えよう。この留保は、その後のバーガーの現代社会論の展開やそれを取り巻く政治的、思想的な情勢を考える際に特に重要になってくる。アメリカ社会やそれを支える諸制度に対する彼のこうした条件つきでの賛同は、次章以降で見ていくように、その後徐々に変容していくネオコンとバーガーとを引き裂いていくことになるからである。とはいえ仲介構造論を展開し始めたこの時期には、その齟齬はいまだ表面下にうずもれたままであった。

右の論述から、バーガーの仲介構造論とその具体的な文脈が明らかになったことと思われる。しかしこれまでに見てきた仲介構造論は、容易に見て取れるように、専ら社会制度の正当化に関わるものであった。バーガーの用語を借りれば、これは正当化の「水平的次元」をめぐる議論だということである。個人の生の正当化、すなわち死の意義づけに関わる正当化の「垂直的次元」については、バーガーはどのような処方を企てていたのであろうか。これに関しては先に示唆したように、彼は宗教がその役目を果たすと考えていた。バーガーが篤信のキリスト者であったことからも察せられるように、ここでの宗教とは端的に言ってキリスト教を指している。彼は『ワールドビュー』誌に寄せた論考においても、「神の不在の中では、死という将来は対処しきれぬものとなる」（Berger 1977: 45）と述べていた。

だとはいえすでに見た通り、バーガーは全体主義的な宗教の復活、すなわち聖なる天蓋の復古を主張しなかった。だが同時に彼は宗教の消滅、いわゆる「世俗化」が完成するとも考えなかった。だとすれば、バーガーは正当化の「水平的次元」は仲介構造に委ね、「垂直的次元」は宗教に任せて事足れりとしたのであろうか。もしも彼がこのような截然とした役割分担を考えていたのだとすれば、正当化の危機をめぐる彼の議論は、なるほど非常に明快なものであっただろう。ところが事態はそう単純ではない。というのもバーガーはこの時期に、一方で宗教による垂直的な正当化を説きながら、それと同時に他方で宗教の社会的な意義をも論じていたからである。もちろん聖なる天蓋の崩壊した現代においてそれらは決して互いに直接的に切り結ぶ問題ではないのだが、にもかかわらず、これらの問題は、バーガーにあっては密接に関係していたのである。彼はこの一九七〇年代という時期に時事論の寄稿と並んで、もう一つ重要な社会的活動をしていた。ハートフォード宣言という神学的宣言の起草、発布である。これは一見すると仲介構造論とは無関係なものに思われるかもしれない。けれどもこの活動と時事論の執筆との間には時期的な重なりだけでなく、内容的な連関も存在していたのである。では、それはいかなるものであったのだろうか。次節では彼の活動のこの局面を追っていこう。

第三節　教会の改革

一九七〇年代のバーガーの活動のこの局面は、彼がどの仲介構造を最も重視していたのかということに関わっている。右に述べたように、バーガーは仲介構造の例として近隣関係、家族、教会、自発結社の四つを挙げていた。言うまでもなく、これらはいずれもアメリカ社会を支える重要な要素として考えられている。しかしやはりバーガーはキリスト者として、これらの中でも教会に格別の意義を認めていた。とはいえそれと同時に、バーガーから見て、同時代のアメリカの教会は改革を必要とする状態でもあった。そうした事情が、彼がハートフォード宣言を起草し、発布したということに示されていると言えよう。

では、キリスト教の教会はいかなる点で改革を求められていたのであろうか。『ワールドビュー』誌に寄せたある論考の中で、バーガーは「超越のない世界観」を「非常に平面的な世界」と形容し、批判していた（Berger 1974c: 37）。平面という言葉は垂直ないし立体という表現に対比して用いられている。それは死の意義づけが十分になされない世界、それゆえ人間の生が立体性を失った世界である。バーガーは宗教の消滅という意味での「世俗化」が全面化するとは考えていなかったものの、近代社会においては「世俗主義者」（Berger 1974c: 37）が確かに存在し、一定の勢力となっていることは認めていた。そのため、バーガーの議論はそうした世界観に対するキリスト者としての批判であった。重要なことに、彼はこのような世界観がまさにキリスト教教会の内部においても蔓延していると見ていたのである。このような認識が彼を同時代の教会に対する批判へと導いていく。その帰結がハートフォード宣言の起草、発布であった。

本章の第一節で見たように、バーガーはすでに一九六〇年代にアメリカのキリスト教教会における超越の契機の後景化を指摘、批判していた（Berger 1961a）。そこにおいては社会に迎合して超越的なパースペクティヴを失った教会のあり方が批判されていたが、この見解は一九七〇年代においても引き続き抱かれている（Berger 1971）。もちろんハートフォード宣言もこうした考えの延長線上にあった。ハートフォード宣言は、一九七五年に二四人の神学者の署名とともに発布された宣言である。古屋安雄（1978: 122–34）によれば、それは公表されるや否や大きな反響を呼び起こし、教会の内外で激しい論争を引き起こすことになったという。広く波紋を呼んだこの宣言の指導的役割を担っていたのがバーガーとその友人のニューハウスである。

先にも述べたように、ニューハウスは一九七〇年代以降のバーガーの重要な対話相手の一人であり、この時期以降のバーガーの思索活動を検討する際に欠かすことのできない人物である。彼はもともとはルター派であったが、その後一九九〇年にカトリックに改宗した牧師、神学者である。その伝記作家によれば、ニューハウスは「一九六〇年代、七〇年代のアメリカの左翼の主導的な聖職者」にして「一九八〇年代から二〇〇九年の死に至るまでのアメリカの右翼における最も重要な聖職者」（Boyagoda 2015: xvii）であった。こうした評価を受けていることからも分かる通り、多くの第一世代のネオコンと同じように、ニューハウスもまた左翼的な出自を持つ人物であった。もちろん彼は、クリストルたちのように、いわゆるニューヨーク知識人と呼ばれるユダヤ系知識人のメンバーではなかったものの、一九六〇年代には公民権運動を熱烈に支持し、ヴェトナム戦争に激しく反対する左派の牧師であった。重要なことに、ニューハウスのこのような行動主義的なスタンスは二王国論についての彼の解釈に基づいていた。すなわちニューハウスもバーガーと同じく、この教義を静寂主義的には理解せず、現世における行動を要請しているものとして捉えていたのである（Boyagoda 2015: 109）。後に本書の第六章で論ずるように、ニューハウスのこうした行動主義とその方向性はやがてバーガーと道を違えていくことになるのだが、一九七〇年代においては、両者はいまだ目標と行動を同じくする同志であり、親しい友人であった。

ニューハウスとバーガーの出会いは一九六六年頃であったようであり（Boyagoda 2015: 130）、その後両者は家族ぐるみの付き合いを通して、また様々の知的な対話を通して、互いに親交を深めていくことになった。バーガーにとってニューハウスは、いくつかの場面で、その現代社会への関心を具体的に方向づけるための転轍機のような役割を果たす人物であった。例えば前節で取り上げた『ワールドビュー』誌への寄稿を呼びかけたのもニューハウスであったし[8]（Berger 2011: 111）、次章で取り上げる第三世界論をバーガーが著すことになったのも、そもそもはニューハウスに誘われた団体──「ヴェトナムを憂慮する聖職者および一般信徒」というヴェトナム戦争反対を掲げた左派のシンクタンク──との関わり合いを機縁としていた。そしてこのハートフォード宣言においても、バーガーとニューハウスが発起人となり、その発布にあたって二人が中心的な役割を果たしていたのである。では、それはいかなる宣言だったのであろうか。

ハートフォード宣言は、誤ったものとして拒否されるべきキリスト教の主題を列挙したリストの形式をとっており、拒否された主題は主に、キリスト教の福音の内容を現世的な事柄に翻訳してしまうものであった。つまり、この宣言の出された社会的、文化的な文脈は「超越の喪失」（Berger 1976b: 8）と「この喪失に対するキリスト者の順応」（Berger 1976b: 9）という状況だったということである。それゆえこの宣言はキリスト教における「聖なるもの」の次元、超越の次元の再主張を核としていた。すなわち「超越への回帰」（Berger 1976b: 9）がこの宣言の求めるところだったのである。バーガーがこのような主張をするということ自体は、彼の所論をクロノロジカルにたどってきたわれわれには、別段不思議なこととも思われないだろう。とはいえ、こうした主張は一見するといかにも原理主義的な姿勢のようにも思われる。なぜバーガーはこのような神学的宣言を現代のこの時期において改めて発布したのだろうか。

当時のアメリカ国内の情勢がこの問いに対する答えを与えてくれる。特に一九六〇年代後半から七〇年代にかけて、アメリカ社会においてイデオロギー的対立が徐々に激化していったことはすでに述べた通りであり、それは周知の事実であるが、アメリカの諸教会も当然のようにその混乱を免れなかった。教会もまた政治的、社会的な問題をめぐって対立や分裂の相を呈していたのである（古屋 1978）。ハートフォード宣言はこうした状況における一つの解決策の提案であった。すなわちそれは教会の新たな一致点を求める呼びかけであり、その一致点こそがキリスト教の超越性の再確認だったということである。つまりキリスト教教会は現世の諸問題にかかずらうのではなく、現世を超越する価値を伝えなければならないというのである。ここでもバーガーはキリスト教の福音と現世を同一視する立場に対して「内在主義的神学の「平面性」」（Berger 1975: 41）という言葉で批判を向けている。ハートフォード宣言の最後の一三番目の主題も「死を超えた希望」（Berger & Neuhaus 1976: 5）に関するものであった。バーガーによれば、まさにこれこそがキリスト教の伝えるべき価値であり、個人の生を垂直的次元において正当化するものだったのである。

しかしそうだとすれば、やはりハートフォード宣言は専ら正当化の「垂直的次元」にのみ関わる議論だと思われるかもしれないが、そうではない。ハートフォード宣言は仲介構造論とも密接に関連しているからである。これに関しては、バーガーが仲介構造の中でも教会をとりわけ重視していたという事実が手がかりとなるだろう。彼はある箇所で次のように明言している。

> 組織的宗教はアメリカ社会の価値産出制度の中でも〔……〕戦略的な立場を占めている。確かにその他の価値産出制度も存在する。〔……〕しかしながらこれらが人間の価値の創出と維持に関して教会と同じくらいの潜在能力を持つとは考えがたい。（Berger 1979: 72）

バーガーがキリスト者としてはもちろんのこと、社会学者としても教会という仲介構造を格別に重要視していたということがこの引用文からも読み取れるだろう。なぜ彼は仲介構造としての教会を重視したのだろうか。その理由

［8］ニューハウスはバーガーに少し先んじて一九六〇年代に同誌に寄稿を始めており、七〇年代から八〇年代にかけては、最初は共同編集者として、最終的には編集主任として同誌に関わっていた。ニューハウスは、『ワールドビュー』誌の刊行が後の『ファースト・シングズ』誌の先駆になったと述べていたとのことである（Boyagoda 2015: 192）。『ファースト・シングズ』誌については第六章で主題的に取り上げる。

は社会学的なものであると共に彼の宗教観にも関係するものである。ここで言う宗教観とは、何をもって宗教の根源と見なすのかということについての考えである。バーガーは、「宗教はまずもって反省や理論化の対象ではない。宗教現象の核には、反省以前、理論以前の経験がある」（Berger [1979]1980: 36）と考えていた。彼は、宗教の根本には何よりもまず宗教的な経験があると考えていたのである。これは第一章においても確認したことである。これと合わせて想起されたいのが、バーガーが現代を神の黙せる時代と見なしていたということである。このような時代認識は、現代においては劇的な宗教的経験の可能性が薄れつつあると彼が見ていたことを意味している。宗教の根底には宗教的経験が横たわっているはずなのだが、それにもかかわらず、われわれの大半にとって、その強烈な原体験そのものは遠く離れたものとしてしか存在しないということである。神からの語りかけは「うわさ」としてしか訪れないのである。しかしながらこれは、まさにそれゆえにこそ、宗教的伝統の重要性が高まるということでもある。というのも、バーガーは宗教的伝統を次のようなものと見なしていたからである。

> 宗教的経験は人間の間に普遍的に、平等に与えられている訳ではない。さらには圧倒的な確信をもってこうした経験をしたような個人でさえ、その主観的なリアリティを維持し続けるのは困難である。その結果として、宗教的経験は伝統という形式を与えられる。この伝統は、そうした経験をしていない者にその経験を伝え、そうした経験を持っている者のためだけでなく、持っていない者のためにもその経験を制度化するのである。（Berger [1979]1980: 46）

ここには宗教的経験を保存し、伝達するものとしての伝統の役目と意義が説かれている。これに関しては同じ箇所で次のようにも言い換えられている。すなわち、

［伝統という形式において――引用者］超日常的なものを日常的なリアリティに割り込ませることは、必然的にそのリアリティを歪めることになる。しかしこうした歪曲によってのみ、その原経験のかすかな残響が日常生活の退屈な騒音の中に残されうるのである。（Berger［1979］1980: 48-9）

ここに引いた二つの文章は、明らかに、バーガーの博士論文で論じられていたセクトと教会の議論、なかでもとりわけ教会の定義をめぐる議論と呼応している。バーガーは教会を、宗教的経験の聖性の名残を宿すものと見なしていたからである。右記の引用文からは、この見解が、四半世紀を経た時点にあってもバーガーの中で生き続けていたことが分かる。そして今やこの見解は彼においてその社会学理論と結び合わされて、仲介構造論として展開されるに至るのである。

バーガーの社会学理論に従えば、宗教的経験に限らず人間の経験一般は、当の経験とは別の何らかの経験に関係づけられることで初めて意味を持つようになる。現象学的に言えば、ある経験は経験全体の地平、すなわち経験の参照図式の中に反省的に位置づけられることによって、意味あるものとなるということである。曰く、「意味には常に参照点がある。意味とは、諸々の経験の間に関係性が存在するという事実についての意識である」（Berger & Luckmann 1995: 11）。経験を意味づけるこの参照図式は過去の経験を沈殿させた様々の類型的、処方的な知識の貯蔵庫であり、これが伝統と呼ばれるものとなる。言うなれば、伝統とは過去の経験をより合わせてつくられた意味の束のようなものである。こうした意味の束に支えられることによって、日常生活――より正確に言えば、そこで生起する種々の経験――は意味づけられるのである。仲介構造の中でも、教会は、それが宿す聖性とその歴史的重層性のために特に太く、強度の高い意味の束を備えていると言えるだろう。バーガーが「価値産出制度」としての教会を重視するのは、このためである。仲介構造としての教会は、その他の仲介構造に比べて、より豊穣で深遠な意味の貯蔵庫であるということである。だがバーガーには、現代においてはまさに教会のこうした意味の源泉が枯渇しかかっているように思われた。そのために彼はハートフォード宣言の起草と発布を企てたのである。

右の議論を踏まえるならば、なるほどバーガーが正当化の危機に際して超越の次元を再主張し、仲介構造の中でも特に教会を重視するのも納得できるかもしれない。だがここには、実は一筋縄ではいかない問題がある。というのもすでに見たように、教会がアメリカ社会の「承認機械」（Berger 1979: 75）になってしまうことこそ、ハートフォード宣言で斥けられた事態だったからである。「アメリカやその他の国の政治システムを正当化することはキリスト教教会の使命ではないのである」（Berger 1979: 74）。まさにこの点において、バーガーがハートフォード宣言によって目論んでいたことは宗教的な原理主義とは異なるのである。一九七〇年代から徐々に台頭してくるキリスト教系の原理主義は種々の社会的、政治的問題に関してキリスト教的伝統による直接的な正当化――例えば、異性愛主義に基づく家族生活の神聖性など――を声高に唱えていたからである。しかしそうであるとすれば、正当化の問題と仲介構造としての教会の関係はどのように理解すればよいのだろうか。

同じことをこれまでの議論の枠組みに置き直してみよう。右に述べたことは、バーガーが意味の天蓋の失われた全体性の復古を求めなかったことと同義である。意味の天蓋の全体性、包括性が崩れてしまえば、社会制度の正当化と個人の生や死の正当化の間には不可避的にズレが生じる。周知のように、バーガーは宗教の多元主義化と私化ということでそれを説明していた。個人の生の全体性に関わる正当化を担う宗教は、もはや直接的に社会制度の正当化を果たさないのである。ハートフォード宣言はまさにこうした事態を認めることを意味していたと言えよう。そうであるとすれば、にもかかわらず、バーガーが仲介構造の中でも教会を重視したのはなぜだったのだろうか。換言すれば、仲介構造としての教会はどのような価値を伝え、いかなる機能を果たすのであろうか。

正当化の危機という事態を前にして、バーガーは、アメリカにおける多元主義的な民主主義の伝統を守ろうとしていた。そうした立場をとる彼にとって、一九六〇年代から激化していくアメリカ社会における対立、分裂は憂うべきことであった。このような事態に対して彼が求めたのが、寛容という形式的な構えである。本章第一節の引用（☟

一二三頁）が示しているように、寛容の概念は『構成』でも確かに言及されていたが、一九七〇年代においてこの概念が切迫した問題として前景化してくる。すなわちそれは、倫理学的に要請されねばならないものとして主題化され始めるのである。もちろん彼も一方で、ある程度はそういった精神が宗教的多元主義の中で歴史的にアメリカに普及していることは認めていた。しかし彼は、他方で今やそれが徐々に蝕まれつつあることも明瞭に確認するのである。

この問題に関して、キリスト教の超越の次元の再生がこの精神の醸成に寄与しうるとバーガーは考えた。キリスト教は「人間が自らの世界として知っているものは〔……〕そこにおいて、またそれによって人間の生が究極的な意義を与えられる世界の控えの間であるということを指し示す」（Berger 1976b: 10）からである。すなわちそれは「現世における計画のすべてが究極以前のものである」（Berger 1979: 75–6）という価値を伝えるということである。それにより人間や現世の不完全性についての理解が与えられる。その結果として、「十字軍を不可能にする、互いに対する寛容」と「われわれをユートピア主義の幻想から解放してくれる、世界の不完全性に対する寛容」（Berger 1977: 45）の余地が生まれるという。つまり彼は、現世が神の国ではない不完全な世界であるという根本的な事実の認識を、政治的、イデオロギー的な立場の相違を許容する態度に結びつけようとするのである。現世が不完全な世界でしかありえない以上、そこにおけるいかなる立場も絶対的な正しさを要求することができない。そのいずれもが等しく相対的なものであり、この点において、それらは逆に互いに対する寛容と譲歩を必然的に要求されるのである。

これは、ここまでに見てきた彼自身の宗教的、政治的な立場を、より大きく社会の全体に広げようとする試みである。換言すれば、教会は正当化の「垂直的次元」にのみ関わるという形において、間接的かつ逆説的に、多元主義的な社会において不可欠な寛容という形式的な態度を用意しうるということである。もちろんこの可能性は決して自明のものではないかもしれないが、少なくともこの時期のバーガーは右のように考えていた。このように一方で現世を超越する価値を前提としつつ、他方で不完全な現世における寛容の精神を要請するというのが彼の目論見であった。まさにそれゆえにこそ仲介構造としての教会が重視されたのであり、ハートフォード宣言と仲介構造論はこの点において密接に関連していたのである。[9]

右のことから分かる通り、仲介構造論で彼が論じている教会は従来通りの教会ではなかった。ハートフォード宣言に言われているように、それは改革を求められているからである。求められている教会は、キリスト教における超越の再興を呼びかける点では確かに復古的であるかもしれないが、それによって逆説的に人間の現実の不完全さを喚起し、寛容の精神を呼び覚ますという点では非常にリベラルであり、その両面性のために現実にはいまだ存在しない教会だとすら言えるだろう。そのため彼の立場はまた、一九七〇年代から登場してくるキリスト教系原理主義の態度とも相容れないものなのである。このように、多元主義的なアメリカ社会の行方、その存続に不可欠な寛容の精神の涵養、個人の生と死の意義づけ、これらすべてと宗教の関係といった主題が一九七〇年代における彼の問題圏を形づくっていた。これらはまた、その後の彼の現代社会論においてもくり返し取り上げられることになる重要な主題群でもあった。

以降のバーガーの思索の基本方針となっていくこれらの主題は、ある面でそれまでの彼の思索の深化でもあった。それはすなわち、本章第一節でも述べたように、現実のアメリカ社会の動向がそれまでの彼の理論的考察の改訂を余儀なくするものであり、バーガー自身もそれに応える必要を自覚していたということである。一九六〇年代に展開されたリアリティの社会的構成論が成り立つためには、構成されたリアリティについて何らかの正当性の共有が必要である。もしもそれが全体として多元的であるならば、その多元的な意味的世界を支える、さらなる土台が不可欠である。それがなければ社会は容易に相互不信と対立に陥ってしまうからである。しかしまさにこれが一九六〇年代から七〇年代にかけて、正当化の危機という形でアメリカに生じつつあると思われていた状況であった。そのためにバーガーはアメリカの伝統を信じて保守的な立場を選びながら、仲介構造論を展開したのである。

見てきたように、無論その土台はユダヤ-キリスト教的伝統を前提とするものであった。とはいえ、バーガーは確かにアメリカにおける宗教的伝統の根強さを下敷きにしていたものの、共通価値論者ではなかった。彼はもはやそうした強い意味での共通価値が成り立たないということを出発点にしていたからである。しかし同時に、彼は明らかに、象徴的相互作用論やエスノメソドロジーが描き出す、共通価値的なものが何も存在しない世界観からも距離をとっていた。バーガーの立場はこれら両極の中間にあったと言えるだろう。バーガーは社会全体で共有される価値がもはやなくなりつつあることを自覚しながら、それでもなお最低限共有されるべき規範を模索していたのである。ここに見てきた彼の議論はそうした中間的立場の模索の試みであり、まさにこの営為が彼における左右両派の狂信的なイデオロギーの拒否を支えていた。つまり保守派を自称しながらも左右両派の極端な政治的立場を退けるバーガーの立場は、全体性を復活させることなく宗教を救い上げ、さらにそれによって寛容の精神を醸成しようとする右のような態度に基づいていたのである。

本章ではこれ以降の章においてバーガーの現代社会論を検討するための糸口として、一九七〇年代の彼の問題関心を明らかにしようとした。本章の議論から、この時期においてはバーガーが次のように考えていたことが分かるはずである。すなわち、特に教会をはじめとする宗教制度が超越的な次元を宣べ伝えることによって、正当化の水平的な次元と垂直的な次元の両方に寄与しうるということである。換言すれば、この時期においてはまだ、バーガーはキリ

[9]　一九八六年の論考においてもバーガーは次のように述べている。「キリスト教信仰のパースペクティヴにおいて社会的、政治的な問題を考えるということは、「キリスト教による解答」が探されるということでは絶対にない。いかなる社会的、政治的な問題にも「キリスト教による解答」などは存在しないと筆者は固く信じている。けれどもキリスト者は社会的、政治的な世界にそれとは異なる精神でアプローチするのである。〔……〕福音の相の下での社会的、政治的な省察は、必然的に、今日支配的になっている道徳的な尊大さを排除するだろう」（Berger 1986d: 10）。教会が、その使命は現世の諸問題とは次元を異にしていることを自覚しつつ、現世に関与するということがここでは求められている。重要なことに、こうした教会による活動の範例を示すものとしてこの論考の冒頭で言及されているのはドイツの福音主義アカデミーである（Berger 1986d: 1-2）。ここから読み取れるのは、一九五〇年代の彼の関心がその後も継続しており、様々の局面で彼の思索や行動の指針となっていたということである。このことはさらに後の時代においても再び確認されることになるだろう。

スト教の超越性の下に多元主義を包摂しうると考えていたということである。そうすることによって、アメリカ社会の文化的、イデオロギー的な分極化に対処することが可能であると思われていたのである。しかしながらこの考えは、その後アメリカの分極化が深刻になるにつれて、徐々に揺らいでいくことになる。われわれは本書第六章、第七章においてその過程を追っていく予定である。とはいえバーガーの思索のその局面に踏み入る前に、それへと続く伏線として、次章では彼の資本主義擁護論を取り上げておかねばならない。これも一九七〇年代から八〇年代にかけての彼の現代社会論の重要な主題の一つであり、それと共に本章で見てきた議論と極めて密接な関係にあるものだったからである。

第五章　資本主義の擁護

本章の課題は一九七〇年代から八〇年代にかけてのバーガーの思索、特にその資本主義擁護論をネオコンとの関係において解釈することである。ネオコンとバーガーの関係は先の諸章においても取り上げた問題であるが、バーガーは自伝において、その関係がネオコン自体の変容によって一九九〇年代に解消されたことを明らかにしている（Berger 2011: 204–5）。確かに彼の言う通り、第二世代の台頭や一部の第一世代の原理主義化などによって、九〇年代にネオコンの内部にある変化が生じたというのは事実である（Dorrien 2004, Vaïsse 2008=2011）。このため両者の関係は、一九八〇年代に最も密接なものとなったが、九〇年代には破綻したとするのが通説的な理解となっている。

しかし本書はこの通説的な見解に対して、その決裂に至る伏線はすでに一九八〇年代に潜在的に存在していたという見方を示したい。こうした見解はデイモン・リンカーも示唆しているが（Linker［2006］2007: 6–7）、彼の議論もいまだ漠然とした指摘にとどまっており、綿密な論証を欠いたものである。そこで本章はその詳細を、八〇年代に展開されたバーガーの資本主義擁護論と、当時彼と非常に近しい間柄にあったカトリックの思想家であるマイケル・ノヴァクの資本主義擁護論の対比を通じて論証する。ノヴァクは、こちらもまたバーガーと親しい友人であったニューハウスと共に、九〇年代に原理主義化していった第一世代のネオコンの一人である。ノヴァクもバーガーとほぼ同じ時期に資本主義の擁護という課題に取り組んでおり、その議論にはバーガーとの共通点も多いため、この時期のバーガーの対比項に相応しい人物であろう[1]。アメリカ社会の内在的な分析を主題としていた前章の正当化の危機論と同じように、バーガーにとって資本主義擁護論はアメリカ社会の意義を考察するための重要な題材であった。これはノヴァクにとっても同様である。またバーガーとその周囲の保守主義者との人間関係は、まさに深まりゆくアメリカの分極化の縮図であったと見なすことができる。これらの点において、本章で取り上げる議論は前章で見た議論とも密接に関わるものであった。

このような観点から両者の議論を考察する際に重要な論点となるのは、概略的に言えば、資本主義、民主主義、宗教の関係、ならびにマックス・ウェーバーに対するそれぞれの態度である。これらの主題を扱うため、以下では、まずは資本主義へのバーガーの関心を彼自身の問題関心の文脈に置き入れ（第一節）、次いでノヴァクの議論を概観し（第二節）、その上でバーガーの資本主義論を検討する（第三節）。以上の論述を通して、本章においてわれわれは、前章に続いて一九七〇年代以降のバーガーの所論に一定の見通しをつけると共に、九〇年代以降の彼の歩みを理解するための準備を整えておきたい。

第一節　第三世界への関心

そもそもなぜバーガーにとって資本主義が問題となったのであろうか。一九八〇年代のアメリカといえば、一般的にはレーガン政権の誕生とそれによる新自由主義的な政策の推進によって知られている。バーガーがその中で資本主義への支持を明確にした『資本主義革命』という著作も一九八六年に上梓された。けれども一読すれば分かるように、同書はいわゆるレーガノミクスの礼賛の書ではない。バーガーの政治的な立場に触れた際に確認したように、彼はフリードリヒ・A・ハイエクやミルトン・フリードマンなどの一般にリバタリアンとされる人々とは立場を異にしていた。すなわちくり返しておけば、バーガーは資本主義への彼らの「熱狂的な信奉」(Berger, B. & P. L. Berger 1986: 63)を共有していなかったのである。さらに彼は一九八六年の著作に寄せられた一九九一年版の序文においても、引き続き福祉国家体制の容認を表明していた。[2]

しかしそうだとすれば、彼の関心を資本主義へと惹きつけたものは何であったのだろうか。われわれはその発端を、一九八〇年代のアメリカ社会の情勢という外在的な状況ではなく、彼自身の思索の発展という内在的な文脈の中に突き止める必要がある。[3] こうした観点からバーガーの所論を見てみると、その発端は、一九七〇年代以来の彼の関心であった第三世界の発展という主題に見出しうるように思われる。したがって八〇年代の資本主義擁護論もこの関心の系譜に位置づけられるはずである。そしてまた七〇年代のこの主題への関わりの中で、正当化の危機論の場合にそうであったのと同じようにして、彼は自らの社会学理論の政治的、倫理的な意義を自覚していったのである。

バーガーの第三世界論は、時期的には、先に見たアメリカ社会論と並行する形で展開された。これは同時代のアメリカの社会科学の動向から見れば重要な事実である。なぜならアメリカ社会、第三世界、資本主義といった主題は決して相互に無関係のものではなかったからである。これらは二〇世紀の後半、とりわけ一九五〇年代から六〇年代に

[1] ニューハウスも一九九二年に資本主義を扱った『成功と善行』(Neuhaus [1992] 2012) という著作を著しているが、同書の中心的な内容はローマ教皇ヨハネ・パウロ二世の回勅『センテシムス・アヌス』の解説である。それゆえノヴァクの資本主義論の方がバーガーの議論との共通点も多く、比較の対象として相応しいはずである。

[2] 次のようにある。「西洋の政治的世界のかなり広い範囲において、紙幣の発行と契約の実施以外のあらゆる経済活動から政府を撤退させたり、福祉国家を廃棄したりしようとする人はごくわずかである。〔……〕こうした重要な意味で、われわれはおしなべて社会民主主義者なのである」(Berger [1986] 1991: xiii-xiv)。

[3] バーガーの資本主義論には、当然のことながら、左派からのイデオロギー批判も寄せられた。その例として、例えばロバート・ビッケルの著作が挙げられる (Bickel 2018)。しかしながらこうした外在的な批判は、社会科学上の議論としてはともかく、バーガーの思想を理解する上ではあまり参考にならないということは言うまでもない。

かけて大いに隆盛を誇った、いわゆる「近代化論」の中心的なトピックだったのである。

近代化論は第二次大戦後のアメリカの社会科学において、共産主義の拡大への対抗を強く意識して生まれたパラダイムである。とはいえおそらくパーソンズをその嚆矢とする点に異論はないだろうが、[4]近代化論者とされる人のすべてが同じ議論を展開した訳ではない。ニルス・ギルマンの整理に従えば、彼らの間にもいわば唯物論者と観念論者の対立があった（Gilman 2003: 93–4）。すなわち物質的な次元での近代化を重視するのか、心理的、文化的な次元でのそれを重視するのかという対立である。前者の立場は、例えば経済成長を第一義的に重視した経済学者のウォルト・ロストウに代表される。後者の立場は主に政治学者や社会学者に受け入れられた。概して政治学においては、非西洋地域における安定した民主主義の確立とそれを支える政治文化が中心的な主題であった。代表的な人物として、構造‐機能主義に基づいて比較政治学を確立したガブリエル・アーモンドや、精神病理学や発達心理学を取り入れつつ政治行動における心理的側面を重視したルシアン・パイがいる。[5]社会学における近代化論者は概ねパーソンズのパターン変数論などを受け継ぎながら、行為者のパーソナリティや行為の動機づけにおける近代的な価値志向に着目した。この立場はおおよそ一九五〇年代から六〇年代までのベラーの議論、特に彼の『徳川時代の宗教』や、論文集『信条を超えて』の第一部、第二部に収められた論文などに代表されるだろう。

このように近代化論はその内部に多様な論者を含んではいたが、戦後の相次ぐ植民地の独立という状況の中で、彼らは総じて独立後の諸国が目指すべき発展の理想的極致をアメリカ社会に見定めた。このため近代化論においては第三世界の行く末が論じられると共に、それらの目標となるべき近代社会の内実として、アメリカ社会の構成要件やアメリカ人の自己理解が隠れた主題となっていたのである（Gilman 2003: 12–20）。そこにおいて近代化はほとんど常にアメリカ化と同義であり、その別名であったということである。この点において近代化論は、アメリカなどの先進諸国を頂点とする資本主義的搾取の体系を描き出し、それを厳しく批判した従属理論や、その衣鉢を継いだイマニュエル・ウォーラーステインの世界システム論とは、その出発点において著しい対照をなしていた。

だがまさにそれゆえに、一九六〇年代末から深刻化していくアメリカ社会の正当化の危機と共に、近代化論は根本的にその信用を失っていくことになる（Gilman 2003: 241–56）。周知の通りこの時期にアメリカを含む先進諸国で続発した種々の抗議運動は、官僚制やテクノロジーの発展といった近代社会の達成そのものへの疑義を呈していたからである。近代社会それ自体を拒否する点で、新左翼運動と呼ばれたこれらの抗議運動は従属理論や世界システム論よりもさらにラディカルであり、またその批判も専ら文化的次元に照準されていた。先述の通り、こうした運動に触発され、一部のリベラルが極端に左傾化していった（と考えられた）ことが、クリストルやノヴァクなどのいわゆる第一世代のネオコンが生まれた機縁であった。バーガーも社会学においてこれに鼓舞されたラディカル社会学と対峙し、また新左翼運動そのものにも反対していたことは、すでに見てきた通りである。ところがこの激動の時期の結果として社会科学のパラダイムとしての近代化論が衰退した後もなお、そこで論じられた主題は保守主義者にとっては重要性を失わなかった。それは、冷戦という厳然たる現実が存在していたからである。

第三世界へのバーガーの関心はこうした時代背景の下に成立する。これは、前章で見た彼のアメリカ社会論と時期的に重なる関心であった。そのため彼においてもアメリカ社会論と第三世界論は表裏をなす主題だったのである。以下に見ていくようにもちろんバーガーは近代化論の内容に対しては批判的な見解を示すのであるが、彼は近代化論の扱っていた主題そのもの――第三世界の発展の道筋、および資本主義のシステムに立脚するアメリカ社会の達成やそ

［4］厚東洋輔によれば、パーソンズ自身は「近代化」よりも「進化的」（evolutionary）という用語の方を多用していたが、パーソンズの影響を受けた社会学者たちが「近代化」という用語を頻繁に用いていたとのことである（厚東 2020: 520–1）。

［5］アーモンドはパーソンズのシステム論を政治学の分野で応用しようとした人物であり、その点においてアメリカ社会学研究にとっても重要な人物である。パーソンズとアーモンドの関係の概略については、バクストンのパーソンズ論を参照（Buxton 1985）。またアメリカ政治学にとってのパーソンズのシステム論の重要性を論じた邦語文献として、山川雄巳のアメリカ政治学研究がある（山川 1982: 193–251）。

の意義の検討——は受け継いだということである。ソ連との対峙を暗黙のうちに意識して展開された彼のアメリカ社会論が、このようにして同時期の第三世界論と接続される。換言すれば、バーガーはアメリカ化と同義的なものとしての近代化をあからさまに論じることはなかったが、その主題選択や立論の構図において、明らかに近代化論の特徴を継承していると言えるのである。先に見たアメリカ社会論の場合と同じく、それは東西冷戦という時代背景を色濃く反映したものだったということである。[6]

バーガー自身はヴェトナム戦争への反対を契機として、そこから第三世界の発展へと関心を広げていったと語っている（Berger［1974］1976: viii）。彼はひとまずその成果として一九七四年に『犠牲のピラミッド』を著した。同作においてすでに、後の『資本主義革命』で取り上げられる主要な論点がほぼ出揃っている。すなわち正当化機能を果たす神話の存在（Berger［1974］1976: 16, 25–6）、資本主義と民主主義の歴史的な関連や資本主義が生み出す多元主義への推進力（Berger［1974］1976: 65–6）、それと対照的に社会主義が備える全体主義的な傾向（Berger［1974］1976: 93–6）、そして発展を評価する際の道徳的な基準などである。全体として彼の議論からは近代化論への批判的なスタンスが見て取れるが、なかでも道徳的基準に関する議論は彼の知識社会学との関連を窺う上で重要なものである。

バーガーは、発展に関する政策のすべては二つの基準に照らして、より代償の少ない形で立案、実行されねばならないとする。二つの基準とは、発展政策がもたらす人間的、肉体的損失の分析に関わる「苦痛の計算」（Berger［1974］1976: 144）と、それに伴う意味的代償の分析に関わる「意味の計算」（Berger［1974］1976: 144）である。例えば革命を通じた社会主義体制の確立という発展政策は、革命のもたらす人的代償が甚大であるという理由から退けられるのである。他方、資本主義がもたらす経済成長は伝統的な価値の解体を伴いかねない。これが意味的代償である。そのため、たとえ経済成長がもたらされたとしても、それによって人々がアノミーや疎外を味わうのであれば、その発展政策は失敗なのである。彼のこうした議論、特にその「意味の計算」に関する議論は発展概念の拡大を目論むものと言えるだろう。発展が経済成長を含意することはバーガーも認めているが（Berger［1974］1976: 35）、発展は経済成長には尽きない。この点において彼の立場は、ロストウに象徴される類の、経済成長を第一に掲げる近代化論の立場とは異なるのである。

また発展政策に関するこの規範的な議論の源泉は彼の知識社会学にあり、そこにおいてバーガーの立場は、個々人の価値志向における合理化や普遍主義への志向性を重視した、社会学的な近代化論からも区別される。「意味の計算」に関する議論には特に二つの主張が認められる。一つは次の通りである。「人間は意味ある世界に住まう権利を持つ。この権利の尊重は政策にとって道徳的な責務である」（Berger［1974］1976: 183）。バーガーの社会学が人々の生きる意味的世界を対象とすることは周知の通りであり、それは本書においても指摘してきたことである。右の引用文はバーガー社会学のこの基本的な事実の確認に他ならない。

もう一つの主張もこれと密接に関連する。バーガーが言うには、政策論議への彼のアプローチは「経験的に利用しうる意識世界すべての平等性を仮定する」（Berger［1974］1976: 127）。これもすでに見てきた通り、バーガーの社会学は人間と社会の〈つくり／つくられ〉の関係を想定する。これは人間によって意味的世界が構成されること、それゆえ、その意味的世界が必然的に相対的なものであることを意味する。無論、このことは必ずしも諸々の世界観の間の道徳的な等価性を含意する訳ではない。本書においても特に第七章で論じるように、バーガーは人間の権利、尊厳、自由に関する西洋的な諸価値を確かに肯定するからである。だがそのような留保を付しながらも、彼は構成された諸々の意味的世界それぞれの妥当性要求をひとまず最大限に顧慮するよう説く。つまり社会学的な近代化論に比べて、バーガーは意味的世界の変容に対してより慎重な立場を選ぶのである。[7]

もちろん右の二つの主張は、バーガーによる次のような知識社会学の定式化に基づいている。

［6］バーガーは第三世界にとってのアメリカの意義を、それが近代社会の先例の一つであるという点に見ていた。しかしそれが意味するところは、アメリカが第三世界の目指すべき範例であるということではなかった。むしろそれは、アメリカは、近代化に際して直面する様々の問題の教訓を引き出すための事例になりうるということであった（Berger［1974］1976: 233–4）。

知識社会学は何よりもまず、人々が日常生活において〔……〕「リアリティ」として「知っている」ものに関わらねばならない。〔……〕意味の織物を構成しているのはまさにこの「知識」であり、これなくしてはいかなる社会も存在しえないのである。（Berger & Luckmann［1966］1967: 15）

これは本書においてもすでに引用した、『構成』の有名な文章である。バーガー社会学の対象はこうした普通の人々のリアリティの定義であった。重要なことに、発展政策の議論において、彼はこの立場を信教の自由と結びつける。ここで言われる信教の自由とは、自らの慣れ親しんだ意味的世界に住まう権利の尊重に他ならない。一九八五年に著された「信教の自由の状態」という論考の中で、彼は次のように述べている。

発展は、官僚機構やシンクタンクにいる専門家とされる人が決定するものではない。〔……〕成功した発展は常に、発展を担うとされる人々の価値に関係づけられている。〔……〕世界中のいかなる場所においても、大半の人々にとって、発展に関わる価値は宗教と解きがたく結びついているのである。（Berger et al. 1985: 239）

この主張には、右に見てきた彼の知識社会学に孕まれる実践的な含意が明確に表明されている。その要点は第三世界の普通の人々の意味的世界を尊重することにあった。彼は第三世界の発展を考える中で、自らの社会学理論が持つこのような政治的、倫理的な意義をより明確に自覚するようになったのである。このように知識社会学的な議論と信教の自由の主張が重ねられることにより、発展政策における彼の立場が導き出される。それは多元的な近代のあり方を是認する立場である。これは、例えばパーソンズ派のように、制度だけでなく価値観の面でも第三世界の近代化＝アメリカ化を説いていた近代化論に対する鋭い批判である。意味の押しつけという点では、それは社会主義体制における全体主義と異ならないとされるのである。こうしてバーガーは、近代化論であれ全体主義であれ、発展政策による、普通の人々の意味的世界への外在的な意味の押しつけを退ける立場を選ぶ。これが彼の知識社会学の政治的、倫理的な含意であった[8]。

詳しくは後述するが、右の議論を踏まえれば、全体主義的な傾向を帯びる（とバーガーが考えた）社会主義的な発展政策よりも、民主主義と相関的だとされる資本主義の方が彼の社会観や政治的な立場に相対的に適合的であったことは明白であろう。だがバーガーは『犠牲のピラミッド』においては、まだ資本主義の支持へと決定的に踏み切ることができなかった。彼はこの時点では、いまだに従属理論にもある程度の妥当性を認めていたからである（Berger [1974] 1976: 57-8）。バーガーの決心は東アジアの経済的成功との出会いを待たねばならなかった。しかしこれに関するバーガーの議論を検討するためには、ノヴァクの資本主義論を概観しておかねばならない。彼はこの時期のバーガーの対話相手の一人であり、バーガーと非常によく似た議論を展開していたからである。

[7] 第三世界の発展を扱った『犠牲のピラミッド』の姉妹編と見なしうる『故郷喪失』においては、周知のように、近代化によってもたらされる両義的な影響が主題的に論じられている。すなわち安住の地の喪失という心理的な負担が同書の主題となっているのである。曰く、「モダニティは解放として理解されもすれば、そこからの解放が模索されるものとしても理解される。〔……〕モダニティがもたらした解放は何よりもまず個人の解放であった。〔……〕「疎外」の経験は個人化の対称的な相関物である。〔……〕それゆえ極めて論理的なことに、今日の脱近代化における重要な主題は、近代社会における個人主義の過剰とされるものへの抵抗なのである」（Berger et al. [1973] 1974: 195-6）。

[8] バーガーの社会学理論に孕まれたこうした含意の実践的な帰結は、一九八〇年代後半に彼が関わった、南アフリカ共和国におけるアパルトヘイトに反対するプロジェクト「アパルトヘイトの先の南アフリカ」（South Africa Beyond Apartheid, SABA）としても結実した。その成果として発表された作品においては、南アフリカ共和国に生きる人々の意味的世界を理解することの重要性、発展の代償を最小限に抑える必要性、資本主義と民主主義の相関性など、ここに見てきた主題が論じられている（Berger & Godsell 1987, 1988; Bernstein et al. 1998）。だがくり返しておけば、他者の意味的世界の尊重は、必ずしもすべての道徳的規準の等価性を含意する訳ではない。この点に関して、後にバーガーは許容しうる多元主義の範囲を定める道徳的な規範を論じるようになる。詳しくは第七章第三節第一項を参照されたい。

第二節　ノヴァクの「民主的資本主義」論

ノヴァクはハーヴァード大学でベラーの教えを受けた経験も持つ、カトリックの思想家である。彼もバーガーと同じように一九七〇年代に第一世代のネオコンに近づいていき、その中で両者の交友が深まっていったという（Berger 2011: 113）。彼の思索は多岐にわたるものの、以下では資本主義に関する議論に話を限定する。とはいえ彼の資本主義論だけをとってみても、そこではアメリカ社会学にとって極めて重要な問題が提起されている。その問題とは、アメリカにおけるウェーバーの資本主義論の受容に関わるものである。

第一世代のネオコンの大半がそうであったように、ノヴァクも左派からの転向者であった。そうした彼が、なぜ社会主義よりも資本主義の方が優れていると考えるようになったのか、それを明らかにした著作が『民主的資本主義の精神』であった（Novak［1982］1991: 22–8）。それは抽象的な資本主義一般というものではなく、アメリカにおいて現に存在する体制を考察した著作であった（Novak［1982］1991: 20–1, 429）。こうした個人史的な事情に加えて、同書は当時の一部の保守派にとっての切実な問題に取り組むものでもあった。それは資本主義の道徳的、宗教的な正当化という課題である。資本主義、ならびにその権化とも言えるアメリカ社会への左派からの攻撃は、一九六〇年代以降、劇的にその激しさを増していた。ノヴァクの著作はこの問題に捧げられた保守派の努力の一つの結果だったのである（佐々木 1993: 156）。

ノヴァクは同書において、資本主義が単なる営利追求の制度ではないということをくり返し説く。すなわち「資本主義は道徳的精神に依拠する経済システムなのである」（Novak［1982］1991: 46）。営利を追求する活動は、実は崇高な精神に満たされているということである。ノヴァクはまさにこの事実を発見した功績をウェーバーに認める。彼は、自らの求める資本主義の正当化の根拠がウェーバーの議論にあると考えたのである。とはいえこれに際して彼が受け入れたのは、資本主義の正当化に用いるべく、そのある一面を極端に誇張したウェーバー像であった。つまりそこでは、資本主義の化石化についてのウェーバーのペシミスティックな予見が外されているのである。もっともこの種のウェーバー像は、パーソンズ以来の、アメリカに特徴的なウェーバー受容の型を踏襲するものでもあった（Scaff 2011: 211–28）。だがこのときノヴァクはウェーバーに対して以下の二点について批判を向けてもいる。すなわち資本主義と民主主義の必然的な相関性、および資本主義を支える道徳的精神の源泉についてである。

第一の点はノヴァクの著作の表題にも関わる。彼自身も認めるように（Novak［1982］1991: 43）、それは明らかにウェーバーの『プロテスタンティズムの倫理と資本主義の精神』を意識したものである。ノヴァクはそこに、特に「民主的」という形容詞を付け加えるのである。ノヴァクによれば、この点が彼とウェーバーを分かつ要素の一つである。「民主的資本主義は経済、道徳、政治が一体となった、三項からなるシステムである」（Novak［1982］1991: 43–4）。この三つの一体性については後述するが、ノヴァクはこのように述べて、ウェーバーがその資本主義論において「経済的自由と政治的自由の必然的な結びつき」（Novak［1982］1991: 45）を見落としてしまったと批判するのである。

だがこの点に関しては、ウェーバーにおいても資本主義と民主主義の関係は蔑ろにされてなどいない、とノヴァクに反論することもできよう。周知のようにウェーバーの最大の政治的関心の一つは資本主義的産業化に見合う体制の確立にあり、彼はその観点から、生涯の後半期にはイギリスの議会制民主主義を評価していたからである。とはいえそのためには、それを担うべき政治的主体の形成が不可欠であった。ウェーバーが資本主義と民主主義の安易な直結を説かなかったのは、おそらく彼がドイツ市民の政治的な未成熟や官僚的支配の拡大という現実に直面していたからであろう。他方、アメリカに暮らし、アメリカの体制を目の当たりにしていたノヴァクにとって、資本主義と民主主義の結びつきは「事実的な必然性」（Novak［1982］1991: 45）であった。つまり、両者の結びつきというウェーバーにとっての問題は、ノヴァクにとっては逆に前提だったのである。

第二の批判は、ウェーバーが、資本主義の支えとなる道徳的精神をプロテスタンティズムに限定してしまったことに向けられる。この点は一九九三年のノヴァクの著作『カトリックの倫理と資本主義の精神』においてより明確にされている。この表題にも彼の意図は明白である。彼は次のように言う。「ウェーバーはそれをプロテスタントと呼んだ点で間違ってしまったのかもしれない。しかし彼は、資本主義にとって本質的な道徳的、文化的次元を見定めた点では誤っていなかった」（Novak 1993: 7-8）。

これも周知のように、ウェーバーが資本主義の精神の源泉を特にピューリタニズムに見たことには、先述のドイツの未成熟という状況が大きく関係していた。すなわち彼がピューリタニズムの意義を殊更に際立たせた背景には、当時のドイツで事実上国教会化していたルター派の、近代化に対する消極的な意義を批判するという意図があったのである。しかしノヴァクはこの批判的態度を共有しない。そのため彼は、資本主義を支える精神をユダヤ教やカトリシズムをも含むユダヤ‐キリスト教の伝統全体へと広げようとするのである。曰く「筆者は、われわれが探し求めている倫理を「カトリックの倫理」と名づけた。とはいえこの呼称は、大文字の「C」の意味においてだけでなく小文字の「c」の意味においても理解されるべきである」（Novak 1993: xiv）。つまりそれは、宗派を表すカトリックの意味のみならず、その原義である「普遍」の意味も持っているということである。というのも、彼が言うには「このより大きな「小文字のカトリック」の概念はユダヤ教の伝統も含む」（Novak 1993: xiv）からである。こうしてノヴァクは資本主義と民主主義の必然的な結びつきと、それらを支える精神としてのユダヤ‐キリスト教の伝統を強く主張するのである。

彼のこの立場を端的に述べたものこそ、先に挙げた政治、経済、道徳ないし文化の一体性の主張に他ならない。ドーリエンは、ノヴァクがこれを論じる際にダニエル・ベルの示唆を受けていることを指摘する（Dorrien 1993: 225-8）。すなわち、ノヴァクは、ベルが『資本主義の文化的矛盾』において唱えた、経済、政治、文化の三つの領域からなる社会という観点を受け継いでいるというのである。もちろんドーリエンは、両者の間に相違があることも見落としてはいない。「ベルの主張は三つの領域が相互に協力的であるということではなかった。〔……〕しかしノヴァクがアメリカ社会についてのベルのモデルを採用したのはこの意味においてであった」（Dorrien 1993: 226）。要するに、ベルにあっては三つの領域相互間の矛盾が問題であったのに対して、ノヴァクにおいては三つの一体性が強調されているというのである。ドーリエンのこの指摘は妥当なものである。しかしわれわれはノヴァクに対するベルの影響を認めつつも、その議論の本質的な意義は、何よりもアメリカに特徴的なウェーバー像の継承にあったことを指摘しておこう。資本主義がユダヤ‐キリスト教的な精神を宿しているということこそ、ノヴァクにとって最も重要な事実だったのである。

したがって民主的資本主義の体制において根本的なのは、ユダヤ‐キリスト教に由来する道徳的精神であるとされる。確かにノヴァクは資本主義と民主主義の必然的な関連を述べ、資本主義は多元主義を推進すると主張している。だが彼によれば、アメリカにおける多元主義の中心には「国家の権力やその他の地上の権力すべてを超越する象徴」（Novak［1982］1991: 54）があり、このような超越的な象徴があるからこそ、逆説的にも現世における多元主義が可能になるという。いかなる現世的なものとも混同されえない超越的な象徴の存在が、絶えず現世における価値体系の不完全さを暴露し、その一元的な支配を阻むのである。だからこそ「多元主義の根底にある哲学は人間生活についてのユダヤ教的、キリスト教的な理解と共鳴する」（Novak［1982］1991: 70）のだと彼は言う。このようにしてノヴァクは、民主的資本主義における多元主義を説く一方で、ユダヤ‐キリスト教と共鳴する「『聖なる天蓋』」（Novak［1982］1991: 54）の存在をほのめかしもする。アメリカの多元主義の根底には、そのような聖なる天蓋が存在するというのである。それは、ある種の超越的な普遍性の存在を設定した上での多元主義の容認である。多元主義的なアメリカ社会の神聖化と言ってもいいだろう。この路線において彼は『民主的資本主義の精神』の末尾において「民主的資本主義の神学」（Novak［1982］1991: 333）を打ち建てようとするのである。彼自身も認めるようにそこでのノヴァクの試みは未完の断片的なものであるが、アメリカの民主的資本主義を宗教的に正当化しようとする彼の意図は明瞭である。「ノヴァクにとって、スミスの言う市場を導く「見えざる手」は、全くそのまま神の手であった」（Linker［2006］2007: 39）ということである。結局のところノヴァクは、ウェーバーの語った、資本主義を支える宗教的な精神がアメリカにおいてまだ生きているのだと強く訴えかけているのである。

以上がノヴァクの民主的資本主義論の概略である。ここに検討してきたノヴァクの議論には、その論旨やターミノロジーから、バーガーの議論との明確な相互的影響関係を容易に推察することができる。では、バーガーは資本主義をどのように捉えていたのだろうか。

第三節　バーガーの資本主義論

すでに示唆した通り、バーガーの考えが資本主義の支持へと大きく傾くこととなった契機は、日本、韓国、台湾、香港、シンガポールを中心とする東アジア地域における資本主義の成功であった。この点はすでにドーリエンによって指摘されている。バーガーは一九七〇年代後半からこの地域に関心を寄せ始め、八〇年代の初頭には、そこから従属理論への重要な反論の根拠を引き出した。すなわち資本主義システムへの参入は、先進諸国への従属ではなく、むしろ大きな経済的発展を途上国にもたらすという見解である。バーガーは東アジア地域をその経験的な例証と見なした。つまり彼はラテンアメリカの事例に基づいて提出された資本主義への挑戦に、対象とする地域を変えることで応えたのである。ドーリエンによれば、『資本主義革命』はバーガーにおけるこのような転換を受けて著された作品であった[9]（Dorrien 1993: 289–306）。

同書においてバーガーは、資本主義を「企業家的個人や営利目的を持った会社による市場向けの生産活動」（Berger［1986］1991: 19）、社会主義を「経済の組織化における、市場のメカニズムに対する政治の支配」（Berger［1986］1991: 174）と定義する。すなわち彼は市場経済と統制経済を対置し、前者を資本主義、後者を社会主義と規定するのである。もちろんこれらは共に理念型であり、現実の制度はこれら両極の中間に位置づけられるという。とはいえこうした定義からほぼ自動的に、社会主義と全体主義の結びつきと、それと対照的な、資本主義と民主主義の相関性という構図が導き出される。民主主義と経済体制の関係というこの問題は、アメリカにおいては特にヨーゼフ・シュンペーターによる議論が有名である。これに関して、周知の通りシュンペーターは社会主義と民主主義の両立可能性を主張したが、バーガーはこれを逆転させる。すなわち生産と配分も含めてあらゆることを政府が決定しようとする社会主義社会は、不可避的に官僚制の肥大化、果ては全体主義的な傾向を帯びるとされる。反対に、資本主義は原則として生産と配分を市場のメカニズムに委ねるため、このことが必然的に政府ないし国家の権力を制限することになるというのである（Berger［1986］1991: 79–80）。そしてまたこのために、社会主義とは異なり、資本主義は仲介構造が存続するための空間を残しておくとされる。「資本主義は、国家に対して相対的に自律した非常に動的な領域を創出するというまさにそのために、仲介構造のための「余地を残しておく」のである」（Berger［1986］1991: 85）。

このような資本主義と社会主義との対比はすでに『犠牲のピラミッド』においても示唆されていたが、『資本主義革命』においては、一九八〇年代に現に存在した体制を経験的な実例として議論が展開されている。すなわちバーガーにとっては、あるべき社会主義の姿や本来の社会主義の理念といったことではなく、現実に存在した東側諸国の社会主義社会が焦点だったのである。とはいうものの、前章でも確認したように、資本主義と社会主義のこのような対比は当時保守派の論者の間に広く共有されていたものであり[10]、バーガーもそれに倣っていたと見るべきなのかもしれない。いずれにせよ、彼は今や右記の構図に従いつつ、資本主義を明確に肯定するに至る。ここにおいてバーガーの論述の枠組みは、第三世界の発展論から、より抽象的で一般的な資本主義論へと拡大している。

見てきたように、資本主義と民主主義の結びつきはノヴァクの著作の中心的な主張の一つでもあった。だとすれば、

［9］資本主義に対するこのような見方は、周知のように、近年トマ・ピケティの著作によって大きく修正されつつあるものである。それによれば、資本主義が格差の是正に寄与しうるというのは歴史の中の一時的、例外的な傾向である。それゆえバーガーの資本主義論に歴史的制約性を見出すのは難しくないだろう。この点に留意しつつ、本書では同時代的文脈におけるバーガーの立ち位置の解明を第一の目的としたい。

バーガーもノヴァクと同じように、資本主義、民主主義、およびそれらを支える宗教的な精神の一体性を賛美していたのだろうか。一見するとバーガーとノヴァクの議論の内容は酷似している。両者とも資本主義と民主主義の結びつきを主張し、宗教の意義を重視するからである。特に、いかなる現世的な事物とも同一化されない超越性を梃子とした多元主義の主張は、正当化の危機論に関して見てきたように、バーガーの教会改革論の骨子でもあった。とはいえバーガーの議論を細かく見ていくと、二人の間には微妙だが重大な相違もあることが分かる。両者の見解の相違は、とりわけ資本主義と民主主義の相関性の度合い、資本主義の宗教的な正当化の可能性、ウェーバー受容、アメリカ社会観の四点にわたっている。以下ではこれらを順次取り上げていこう。

第一の点について、ノヴァクは資本主義、民主主義、ユダヤ - キリスト教の精神の三位一体を論じ、資本主義と民主主義のつながりを「必然的な結びつき」(Novak [1982] 1991: 45) と形容していた。それに対して、バーガーは資本主義と民主主義の間には「親和性」(Berger [1986] 1991: 86) があるにすぎないと述べる。これはノヴァクの表現に比べれば控え目なものである。この言葉で言い表される関係性をバーガーは次のように説明する。「すべての民主主義は資本主義的である。いかなる民主主義も社会主義的ではない。とはいえ多くの資本主義社会は非民主的である」(Berger [1986] 1991: 76)。この引用文からは、バーガーが資本主義と民主主義の結びつきを決して必然的なものと想定してはいないことが分かる。政治的自由と経済的自由を同一視することはできないということである (Berger [1986] 1991: 78–9)。つまりバーガーの方がノヴァクに比べて、資本主義と民主主義の相関性に対してより慎重な態度をとるのである。

もちろんこうした相違は、バーガーが第一義的には理念型としての資本主義を論じているのに対して、ノヴァクが現実のアメリカ社会を直接の分析対象としていることにも由来するだろう。けれども両者の態度の違いは単なる論述の対象の別には収まりきらない。それは資本主義の宗教的な正当化の可能性にも及んでいるからである。これが第二の相違である。すでに見た通り、ノヴァクは民主的資本主義の神学の樹立を試みていた。実は、バーガーの『資本主ルの立場に近かった。バーガーは、資本主義に対する彼の立場はクリストルの著作の表題、すなわち『資本主義に万歳二唱』にはこの試みに関する注が付されている。そこにおいて彼は、「ノヴァクたちの思想が大いに信用できる資本主義の神話を生み出すという可能性には疑念を表明する」（Berger［1986］1991: 252）と述べるのである。

この言明から明らかなように、バーガーはノヴァクの立場に対して少し距離をおいている。ここで言われている「神話」とは、強い意味での正当化、すなわち「それを信じる人の一部にかなりの程度の献身や犠牲を命じる正当化」（Berger［1986］1991: 195）のことである。端的に言ってバーガーは、資本主義がこのような神話を生み出すことはできないと考える。なぜなら「資本主義は経済システムであり、それ以外の何ものでもない」（Berger［1986］1991: 206）からである。つまりノヴァクの理解とは対照的に、バーガーにとって資本主義は市場に媒介された営利活動以上のものではないのである。それは崇高な使命でも高貴な営みでもない。これはアメリカにおいてもその他の国においても変わらぬ事実であろう。そのためバーガーから見れば、ノヴァクの試みはそもそも不可能な挑戦だったのである。[11] この点においてバーガーの立場は同じ第一世代のネオコンの中でも、そのゴッドファーザーと称されるクリスト

---

［10］この問題に関して『コメンタリー』誌は、一九七八年に「資本主義、社会主義、民主主義」というシュンペーターの著作と全く同じ表題の誌上シンポジウムを企画した（A Symposium 1978）。それは保守派からシュンペーターへの痛烈な反論だったと言えるだろう。とはいえもちろん、シュンペーターが純粋な社会主義と現実のソ連の社会主義とを区別していたということ、それゆえ彼の言う社会主義とアメリカの保守派の論者が念頭に置いていた社会主義とは厳密に言って異なるものであったということは指摘しておかねばならない。ちなみにこのシンポジウムにはバーガーも寄稿しており、彼はそこにおいても次のように述べていた。「資本主義がそれ以外の何ものであろうと、また他の何事をしようとも、それは社会の中に国家という組織から少なくとも比較的離れた諸力や制度を保持する。近代国家は、人類史上最も大規模な権力の集中である。理想としての社会主義が何であろうと、その経験的実現は近代国家の権力に対する制約的要素を取り除いてしまうのである」（A Symposium 1978: 34）。

［11］そのため、バーガーの資本主義論を「伝統的な神の摂理の器としてのアメリカ理解の再生」（鈴木 1989: 84）、あるいは「アメリカの覇権主義の正当化」（鈴木 1989: 73）と見なす鈴木有郷の解釈には問題があると言わざるをえない。

歳二唱』に「完璧に描写されている」（Berger, B. & P. L. Berger 1986: 63）と述べていた。万歳二唱とは上辺だけの賛同や控え目な賛同の謂いである。クリストルもバーガーと同じく、資本主義にはそれ自体の正当化能力が欠けていると見ており、それを消極的にしか支持しなかった。[12] それに対してノヴァクは、言うなれば資本主義に万歳三唱以上の「万歳四唱を与えたのである」（Dorrien 1993: 233）。

このような両者の相違はさらに第三の、ウェーバーの議論の受け取り方にも関係している。先述の通り、ノヴァクは確かにウェーバーに批判を寄せもしたが、彼の議論は本質的にはカトリックの立場からウェーバーを継承するものであった。それに対してバーガーの『資本主義革命』には、ウェーバーからも少し距離をとろうとする言明が見られる。バーガーは同書を「ネオ・ウェーベリアン的な営為」（Berger［1986］1991: xx）と呼んだが、「それはウェーバーの遺産に対する何らかのセクト的な忠誠を意味するのではない」（Berger［1986］1991: xx）とされている。では、「ネオ・ウェーベリアン的な営為」とは何を意味するのだろうか。少し長くなるが、バーガー自身の言葉を引用しよう。

> プロテスタンティズムについてのウェーバーの論文が出されてから約八十年が経った。〔……〕その中心的主題をめぐる論争は果てしなく続きそうである。議論の大半は次の点に関わる。すなわちプロテスタントの道徳が本当に、〔……〕西洋の資本主義の発展にとって決定的に重要であったのかどうかということである。ウェーバーが非プロテスタント諸国における資本主義の発展の活力を過小評価したということはありうる。〔……〕明治維新とともに始まる日本の資本主義の成功物語、また二〇世紀におけるその他の東アジア社会の成功物語は次のことを強く示唆している。すなわち、ウェーバーは儒教文化や仏教文化の経済的帰結に関する考えにおいて間違っていたのではないかということである。おそらく、ウェーバーの出した解答のいくつかは放棄されねばならない。とはいえ、資本主義と文化の関係についての彼の問いは今まで通り重要なものである。（Berger［1986］1991: 101）

このように、バーガーはウェーバーの一連の宗教社会学の結論を受け入れることを拒む。特に東アジアの資本主義的発展に触れたバーガーにとって、儒教文化や仏教文化についてウェーバーが導き出した結論は承服できないものであった。それゆえバーガーは経済と文化の関係への視座を意義あるものとしてウェーバーから受け継ぎながら、ある部分ウェーバーに抗して、現代の水準において新たにこの問いに取り組もうとするのである。それが彼の言う「ネオ・ウェーベリアン的な営為」の意味するところであった[13]。彼にとってウェーバーの作品は決して「聖なるテクスト」

[12] 例えばクリストルは次のように述べていた。「資本主義社会は、それ自体に対する万歳二唱以上のものを求めない。実際にそれは、何らかの社会的、経済的、政治的システムに万歳三唱を送りたいという衝動を、危険な〔……〕熱狂の表現と見なす」(Kristol 1978: ix)。

[13] 「ネオ・ウェーベリアン」という呼称は、一九七〇年代末から八〇年代にかけて英語圏の社会学者を中心に流布したものである (Swedberg & Agevall [2005] 2016: 224)。スティーヴン・K・サンダーソンは次のように述べている。「ネオ・ウェーベリアン革命の一つの根本的な特徴は、そこで信奉されているウェーバーがかなり新しいウェーバーであるということである。すなわち観念論者としてのウェーバー、パーソンズ的なウェーバーが闘争理論家としてのウェーバーに置き換えられているのである」(Sanderson 1988: 308)。そこでは国家、権力、階級、闘争などの主題がウェーバーの知見を基にして論じられたという。サンダーソンはランドル・コリンズ、アンソニー・ギデンズ、マイケル・マンなどを代表的な論者として挙げている。英語圏のウェーバー研究においてこのような動向が生じてきたことの背景にはもちろん様々の理由が考えられるが、その中の一つに、従来のウェーバー研究においてはドイツ語の「Herrschaft」がしばしば「authority」という用語に英訳されてきたという事情があるように思われる。実際、概念史の知見に基づいてこの英訳による思想的影響を検討したメルヴィン・リヒターは次のように述べている。「この結果として、アメリカの社会科学者のある世代は次のような信念の中で成長した。すなわちウェーバーは、社会における正当な権威の認識の性質と結果を価値自由な用語で説明することにのみ関心を寄せた、非政治的で客観的な理論家であるという信念である」(Richter 1995: 73)。英語圏における「ネオ・ウェーベリアン」の登場は、従来のこうしたウェーバー理解へのアンチテーゼであった。だとすればバーガーは右記の人物たちとほぼ同時期に、とはいえ彼らとは少々異なる意味において、宗教社会学で「ネオ・ウェーベリアン」の立場を唱えた人物として位置づけられるだろう。なおバーガーの資本主義論とほぼ同じ時期にウィリアム・H・スワトス・ジュニアが副題に「ネオ・ウェーベリアン」と冠した編書を刊行しているが、その序文を見る限りでは、同書はバーガーの方向性に沿うものであると言える (Gustafson & Swatos, Jr. 1990: 2)。

（Scaff 2011: xiii）ではなかったのである。彼はアメリカにおけるウェーバーの楽観的な偶像化には与しなかったということである。このように見てくると、バーガーとノヴァクではウェーバーの受け取り方が根本的に異なることが分かる。言ってみれば資本主義と宗教の関係について、ノヴァクがウェーバーの解答を特にアメリカに関して受け入れたのに対して、バーガーはウェーバーの問いの方を継承したのである。

ここから両者の第四の相違が生じる。見てきたように、この時期のノヴァクは、現代のアメリカにおいてもユダヤ－キリスト教の伝統が健在であることをほとんど自明の前提としていた。彼がアメリカの多元主義の根底にユダヤ－キリスト教的な価値に基づく聖なる天蓋の存在を指摘したことが、その証左である。この事実こそ彼の民主的資本主義論の土台であった。バーガーもある程度はそうした認識に共感を抱いていたかもしれない。だが他面において社会学者としての彼は、近代社会における聖なる天蓋の崩壊という事実を早くから明瞭に認識してもいた。これは彼の博士論文や正当化の危機論においても確認したことである。それゆえバーガーにとっては、現代のアメリカにおける宗教的精神は前提とすべき事実ではなく、まさに問題そのものだったのである。『資本主義革命』と同年に著された論考において、彼は、アメリカにおいて深刻化する多元主義やそれに伴う相対主義と原理主義の出現を懸念していた[14]（Berger 1986a）。このためにバーガーは資本主義を支えるべき宗教的精神の存在を、少なくともアメリカにおいてはもはや素朴に前提とすることができなかったのである。

このようにバーガーとノヴァクの間には以上四点の相違が認められる。両者は共に資本主義と民主主義の関連や宗教の重要性を指摘しているにもかかわらず、その資本主義擁護論においては確かに以上のような相違を指摘することができるのである。とはいえ先に述べたように、両者の議論が多くの共通点を持っていることもまた事実である。資本主義をめぐる議論以外でも、福祉国家体制の容認において、また民主主義の拡大などの近代社会の達成の肯定的評価において、両者は共にリバタリアンや伝統主義者といった同時代の保守主義者のグループからは区別される。この点から言えば、二人の相違は、あくまでも第一世代のネオコンの内部での相違であったと言えるだろう。だとすれば二人の間のこうした相違について何が言えるだろうか。

ここに論じてきた相違は、一見すると些末なものに思われるかもしれないが、一九九〇年代以降のネオコンの動向とそれに対するバーガーの関係までをも考慮に入れるならば、実は大きな食い違いであったと言うことができる。本章冒頭でも示唆した通り、特にこの時期以降のアメリカにはネオコンのみならず保守主義全体に関わる大きな変化が訪れる。それはソ連の崩壊と冷戦の終結である。次章でも改めて取り上げるが、これを契機として第二世代のネオコンの登場と一部の第一世代の原理主義化が進むことになるのである。しばしば神政保守ないしは「セオコン」(theoconservative)とも呼ばれるこの原理主義的な集団の中心的人物こそ、ノヴァクやニューハウスであった。次章の内容を少々先取りして言えば、アメリカにおける宗教的精神は、その後ノヴァクにとっても問題と見なされるようになったのである。ただし彼にとって、それは復権されるべき価値の問題であった。直接的にはこれらの人々の過激化が原因となって、一九九〇年代にバーガーは彼らと、そしてネオコンそのものと袂を分かつことになるのである。

[14] バーガーはこの論考の中で、アメリカが、そこにおける「プロテスタントの社会的、文化的支配体制の終わった」、「ポスト・プロテスタントのアメリカ」(Berger 1986a: 43) になったと見なしていた。

[15] 実は『資本主義革命』の末尾において、バーガーもまた社会主義への反対が部分的に自身のキリスト教信仰に基づいていることを明かしているのだが、注意深く読むならば、それはノヴァクの主張とは全く異なることが分かる。彼は次のように述べている。「近代における社会主義の神話は歴史と人間本性の双方に関する救済の予期に根拠を持っている。〔……〕こうした神話的ヴィジョンを信じがたく思う人は、人類の集合的な未来に関してより慎み深い予期を抱き、事実上、人間の条件に関するより狭い限界を受け入れる傾向にあるだろう。〔……〕宗教的人間は歴史の中に救済を予期しない。なぜなら、彼は別の場所にそれを見出すからである。宗教的人間がユダヤ‐キリスト教の伝統に明るい限りは、彼は実際に終末論的な希望を抱いてはいるのだが、それは、人間がそれを果たそうとする政治的行為にではなく神に対して期待されているのである」(Berger [1986] 1991: 223)。この引用文から見て取れるように、バーガーにおける資本主義の擁護とキリスト教信仰との関係は、二王国論に立脚する彼の立場の反映に他ならない。言い換えるならば、それは二王国論に依拠した、革命的ユートピア主義への反対と資本主義の相対的優位性の肯定なのであって、決して資本主義社会の宗教的正当化ではないのである。

　とはいえバーガーと原理主義化していくニューハウスやノヴァクとの相違は、潜在的には一九九〇年代以前にすでに生じていたのではないかと思われる。それを示すものこそ、本章で見てきた、資本主義をめぐるバーガーとノヴァクの態度の相違である。熱狂的賛同は、ひとたび現実への失望が生じるや否や狂信的憎悪に転化しかねない。ノヴァクによる資本主義やその理想を体現するアメリカ社会の神聖視は、まさにそのような可能性を孕むものであった。そしてその可能性は、実際に現実のものとなったのである。この点において、資本主義へのバーガーの醒めた肯定とノヴァクの熱烈な賛美という対照的な態度は、まさにその後の決裂に至る彼らの未来を暗示していたと言えるだろう[15]。

　それでは、その決裂は具体的にはどのような形で訪れたのであろうか。われわれは次にニューハウスとの関係に着目しつつ、その経緯を明らかにしていこう。

第六章　政治と宗教の問題再考

前章で扱った時期、すなわち一九七〇年代から八〇年代にかけては、バーガーとノヴァクやニューハウスとの関係は比較的良好なものであり、その見解の相違も潜在的なものにとどまっていた。しかしながら彼らの関係とそれを取り巻く状況は、一九九〇年代以降に急転していくことになる。大きな政治的、社会的な文脈としては、ソ連の崩壊、冷戦の終結と共にアメリカの保守をまとめ上げていた大義名分が消滅し、保守派陣営の再編成が進んでいく。無論、その過程は保守派グループの再編であると共に分裂でもあった。そうした中でバーガーもまた、かつての仲間たちと道を違えていくことになるのである。

彼にとって、その最も象徴的な出来事はニューハウスとの決裂として訪れた。すでに述べてきた通り、ニューハウスは一九六〇年代後半から長年にわたってバーガーの対話の相手を務め、ハートフォード宣言をはじめとする諸々の活動を共にしてきた人物であった。このためバーガーとニューハウスは互いを気の置けない友人と見なしていたのだが、そのニューハウスが九〇年代以降に目指した方向に対して、バーガーは否を突き付けたのである。もちろんバーガーにとってそれは辛い経験であったには違いないものの、これを契機としてバーガーは政治と宗教の問題を改めて考究していくことになる。それは次のような主題をめぐる彼の最晩年の考察へと発展していくものであった。すなわち、他者との共生の作法やアメリカにおいて保守主義者であることの意味についての考察である。これらの問題についてのバーガーの思索の内容そのものは次章で取り上げる予定である。そのため本章ではそこへと続いていく準備的考察として、ニューハウスとの関係に焦点を合わせつつ、バーガーの思索がそのような新たな局面へと開かれていくようになった過程を明らかにする。

それにあたって本章は以下の手順で議論を進めていく。まずは一九八八年に発布されたウィリアムズバーグ憲章を取り上げ、その内容、およびバーガーやニューハウスの関心との連続性を確認する（第一節）。これは合衆国憲法の制定とヴァージニア州による権利章典の要請の二百周年を記念する事業の一つとしてヴァージニア州のウィリアムズバーグで発布された憲章であり、バーガー、ニューハウス、そしてバーガーの教え子であるハンターはこのプロジェクトの中心的なメンバーであった。この時期にはまだ良好なものであったバーガーとニューハウスの関係は、しかしながら、一九九〇年代に起こったある事件を機縁として破綻することになってしまう。それは大局的に見れば、右に述べた保守派の再編の中で生じた方針の相違であった。これが次に論じる内容である（第二節）。それでは、バーガーはなぜニューハウスの目指す方向性に反対したのだろうか。先に名前を挙げたリンカーは、ニューハウスやノヴァクたちのグループを「神政保守」（theocon）と呼び[1]、彼らがアメリカにおいて神権政治の樹立を目指していたと見ている（Linker [2006] 2007）。リンカーが言うには、バーガーはニューハウスのこうした動きに反対したというのである。この章で提示されるのはこれとは別の見解である。すなわち本書は、彼らの決別の原因は政治と宗教のあるべき結びつき方についての考えの相違にあったと主張したい（第三節）。彼らのこのような相違はウィリアムズバーグ憲章の理念に照らしてみるとより一層明らかになる。それゆえこの憲章を介して彼らの関係を見直すことによって、バーガーの批判がニューハウスの路線に対して、そしてまた彼自身の思索にとってどのような意味を持っていたのかということが明らかになるはずである。

第一節　ウィリアムズバーグ憲章

ウィリアムズバーグ憲章は、その重要性にもかかわらず、従来のバーガー研究においては一度も取り上げられたことのない論題である。それゆえこの憲章を論じること自体、バーガー研究において一定の意義を持つことであろう。これまでにこの主題が看過されてきた理由の一端は、本章で主題的に論じることになるニューハウスとの関係が、少なくともバーガーの社会学説を論じる際には等閑視されてきたという点にあるように思われる。バーガーの思索の全貌を解明しようとする本書の立場から見るならば、これは従来の研究における大きな欠点であると言わざるをえない。それに対して、政治思想史研究におけるバーガー論には、例えばリンカーのようにニューハウスとバーガーの齟齬に着目する論者も認められるものの、残念ながらリンカーの研究もウィリアムズバーグ憲章には全く言及していない。だが一九九〇年代における彼らの関係の変化を捉えるためには、ウィリアムズバーグ憲章の発布を中心として、彼らの活動を八〇年代からたどり直してみなければならないのである。

ニューハウスもその中心的なメンバーの一人として関わっていたウィリアムズバーグ憲章は、バーガーだけではなく彼のそれまでの思考とも深く関わるものであった。それでは、彼の立場はいかなるものであったのか。それを知るための格好の素材は、一九八四年に刊行された著作『剥き出しの公的空間』である。これは当時のアメリカにおいて大きな影響力を持ったニューハウスの主著の一つである。ここに説かれた議論を概観することで、政治と宗教の問題に関するこの時期のニューハウスの基本的な立場を示すことができるだろう。そしてまたそれによって、ウィリアムズバーグ憲章が彼の関心の実践的な帰結であったということも理解されるはずである。

［1］リンカーによれば、彼に先んじて初めて「神政保守」（theocon）という用語を用いたのは、ジェイコブ・ハイルブラン（Heilbrunn 1996）であるという（Linker［2006］2007: 239）。

『剥き出しの公的空間』の中心的な主張は次の文章に端的に示されている。

われわれ自身の基底的な前提は〔……〕、政治の大部分は文化の函数であるというものである。さらには、文化の中心にあるのは宗教であるということもわれわれの前提である。（Neuhaus［1984］1986: 27）

ここに明白に語られているように、彼の主張の要点は、政治という営みはその根底において宗教と不可分であるということにある。著作の表題である「剥き出しの公的空間」とは、それにもかかわらず、現代のアメリカにおいて公的領域から宗教が排除されつつあることを指摘する表現である。バーガーと同じくニューハウスも、このような事態を招いた要因の一つを「好戦的な世俗主義」（Neuhaus［1984］1986: 8）の存在に見出していた。ニューハウスはこうした状況を批判的に捉え、宗教の公的な意義を説こうとするのである。だが一見したところでは、このような行論は、政治は文化の、あるいは究極的には宗教の監督下に置かれねばならないという主張のようにも見える。すなわちそこには、神権政治の樹立を提唱しているかのような趣が認められるのである。自らの議論がそのような危うい主張と見なされることに対する懸念からであろう。ニューハウスは次のように述べて、そうした可能性ないしは意図を否定している。

間違いなくわれわれの問題は、宗教と政治が混ざるべきかどうかという古い問題ではありえない。好もうが好むまいが、それらは不可避的に混ざり合うからである。問題は、われわれが、リベラルな民主主義を破壊するのではなく蘇らせることのできるような相互行為の形式を案出しうるかどうかということである。（Neuhaus［1984］1986: 9）

ニューハウスがここで述べているのは、政治を宗教の監督下に置くこと、より直截に言えば政治を神的な秩序の中に置き入れるべきだということではない。すなわち彼は、ここにおいて神権政治的な体制の確立を求めているのではない。というのも政治と宗教は、ニューハウスの考えにあっては本来的に解きがたく絡まり合うものだからである。そのため彼が言うには、重要なのは、その絡まり合いの是非そのものではなく、その形式なのである。リベラルな民主主義を破壊してはならないという呼びかけはまさにそのことを意味している。神権政治の確立はまさしくそうした破壊につながる道であり、そのような可能性はニューハウスによって明確に退けられるのである。

確かにニューハウスのこのような立場は、ある部分において、宗教的な原理主義の主張とも通底するものである。ニューハウスが言うには、「その真理要求の公的な性質を主張することによって、原理主義は、それが宗教の私化された領域に閉じ込められることに満足しないという警告を発している」（Neuhaus [1984] 1986: 19）。彼はこの主張の正しさを認め、「原理主義の公的な主張は民主的な多元主義への攻撃であると非難すべきではない」（Neuhaus [1984] 1986: 19）と述べる。政治と宗教の密接な関係を前提とする彼にとって、宗教の公的な意義の主張は首肯しうるもの、というよりもむしろ言われるまでもない当然の事柄であった。とはいえ、ニューハウスは宗教的な原理主義の立場に手放しで賛同する訳ではない。彼は原理主義の好戦的な態度を問題視しているからである。曰く、

政治化した原理主義に対するわれわれの異論は、社会における宗教の形式というよりも、なされている主張の中身をめぐるものである。〔……〕その反論が対話へと向かう関わり合いに変化しないのであれば、われわれは、知ってか知らずか、宗教の公的な責任の信用失墜に加担し続けるであろう。（Neuhaus [1984] 1986: 19）

つまりニューハウスは、社会に分裂をもたらす原理主義の攻撃的な態度の不毛さを、換言すれば、それが他者との対話へと開かれていかないことの無意味さを批判しているのである。このようにニューハウスの立場は、公的領域に

における宗教の重要性の指摘に基本的には賛同しつつ、それがいわば内戦状態への呼び水となることを防ごうとするものであった。神権政治ないしは宗教的な全体主義体制の樹立ではなく、むしろその内部に宗教者の居場所を含む公的な対話の空間を創出すること。これが一九八〇年代の彼の基本的な方針であった。公共圏に宗教を組み込むことの重要性は、後述するように、ほぼ同時期にリベラルの側でも認められ始める論点である。だがこの時期にすでに保守に転向していたニューハウスも、宗教者として、それ以前から一貫して公共圏に宗教を組み入れることの重要性を主張していたのである。

これは、基本的にはバーガーの仲介構造論の趣旨とも合致するものであった。実際、ニューハウスはバーガーと共にハートフォード宣言の発布に尽力し、さらにはバーガーが仲介構造論を展開した小冊子の共著者でもあった。特に本書の第四章で明らかにしたように、これらはいずれも公的領域における宗教的次元の確保とその意義を説くものであった。そのため、一九七〇年代から八〇年代にかけての時期においては、二人の意図するところはほぼ一致していたと考えることができる。そのことを示しているのがウィリアムズバーグ憲章への両者の関与である。つまりウィリアムズバーグ憲章は彼らのこうした立場の延長線上に成立したのである。

それでは、この憲章はいかなる内容を持つものだったのであろうか。先に述べたように、それは合衆国憲法制定の、そして権利章典の要請の二百周年を記念する事業であった。この憲章の起草は一九八六年の秋にアメリカの宗教的指導者たちによって始められた。そのグループにはプロテスタント、カトリック、ユダヤ教徒、そして世俗主義者の指導者までもが含まれていたという。憲章の草案は二年間にわたって改訂を続けられ、最終的には一九八八年六月二五日にウィリアムズバーグで発布されるに至り、最初の一〇〇人の署名者がこれに署名した（Hunter & Guinness 1990: 125）。『ジャーナル・オブ・ロウ・アンド・レリジョン』誌に掲載された一〇〇人の署名者のリストにはジミー・カーターやジェラルド・R・フォードなどの歴代大統領の名前も確認することができ、この憲章がそれなりに大きな社会的影響力を持っていたことが推察される（Journal of Law and Religion 1990）。ニューハウスはこの憲章の起草委員会のメンバーの一人であり、またバーガーとハンターは憲章の学術顧問のメンバーであった。

この憲章の目的は次の四点にあった。すなわち、合衆国憲法修正第一条の信教の自由条項の唯一無二性を賛美すること、信仰を持つ市民、持たない市民すべての信教の自由ないしは良心の自由を再主張すること、アメリカの公的生活の中に信教の自由の居場所を確保すること、そして、深い差異を抱える人々が公的な舞台で力強く市民的に議論しうるための指導的な原理を定めることである（Hunter & Guinness 1990: 125）。これらの目的に明示されている通り、憲章の大目的は合衆国憲法修正第一条の意義を現代において改めて確認することにあった。それは、多元主義的状況の深まる中で各人の信教の自由ないし良心の自由を認めることによる、異なる信仰、価値、道徳を抱く人々の平和的共生の呼びかけだったのである。憲章では、そのことは次のように述べられている。

> それは次のような公的生活のヴィジョンの呼びかけである。すなわち、対立を合意へと導き、そこにおいて宗教的なコミットメントが政治的な礼儀正しさを強化することが可能になるような公的生活である。（Hunter & Guinness 1990: 128）

ここには、信教の自由を保証し、宗教の居場所を組み込んだ公的空間を創出するというニューハウスやバーガーの前述の目論見が明確に反映されている。

重要なのは、憲章の起草委員会のメンバーに世俗主義者が含まれていたという事実からも分かるように、この憲章が信仰を持つ人にも持たない人にもおしなべて共有されうる公共哲学の必要性を提唱していたということである。これについては起草委員会のメンバーの一人であり、その後もバーガーの主導する様々の研究プロジェクトに参加していたオズ・ギネスが明快に語っている。曰く、公共哲学という用語のこの用法は、市民宗教とは全く異なる。〔……〕大半のアメリカ人にとって、公共哲学へのコミットメントは彼ら自身の宗教的なコミットメントに根ざしているが、公的な主張はそれ自体が宗教的なものなのではない。このために、それは異なる信仰を持つ人や信仰を持たない人にも共有されうるのである。

（Guinness 1990: 9–10）

ここに述べられているのは、この憲章を導く原理それ自体は、決して何らかの宗教的な思想から導き出されているのではないということである。宗教の公的な意義を説くウィリアムズバーグ憲章の理念そのものは、宗教的な原理には立脚していないのである。その理由は、現代においては多元主義が、どれか一つの宗教的な原理に依拠しえないほどに進展してしまったことにある。宗教的、世俗的とを問わず、様々の信念、価値、世界観の多元的に並立する現代においては、ある一つの共通の宗教的原理に頼ることはできないということである。ウィリアムズバーグ憲章は、公的領域における宗教の居場所の重要性を主張する一方で、それと同時に、現代においては、もはや何らかの宗教によって社会を統合することが不可能であることを率直に認めてもいたのである。憲章はその目指すところに関連させて、そのことを次のように語っている。

その結果は、すべての宗教が排除される剥き出しの公的空間でも、何らかの宗教が国教会化、あるいは疑似国教会化される聖なる空間でもない。もたらされる結果は、むしろ市民的な公的空間であり、そこにおいては、いかなる宗教的信仰を持つ市民も、また信仰を持たない市民も、互いに民主的な言説の継続に関わるのである。

（Hunter & Guinness 1990: 140）

ここには、公的空間における宗教者の居場所を認めながら、同時に多元主義の現実を受け入れようとする憲章の立場が明示されている。引用文中の「剥き出しの公的空間」という表現にはニューハウスの影響を認めることができるだろう。またギネスは憲章のこうした立場を、ある重要なフレーズを用いて次のように述べている。

> この協定の内容は共有された宗教的信仰からは生まれない。なぜならば、最近の多元主義の拡大は次のことを意味しているからである。すなわちわれわれは、今やそうしたことが可能である地点を越えたところに存在しているということである。その代わりに、その協定の内容は普遍的な諸権利へのコミットメントから生じる。この諸権利は、その背後にある様々の信仰に様々に基づき、様々に正当化されるとはいえ、コミットメントの重なり合う合意（overlapping consensus of commitment）によって共有されるものである。（Guinness 1990: 12）

多元主義の時代における他者との共生をめぐる協定は何らかの宗教的な価値から演繹されるものではないということが、この文章に明言されている。そうした事態を象徴するのが「重なり合う合意」（overlapping consensus）という用語である。この表現は、憲章とほぼ同時期に、それに先立ってジョン・ロールズが用い始めることになる大変重要なフレーズである（Rawls 1987）。この用語を用いて多元主義という事態を重く受け止めるという点において、憲章の立場はロールズの立場と通底している。この言葉から想起される社会秩序のイメージは、例えば「聖なる天蓋」という表現がもたらすものとは対照的である。すなわちそれは、社会の全体を統合する価値が失われた多元主義の時代において、実現可能な規範的秩序のあり方を示唆するものなのである。信仰を持つ人であれ持たない人であれ、それぞれの抱く価値や世界観――ロールズの用語で言えば「包括的教説」――に従って様々に正当化される合意、そしてそれに基づく平和的な共生という状態が、この「重なり合う合意」という表現によって想定されている。その合意はもはや決して社会全体を包括しないだろう。それぞれに異なる立場から正当化され、かつ互いに折り合うことのできる内容だけが合意されるに至るのであり、この点において、まさにそれは「重なり合う合意」なのである。

それゆえに、ここで求められている合意というものは決して所与のものではない。それは不一致の中での一致を模索する困難な試みなのである。ギネスはこのことを以下のように説いている。

宗教的合意が今や不可能であるという事実は、道徳的合意は〔……〕重要なものではないし、獲得されもしないということを意味してはいない。しかしながらそれは、道徳的合意が所与のものではなく目標と見なされねばならないということを意味している。それは伝統に基づいて前提とされるのではなく、説得を通じて獲得されるものなのである。（Guinness 1990: 12–3）

社会という人間の集合体が成立するためには、多かれ少なかれ、何らかの規範が必要であろう。右の引用文は、たとえ宗教に基づく規範が調達不可能な状況であっても、道徳的な規範に対する合意が社会には不可欠であることを説いている。さらには、現代の多元主義的状況において、そうした合意は説得を通じて獲得されねばならないとされる。それはつまり、社会の拠って立つ道徳的な合意が対話を通じて形成されねばならないということに他ならない。とはいえ、無論これが容易でないことは明らかである。対話の要請は容易いだろうが、その実践は困難を極める。それゆえウィリアムズバーグ憲章においては、合意を模索するためのルールも合わせて提案されている。それは他者との共生のための作法と見なしてもいいだろう。これは四つの指針を柱としている。すなわち第一に、異議を唱える権利を主張する人は議論する責任を負うべきであること、第二に、批判する権利を主張する人は理解する責任を負うべきであること、第三に、影響を及ぼす権利を主張する人は扇動を行なわない責任を負うべきであること、そして第四に、参加する権利を主張する人は説得する責任を引き受けるべきであることである（Hunter & Guinness 1990: 141–4）。多元的な差異の尊重は単に自身の選好に従った立場表明の浅薄な容認ではない。自身の権利要求には不可避的に他者への責任が付随するのである。権利と責任が対になったこれらの指針には、総じて、対話を成立させるための条件が示されていると言えよう。これらが、原理主義に対して終始批判的であったバーガーはもちろんのこと、原理主義者の好戦的な態度に反対していたこの時期のニューハウスの立場にも合致することは明白である。それゆえ信教の自由の保証や公的領域における宗教の重要性の主張に加えて、この点においても、ウィリアムズバーグ憲章は一九八〇年代のバーガーやニューハウスの関心に密接に関わるものであったことが見て取れる。そしてまたこの憲章に示された理念が、その後のバーガーの思索の方向性を規定していくことになるのである。

このように少なくともウィリアムズバーグ憲章の発布の時期までは、バーガーとニューハウスの問題関心は一致しており、その解決のための方途も共有されていたように思われる。ところがニューハウスは、一九九〇年代以降はこの憲章に示された理念に背く（少なくともバーガーにはそう見えたであろう）ような方向に進んでいってしまうのである。

バーガーとの最初の食い違いの契機は、ニューハウスが一九九〇年の九月八日にカトリックに改宗したことによって訪れた。それまでは共にルター派の信徒として活動してきたバーガーにとって、彼に何の相談もなく下されたニューハウスのこの決断は大きな衝撃を与える出来事であった（Nuechterlein 2017）。とはいえ、もちろんそれは衝撃的ではあっただろうが、この出来事それ自体はまだバーガーとニューハウスの友情を決定的に引き裂くには至らなかったようである。彼らは新たな共同作業として、同年の一九九〇年に『ファースト・シングズ』誌という雑誌の創刊を企てていたからである。これはニューハウスが主導する保守的な宗教系の雑誌であり、バーガーは創刊時以来、同誌の編集部のメンバーを務めていた。

しかしながらまさにこの時期に、バーガーとニューハウスの間にはある溝が生まれつつあったのである。ニューハウスは一九九三年に生死をさまようほどの大病を患い療養していた他は、九〇年代にも精力的に社会的、政治的な活動を続けていた。特に病気から復帰後の彼の活動の焦点は、中絶や安楽死に対する猛烈な反対であった。彼は保守的なカトリックの立場に基づいて、同時代の教皇ヨハネ・パウロ二世が「死の文化」と呼んだものに対する激烈な反対闘争を開始したのである。これは『ファースト・シングズ』誌においても展開されており、バーガーはそれに対して徐々に懸念を抱くようになっていたという（Berger 2011: 205）。こうしてニューハウスは一九九六年に『ファースト・シングズ』誌が起こしたある事件に向かって突き進んでいくことになるのである。では、それはどのような顛末を引き起こすことになったのであろうか。

第二節　『ファースト・シングズ』誌事件

最初に、この事件が置かれていた同時代の政局を大きな視点から捉えておこう。すでに述べたように、一九九〇年前後のバーガーとニューハウスを取り巻くアメリカと世界の状況は、冷戦の終結という一大転換の時期にあった。アメリカの保守にとって、これは、反共主義という共通の大義がなくなることによって先述の融合主義の立場が徐々にその意義を失い、それに伴って保守主義者の合同が崩壊していく過程であった。そのため九〇年代に入るとアメリカの保守派内部での種々の自己定義の試みが再燃していき、それに応じて保守派の勢力図も再編されていくことになる[2]。そうした状況を最も端的に象徴する動きとしては、例えばトランプ元大統領の支持基盤の一つであったペイリオコンの台頭などがその筆頭に挙げられるだろうが、バーガーとニューハウスに深く関わるのはネオコンの第二世代の登場と一部の第一世代の変質である。とはいえ言うまでもなく、当時の影響力の大きさを考えれば、ネオコンの動静はこの時期のアメリカの保守主義を見ていく上で決して見落とすことのできない重要な論点である。

すでにいくつかの先行研究が指摘するように、冷戦末期からネオコンの内部に、グローバルな局面でのアメリカの権力の拡張を強硬に主張する人々が現れ始める（Dorrien 2004; Ryan 2010）。第二世代のネオコンとされる彼らは、アメリカの一極的な世界支配を確立することを目指し、冷戦構造の崩壊をそのための恰好の条件と見なした。すなわちドーリエンに従って述べれば、「ポスト冷戦世界の状況に対する真剣な応答」（Dorrien 2004: 5）として彼らの「一極主義的なイデオロギー」（Dorrien 2004: 4）が発展したのである。彼らはこのイデオロギーに従って、その後の二〇〇〇年代にはブッシュ政権の下でイラク戦争へと突き進んでいくことになる。

この第二世代の台頭とほぼ時期を同じくして、一部の第一世代のネオコンはアメリカ国内の政治的、文化的問題に関して原理主義的な立場を強めていく。彼らにとって冷戦の終結は、その目を対外政策から国内の問題へと転じる契機となった。つまり彼らにとっては、「一九九〇年代の政治戦争は文化に関してなされるだろうと考えられたのである」（Dorrien 2004: 14）。その際彼らにとって重大な問題と見なされたのが、中絶、安楽死、同性愛の容認といった伝統的なキリスト教的な価値に反する（と見なされた）一連のリベラルな動向であった。周知のように、バーガーの教え子であるハンターは中絶や同性愛に代表されるこうした問題の背後には、アメリカ的生活様式の定義に関するより深い対立があると述べ、それを「文化戦争」と称した（Hunter 1991）。先にも述べたように、「神政保守主義」（Linker [2006] 2007: 4）あるいは「文化戦争に携わるネオコン」（culture war neoconservatism）（Vaïsse 2008=2011: 232）と呼ばれたこの原理主義的な集団の中心的人物がノヴァクやニューハウスであった。そして彼らのこうした転回を如実に示す事件が、以下に紹介する『ファースト・シングズ』誌の事件だったのである。

すでにごく簡単に紹介した通り、『ファースト・シングズ』誌はバーガーとニューハウスによって一九九〇年に創刊された雑誌である。ニューハウスの伝記作家であるランディ・ボヤゴダによれば、同誌の運営の中心にいたのはも

---

[2] ジョージ・ホーリーによれば、第二次大戦後のある時期にアメリカの保守主義の主流派となっていった融合主義は、アメリカの保守主義として許容しうる思想的立場の境界を逸脱していた（と見なされた）種々の極右的な立場を徐々に排除していった結果として形成されたものであり、なかでも人種差別主義的な意見を露骨に示す人物は明確に批判され、忌避される傾向にあった。これはアメリカの主流派の保守主義者たちを知的に洗練された立派な人々として認めさせることには成功したものの、冷戦後に融合主義がその大義名分を次第に薄れさせていく中で、かつて排除された人々らの思想的な反逆を準備することにもなった。また融合主義の解体の大きな原因が冷戦の終結にあったことは無論言うまでもないことであるが、ホーリーはその他に、主流派の保守の中心的人物であったウィリアム・F・バックリー・ジュニアの二〇〇八年の死とコミュニケーション・メディアの新たな発展という要因を指摘している（Hawley 2016: 70-3）。

ちろんニューハウスであったが、雑誌の創刊を提案したのはバーガーであったという（Boyagoda 2015: 274）。同誌は創刊から数年を経た一九九〇年代の時点で約三万人の購読者を獲得するようになっていた。これはネオコンの牙城であり、文化的にも高い評価を受けていた前出の『コメンタリー』誌の発行部数とほぼ同じ数である（Linker［2006］2007: 88）。この数字は『ファースト・シングズ』誌の成功とそれに伴う影響力の大きさを示しており、この点において同誌は「成長しつつあった神政保守運動の最も重要な雑誌」（Linker［2006］2007: 61）であった。それだけにまた一九九六年の十一月に出された同誌の特集号も大きな反響を呼ぶことになったのだと言うことができるだろう。

問題の特集号は「民主主義の終焉？――司法による政治の簒奪」と題された誌上シンポジウムであった。ニューハウスの下で『ファースト・シングズ』誌の編集者を務め、バーガーとも共に活動していたジェイムズ・ヌェクタレインによれば、バーガーは当該の特集号のための編集会議には不参加であったという。彼は、バーガー（そして同じく会議には出席していなかったミッジ・ディクター）がその場にいたならば、その特集号の論調も必ずや違ったものになっていたはずであろうと回想している（Nuechterlein 2017）。しかしながらバーガーはその場に不在であり、特集号は会議の様子をそのままに伝える形で刊行されてしまったのである。それでは、当の会議と特集号は一体何を問題としていたのだろうか。

ヌェクタレインの振り返るところでは、その会議においては、連邦裁判所第九巡回区控訴裁判所による、自殺を幇助する憲法上の権利を宣言した――具体的には、尊厳死、安楽死を望む患者への医師による自殺幇助の禁止は違憲であることを宣言した――一九九六年の判決に議論が集中したという。この判決は後に最高裁において破棄されることになるのだが、編集会議の参加者の大半にとって、それはアメリカの司法の不吉な動向のように思われるものであった。つまりその判決は、アメリカの市民の伝統的かつ私的な道徳の領域に対する司法の不当な干渉と見なされたのである。さらにそれは会議の参加者たちにとって、アメリカの伝統的な道徳に対する司法の専制的な干渉という点において、一九七三年のロー対ウェイド判決による中絶の合法化に示唆されていた動向でもあった[3]（Nuechterlein 2017）。

すでに述べたように、この問題は九〇年代以降のニューハウスにとっての、そしてまた、彼を中心として原理主義化していった一部の第一世代のネオコンにとっての中心的な関心事であった。彼らにとって、それは伝統的、キリスト教的な道徳、倫理、価値に背く恐ろしい傾向だったのである。

ヌェクタレインやリンカーの伝えるところでは、会議が進むにつれて、参加者の間での議論はよりヒステリックで過激な調子を帯びていったようである。そうして彼らは一種の集団的な興奮の中で次第に次のことを確信するようになっていった。すなわち、アメリカの司法は、今や専制的な形で活動しており、人民の主権を強奪し、アメリカを道徳的堕落へと導き、その結果としてアメリカの民主主義を絶滅の危機にさらしているということである。ニューハウスに率いられた会議のメンバーは、同時代のアメリカの司法の動向に世俗主義的な全体主義的専制の拡大を見て取ったのである（Linker［2006］2007: 95–6）。その結果として、進みつつある司法の専制に対して明確な反対声明を出すことがその日の編集会議において決定された。これが右に述べた特集号として刊行されたものであり、それは、発刊と同時に保守派内部の各方面から激しい批判を呼ぶことになったのだった。

問題の特集号に多くの批判が寄せられたのは、そこに収められた論考の過激な論調によるところが大きい。ニューハウスによって書かれたとされる「民主主義の終焉？」号の序文は、次のようなショッキングな一文を含むものであった。

［3］　裁判所の専制という見立てと中絶の合法化という問題との関連についての伏線として、リンカーは一九九一年から九二年にかけてのペンシルヴェニア家族計画協会対ケーシー事件の判決を指摘している。というのもこれは、右に記したものと同じく、自殺幇助の権利をめぐってワシントン州の第一審連邦地裁判決も依拠していた判決だったからである。ケーシー事件は、中絶の合法性を宣言したロー対ウェイド判決が覆るかどうかが争われた裁判であったが、結局のところロー判決が覆されることはなく、裁判所に対するニューハウスたちの不信が募っていくことになったという（Linker［2006］2007: 91–3）。

アメリカはナチス・ドイツではないし、神の思し召しがあるならば、今後も決してナチス・ドイツにはならないだろう。とはいえ、次のことを否認するのは盲目的な傲慢でしかない。すなわち、ナチス・ドイツはアメリカにおいても生じうるし、特殊アメリカ的な形でここに生まれつつあるのかもしれないということである。[4]（Muncy 1997: 7）

アメリカの現行の体制をナチス・ドイツの蛮行に譬えるこの文章は、バーガーを含めた多くの保守主義者に衝撃を与えるものであった。そこにおいては、彼らのまさに保守してきたもの、そしてこれからも保守していくべきはずのものが、唾棄すべき危険な全体主義の体制に重ね合わされていたからである。だがアメリカの司法の動向に世俗的な全体主義的専制の傾向を見て取ったニューハウスにとって、その比喩は何ら不思議なものではなかった。さらにまた、このような事態に対してニューハウスが提案した方途も保守派の憤慨を呼び起こすことになった。というのも、こうした状況に対する彼の応答は良心に基づく闘争の要請というものであり、これが当該特集号の全体的な調子を規定していたからである。曰く、

現在司法によって立てられている法は道徳からの独立を宣言している。実際、以下に示されるように、道徳——特に伝統的な道徳、なかでも宗教と結びついた道徳——は公的な秩序に対する疑念であり脅威であると法的に宣言された。西洋文明の最も基本的な諸原理の中には次のような真理がある。すなわち、道徳法則を侵害する法は全く無効であり、良心において背かれねばならないという真理である。（Muncy 1997: 6）

つまりニューハウスによれば、アメリカの市民は司法の専制に対して民主主義を取り戻すべく、「不承諾から抵抗、市民的不服従、そして道徳的に正しい革命」（Muncy 1997: 7）といったラディカルな行動を起こさなければならなかっ

たのである。

ニューハウスのこうした主張こそ、バーガーの気分をとりわけ害することになった方針であった。というのもこれまでに確認してきた通り、バーガーの見るところでは、アメリカは確かにその内部にいくつかの問題を抱えているとはいえ、ナチス・ドイツに比せられるほど道徳的に徹底的に堕落するまでには至っていなかったからである。そのため「「民主主義の終焉？」号におけるそれと反対の見立ては、バーガーにとっては、軽率で無責任なものに思われたのである」（Nuechterlein 2017)。それゆえこの特集号が出されるや否や、バーガーは『ファースト・シングズ』誌の編集部から去っていくことになった。それについて、自伝では次のように述べられている。

> 最も耳障りな論考はニューハウスの論説であった。それはアメリカにおける中絶をホロコーストになぞらえており、ナチスの体制を転覆させようとする陰謀に加担したディートリヒ・ボンヘッファーの路線に従って、暴政に対して抵抗するキリスト者の権利を語っていた。〔……〕この特集号が右翼の市民軍の領域に足を踏み入れているように感じられたため、私は編集部を辞することにしたのである。(Berger 2011: 204-5)

これが『ファースト・シングズ』誌の引き起こした事件の顚末であった。

この特集号には保守の様々の論者からも批判が寄せられた。[5] しかしリンカーが言うには、多くの批判の中でも最も

[4] 以下の本文において「民主主義の終焉?」号、それに対するバーガーの批判、そして批判に対するニューハウスの応答などから文章を引用する際には、それらをまとめたミッチェル・S・マンシーの編書の頁数を示す。

[5] リンカーによれば、『ニューヨーク・タイムズ』はこの誌上シンポジウムに関する記事を三本も掲載し、その他の主要な保守系の雑誌や新聞も、少なくとも一本はこのシンポジウムに関する記事や論考を掲載したとのことである(Linker [2006] 2007: 103)。これらの論考の多くは前述のマンシーの編書(Muncy 1997)に収録されている。

痛烈な批判を寄せたのがバーガーであった（Linker [2006] 2007: 105）。バーガーは、ニューハウスたちの主たる関心は、裁判所が不当に有していると考えられる権力ではなく、その権力によってなされていることにあるのだと見ていた。すなわちバーガーは、彼らにとっての本当の問題は中絶の合法化にあると考えていたのである。曰く、「その全体的な要旨は、アメリカの体制は、それが中絶の権利を確立してしまったがゆえに、もはや正当なものではないということであった」（Berger 2011: 204）。バーガーはそのことを示すために、『ファースト・シングズ』誌への批判の中である反実仮想を述べていた。すなわち彼は次のような問いを投げかけたのである。もしもアメリカにおける中絶の問題が最高裁の判決ではなく議会の決定によって合法化されていたならば、そしてさらには、最高裁がその議会の決定に違憲判決を下したとするならばどうだろうか、と。バーガーは、その場合には、ニューハウスたちが最高裁のそうした判決を権力の簒奪と判断することは考え難いし、ましてやアメリカ政治の正当性を問う理由と見なすとは思えないと述べている（Muncy 1997: 72）。バーガーは、結局のところニューハウスたちにとっての問題は司法やそれに関わるアメリカ政治のあり方ではなく、伝統的なキリスト教的価値の行方にあることを見抜いていたのである。

このバーガーの批判は正鵠を射たものであった。というのも、それに対してニューハウスは肯定でもって答えたからである。ニューハウスは、まず最初に中絶の問題に関して自分は決して公平な観察者ではありえないと断った上で、次のように応答した。すなわち最高裁が議会による中絶の合法化に対して違憲判決を下した場合には、それは、裁判所がその義務を果たしているだけなのだ、と。つまりニューハウスにとっては、もしも議会による中絶の合法化に対して最高裁から違憲判決が下されたとしても、それはアメリカの立憲主義的な秩序における司法の正当な任務の遂行なのである。それゆえニューハウスは、バーガーの言うように議会が中絶の容認を推し進めていたとすれば、自分たちの特集号の副題は「議会による簒奪」となっていたかもしれないと述べている（Muncy 1997: 180–1）。ニューハウスは、適正な法は市民の道徳と合致したものである、いやそれどころか、そのようなものでなければならないと考えていた。それゆえ彼の考えでは、法がその道徳に背く場合には、良心に基づいてそれに反抗することは正当であるということになる。そのような立場に立つニューハウスにとって、中絶の是非、ひいては司法のあり方の問題は必然的に伝統的な道徳との関連において考えられるべきものだったのである。

このようにニューハウスは、基本的に一九九六年十一月の特集号での自らの主張の正当性を説き続けていた。かくしてこの特集号とその後の応酬が決定的な引き金となって、この事件はバーガーとニューハウスの関係――少なくとも、共通の大義や目標に向けて共闘しようとする親密な関係――に完全に破綻を来たすこととなったのである。[6] この決裂は、もちろんバーガーにとってもニューハウスにとっても落胆や失望を伴う成行きであったろうと思われる。しかしながらこれを契機として、バーガーはさらに自身の思索を深めていくことになるのである。だとすれば、彼はどのような経緯によってその思索を深化させたのであろうか。次章でその詳細を解明するためにも、次節ではバーガーがニューハウスに向けた批判の意味を明らかにしておかねばならない。

第三節　バーガーの批判の意味

バーガーによる批判にはいかなる意図があったのだろうか。幾度か言及しているリンカーの見立てに従えば、バーガーがニューハウスの議論に見出した問題点は、神権政治的な体制の要請ということにあった。リンカーは、ニュー

---

[6] バーガーの自伝では次のように語られている。「しばらくの間、われわれはネオコンの環境に居心地の良さを感じていた。〔……〕一九八六年にブリギッテと私は『コメンタリー』誌に「われわれの保守主義と彼らの保守主義」という論考を発表し、その中で、古い社会的、文化的保守主義者とわれわれの相違を詳論した。〔……〕ここには皮肉があって、〔……〕その頃からネオコンたち自身がまさにそうした保守主義者との同盟を結び始めていたのである。彼らは、はじめは性の政治の領域においてそうなり、後にはジョージ・W・ブッシュの危険な対外政策を支持するようになった。〔……〕中絶やその他の大半の重要な問題に関するわれわれの中道の立場はいたるところで彼らとは合わないものであった」(Berger 2011: 203–4)。この引用文中の「ネオコンたち」がニューハウスを中心としたグループを指すことは言うまでもない。

ハウスらの議論に暗示されるものは「アメリカの政治と文化が組織的に世俗主義を取り除かれ、アメリカが徹底的にカトリックのキリスト教国としてつくり直される未来」（Linker［2006］2007: 178）であると考えていた。それゆえ彼の見立てに従えば、バーガーも、ニューハウスの真に望むことは正統主義的なカトリックの道徳的教説にアメリカが従うことであると見なし、それに反対したというのである。リンカーに先立って「神政保守」という用語を用いたジェイコブ・ハイルブランも同種の見解を示している（Heilbrunn 1996: 21）。リンカーやハイルブランのこうした見解は、一見したところ理解しやすく、また納得のいくものであるように思われる。しかしながら果たしてこのような解釈は、バーガーやニューハウスの議論に照らしてみて妥当なものだと言えるのだろうか。

結論から述べれば、本書は、ある面においてバーガーとニューハウスの関係において右のように解釈しうる部分があることは事実だとしても、彼らによる見立てにはまだ不十分な点があると考えている。すなわちニューハウスに対するバーガーの決別には、バーガーが単にアメリカのキリスト教国化に反対したということ以上に深い理由があると考えられるのである。本書がこのような見解を提示する根拠は次の二点にある。まず第一に、世俗主義の脅威を認め、宗教の社会的な意義を肯定するという点においては、バーガーもニューハウスも同じ立場にあったということである。そのことはこれまで時系列順にバーガーの軌跡をたどってきたわれわれには明らかであるし、さらには、彼らが中心になって発布したハートフォード宣言に特に明示されていたと言える。要するにキリスト教的な価値を組み込んだ社会秩序の構想などは、一九九〇年代になって突如として彼らの間に現れた訳ではないのである。それゆえキリスト教的な価値や道徳の重要性それ自体に関しては、バーガーは九〇年代以降もそれ以前と変わらずニューハウスに近い考えを持っていたのではないかと推察される。それだからこそ、微妙な食い違いを孕みつつも、九〇年代の半ばまでは両者の様々の共同作業が生み出されたと思われるのである。とはいえ、もちろんこれだけでは従来の解釈に対する異論としては弱すぎるだろう。より重要なのは第二の点である。

第二の点は、神権政治的な全体主義の体制をめぐるバーガーとニューハウスの考えに関わる。これに関しては次の事実がとりわけ興味深い。すなわち本章第一節で確認した通り、ニューハウスは、少なくとも一九八〇年代以来、『剥き出しの公的空間』などでアメリカの宗教的な原理主義の神権政治的な傾向を批判し続けてきたということである。それはニューハウス自身の歩みについての自己理解とも合致していた。彼の伝記作家によれば、ニューハウスは、『ファースト・シングズ』誌において自身が「神政保守」というラベリングを与えられることにくり返し反論していたとのことである。しかも彼は、自らの目指してきたものは決して神権政治的な体制の樹立ではなく、むしろリベラルな民主主義的伝統の刷新、および宗教的知識に基づく道徳的確信を組み込んだ公的空間の創出であると述べていたというのである。これもわれわれが確認してきた通りである。要するにニューハウスは、アメリカは神の下にある国家であるとは述べたが、決してアメリカが神の国であるとは主張しなかったということである（Boyagoda 2015: 376–7）。そのためこの事実に照らしてみれば、ニューハウスを単に宗教的な全体主義者と見なすことはできないはずである。

この点に関して実はバーガーの考えにおいても、宗教的な全体主義は、少なくともアメリカのような近代社会においては実現の可能性の低いものであるとされていた。これは社会学者としての彼の洞察である。バーガーの著作に親しんでいる読者には馴染みの深い議論であろうが、彼はその著作のいたるところで、近代社会において「聖なる天蓋」のようなものの再確立はもはや不可能である、あるいは少なくともその成功の可能性は極めて低いだろうということをくり返し述べていた。というのも、近代社会の生み出す様々の諸力、例えばコミュニケーション・メディアや輸送手段の発達、およびそれに伴う多様な他者との交流の増大が、そのような包括的な世界観の確立を甚だ困難なものにするからである。端的に言えば、近代社会のもたらす多元化の諸力がそれを実現の可能性の薄いものにするのである。それゆえバーガーの見るところでは、宗教的、世俗的とを問わず、近代社会において確固たる純粋な包括的世界観を維持しようとするのであれば、セクト化の道を選ぶ他はない。しかしながらそれはセクトの外部との交流をできる限り絶とうとする試みであり、そのことを裏返して言うならば、それは、当のセクトが社会的な重要性を持つ可能性をほぼ断念するということを意味している。このためいずれにせよ、バーガーにおいては、宗教的な原理主義が普通一般の人々を強く惹きつけるほどの大きな意義を有した現実的な脅威となる可能性は低いと見なされていたのである。これは、たとえニューハウスたちが神権政治的な体制の樹立を目指していたとしても、おそらくそのこと自体はバーガーにとってあまり真剣に懸念すべきものではなかったのではないかということを示唆している。その試みは単に失敗に終わるか、現実的に意味のない試みとなってしまうからである。もっとも、それは、原理主義的な試みが現実の社会にいかなる損害も危難ももたらしえないということではない。だがそうした試みの実現の可能性を考えてみれば、バーガーがニューハウスの全体主義化の路線に反対したという見立てには、その議論と少々そぐわない点が含まれているように思われるのである。しかしそうだとすれば、バーガーはニューハウスの方針のいかなる点を承服しがたいものと見なしたのであろうか。

これに関しては、まさに右に述べてきた二つの論点が手がかりを与えてくれるだろう。見てきたように、バーガーはニューハウスと同じく、宗教者の居場所を組み込んだ公的空間を創出することの必要性および重要性を認めていた。より直截に述べれば、彼らはキリスト者として、そのキリスト教信仰に基づく主張をしうる対話の空間を要請していたということである。ここまでは両者が意見を同じくするところである。不一致はその先にある。右に述べた通り、バーガーは、その結果が全体主義化であれセクト化であれ、原理主義的なアプローチにはほとんど期待をかけていなかった。キリスト教的な価値の意義や重要性を認めるものの、バーガーは決してそれを実現するための方途として原理主義を認めることはなかったのである。本書は、これこそがバーガーとニューハウスの対立の真の源泉であったと考える。くり返せば、ニューハウスはアメリカにキリスト教的な全体主義の体制をもたらそうとは考えていなかったし、バーガーもそのことはよく承知していたはずである。つまり両者の相違は神権政治的な体制の是非ではなく、政治的なアプローチの仕方にこそあったのである。換言すれば彼らの見解の不一致は、信仰を持った者が現実の社会にいかにしてアプローチするのかという問題、すなわち政治と宗教のあるべき結節の様態をめぐるものであったということである。

『ファースト・シングズ』誌の特集号に対する批判の中で、バーガーは、彼自身も実は心情的には中絶容認派よりも中絶反対派の意見に、すなわちニューハウスたちの意見に近い立場にあることを告白している[7]（Muncy 1997: 73）。ただしそうした立場に基づく行動のためにバーガーが望むのは、激烈な調子で社会に分裂と闘争をもたらそうとする呼びかけではなかった。つまりニューハウスに対するバーガーの批判は、何よりもそのラディカル化の傾向に向けられていたのである。確認したように、バーガーは、もしも保守主義がそのような傾向を帯びるならば、それはセクト化の道を進まざるをえないと見ていた。すなわち、

> いかなるラディカル化の雰囲気も、特に保守主義者を自認する人々によってまとわれることなどあってはならない。さもなくば保守主義の政治にとっての真の機会は長らく失われてしまい、保守主義はセクト主義的な下位文化に委ねられてしまうだろう。（Muncy 1997: 70）

自らの信奉する価値に対する熱意が大きければ大きいほど、またそれにもかかわらずその価値の実現が絶望的であればあるほど、それだけ一層、状況に対する応答は過激な雰囲気を帯びざるをえないのかもしれない。しかしながらバーガーによれば、それは狂信的なセクト化ということに他ならない。それは現実の社会における望ましき価値の普及という点から見れば、目指すべき目標からの後退なのである。それゆえ、バーガーは次のように述べる。

「価値」に関わる問題に関して保守主義者に託されているのは、交渉不可能な絶対的原理を提唱するラディカル

[7] とはいえ無論バーガーは、ニューハウスたちのように伝統的な道徳的価値の絶対性を墨守しようとはしなかった。実際彼はある箇所で、自らが「中絶に関して常に中道的な立場をとってきたし、同性愛に関しては明らかにリベラルな立場である」（Berger 2001: 191）とも明言している。

化の雰囲気に陥ることなく、正しく保守的な立場を説明することである。そのような立場が有権者の広範な層を説得しうると筆者は考えている。〔……〕別言すれば保守主義者に託されているのは、政治的に現実味のある社会的、文化的な綱領を建設することなのである。（Muncy 1997: 73–4）

ここでバーガーが説いているのは、セクト化とは正反対の道筋である。すなわち彼は、ラディカルな論調をまとうことなく、自らの信ずる価値の実現に向けて根気強く、辛抱強く、社会に訴えかけていくことを提案しているのである。これは異なる価値を信奉する他者との対話を重んじる姿勢であると言ってもよいだろう。すなわち教条的に原理原則を振りかざすのではなく、その場その場でのプラグマティックな折衝を積み重ねていくという道筋である。セクト化の道が、いかなる手段を用いるにせよ、ともかくも他者との関わり合いをできる限り絶とうとする選択肢であるとすれば、バーガーの提案するのはそれとは真逆の選択肢なのである。

右記のことを政治的なアプローチの仕方という角度から言い換えるならば、次のようにまとめることができる。すなわち価値の実現という点に関して、バーガーが責任倫理に基づく目的合理的な行動を提案しているのに対して、ニューハウスや彼を中心とするラディカルな保守主義者は心情倫理に基づく価値合理的な行動を選んだのである。ニューハウスが心情倫理において政治と宗教のより直接的な結びつきを求めたとすれば、反対にバーガーは責任倫理においてそれらのより間接的な関係を要請したということである。その結果が彼らの食い違いとして、つまり心情倫理に従ったラディカルな保守というニューハウスの路線と、責任倫理に則った現実主義的な保守というバーガーの路線との相違として現れたのである。ここにおいてバーガーは、かつて左派のラディカルに批判を向けたのと同じようにして、右派のラディカルをも批判している。それゆえラディカルな傾向や論者に対して責任倫理に則った批判を向けるという姿勢は、バーガーの中で一貫したものであったと言える。まさにこのような相違がバーガーとニューハウスの決裂の根底にあったのである。

ここに述べた本書の解釈を支えてくれるものこそ、ウィリアムズバーグ憲章の理念に他ならない。ウィリアムズバーグ憲章を見てきたわれわれには、バーガーがニューハウスに批判を寄せた理由がはっきりと理解できるだろう。ウィリアムズバーグ憲章は、合衆国憲法修正第一条に基づいて信教の自由の重要性を宣言すると共に、他者との共生の作法を説くものでもあった。端的に言って、ニューハウスの行動は対話に基づく平和的共生という憲章の理念から逸脱するものだったのである。というのも、それは社会に分裂と闘争をもたらそうとする過激な要請だったからである。もしかするとニューハウスとしては、彼の行動自体が信教の自由に基づくもの、それゆえ基本的な権利として容認されうるものであると考えていたのかもしれない。けれどもバーガーにとって、抵抗や革命の呼びかけまでをも含むその主張は許容しうる限度を超えたものだったのである。この点において、バーガーはウィリアムズバーグ憲章の理念に則してニューハウスを批判していたと見なすことができる。バーガーとニューハウスの決裂に関してここに述べた解釈は、従来のバーガー論では全く指摘されてこなかったことなので、ここで特に強調しておきたい。[8]

[8] ここに述べてきたバーガーとニューハウスの相違は二〇〇〇年代以降のアメリカ政治へのそれぞれの態度にも反映されていた。より具体的に言えば、ニューハウスが一九九〇年代末からジョージ・W・ブッシュとの交流を深め、彼が大統領に就任した後はその政権を熱烈に支持したのに対して、バーガーはブッシュ政権には一貫して批判的な姿勢を示していた。特にニューハウスは九・一一以降のテロとの戦いをアメリカの正義の宗教戦争として積極的に支持していた（The Editors 2001）。それに対して、バーガーは当時の対外政策を次のように述べて厳しく批判していた。すなわち、「私は第三世界におけるアメリカの政策のすべてに対して無批判的である訳ではない。それは若き日のヴェトナム戦争への反対からジョージ・W・ブッシュのウィルソン的な民主主義至上主義（democratism）に対する異議にまで続いている」（Berger 2011: 176）。また国内政策に関して言えば、ニューハウスはいわゆる「思いやりのある保守主義」というブッシュ政権の政策——社会問題の解決を教会や慈善団体に委ねるという政策——に示唆を与えた。一般にバーガーとニューハウスの仲介構造論はブッシュ政権のこうした社会政策の思想的基盤になったと見なされており、ニューハウスもそのことを誇りに思っていたというのだが（Boyagoda 2015: 202）、しかし実際のところバーガーは、ニューハウスとは対照的に自身の議論の影響力に関しては控え目な評価を下しており、ブッシュ政権の実際の政策も積極的に支持しようとはしなかった（Berger 2011: 152）。

ニューハウスとのこのような決裂を一つの機縁として、一九九〇年代以降のバーガーはウィリアムズバーグ憲章の理念を実現するための方途を模索していくことになる。それは合衆国憲法修正第一条に則した他者との平和的な共生のための条件を探る試みであった。そこで次章では彼の思索におけるこの新たな局面に光を当てていくこととしよう。

第七章　中道の立場を求めて

晩年のニューハウスが特に執心した中絶や同性愛といった問題は、アメリカにおいて現在に至るまで保守とリベラルを二分し続けている。この点において、まさしくニューハウスの原理主義化はアメリカ社会の分極化という事態を象徴するものであった。分極化の度合いが深刻になればなるほど、双方の陣営の論調はより一層過激なものになり、またそれにつれて、互いが折り合うことのできる妥協点を見出すこともさらに困難を極めていく。ハンターの「文化戦争」という用語は、このような状況を如実に捉える巧みな表現であった。こうした難しい状況の中で、最晩年のバーガーは、彼が「平和の公式」（formulas of peace）と称した理想の社会像についての構想を練り上げていくことになる。本章は彼のそうした構想の内容と意義の検討を中心的な主題とする。

それでは、バーガーの規範的な社会構想はどのようなものであったのか、また、それは彼の社会学理論とどのような関係にあったのか。こうした問題を解くにあたっては、ハンターとの関係が重要な論点になる。というのも右記の「平和の公式」に関わるバーガーの思索は、部分的にはハンターの議論との対話の中で積み上げられていったと見なしうるからである。バーガーの最晩年の思考に影響を及ぼした現実的、具体的な機縁がニューハウスとの決裂であったとすれば、それにとっての理論的、思想的な契機はハンターの議論であったと言えるだろう。抽象的な言い方になるが、バーガーにおいてこの思索は「相対主義と原理主義の間」の模索という形で進められた。それは、ある価値に確固として基づきながらもその価値を絶対化することのない中道の立場の探求であり、異なる価値を抱く他者との共生の方途を模索する試みであった。それはまた、いかにしてウィリアムズバーグ憲章の理念が現実の社会において実現されうるかという問題をめぐる思考であったと言ってもよい。以上のような問題設定が最晩年のバーガーの思索を導いていた。本章ではその詳細を明らかにすることによって、彼の知的格闘の最終的な到達地点を見定めておきたい。

そのために本章は以下の順序で論述を進めていく。まずはバーガーの思索を新たな局面へと開いていく契機となったハンターの文化戦争論を概観する（第一節）。次いで、それがバーガーの仲介構造論に対する鋭い批判をも含んでいたことを確認し、バーガーがハンターからの批判を受けて自身の議論をいかにして修正しようとしたのかを明らかにする（第二節）。そして最後に、この修正に基づいて、バーガーが「平和の公式」ということでいかなる社会を構想していたのかを解明する（第三節）。彼のこのような営為は、アメリカの困難な状況を明確に自覚しつつ、その歴史的、思想的な遺産を何とかして保守しようとする試みであった。以上の論究を通して、バーガーの最晩年の思索の内容とその到達点を明らかにすることができるだろう。

第一節　ハンターの「文化戦争」論

ウィリアムズバーグ憲章以降もいくつかの研究プロジェクトにおいてバーガーと活動を共にしていたハンターの議論は、一九九〇年代以降のバーガーが「平和の公式」を求めて規範的な現代社会論を展開していく際の重要な対話の相手であった。もちろん本書でこれまでに確認してきたように、理想の社会像の探求は一九七〇年代の仲介構造論やハートフォード宣言以来のバーガーの関心であった。彼はそれを九〇年代にさらに発展、深化させようとしていたのだが、まさにその契機となったのがハンターの議論だったのである。

一九九一年の著作でハンターが用いた「文化戦争」という用語は、今やアメリカ社会を語る際に広く言及されるものとなっている。彼の著作が出された翌年の一九九二年の共和党全国大会で、その年の大統領選挙の共和党の指名候補を争っていたパトリック・ブキャナンがこの用語を用いたというエピソードも今ではよく知られている。とはいえ、ブキャナンを含む保守の政治家や論客たちが主として闘争を呼びかけるスローガンとしてこの用語を用いたのに対して、ハンターは現代のアメリカ社会を分析するための重要な概念としてそれを用いていたという点には注意しておくべきである。だとすれば、ハンターはこの用語によってどのような事態を描き出そうとしていたのだろうか。

言うまでもなく、前章で確認した一部の第一世代のネオコンを含む原理主義的な立場の台頭は、この時期のアメリカの政治的、文化的動向の一面でしかない。保守派の陣営内部での勢力図の再編の外では、一部の保守派の過激化に呼応するようにしてリベラルの側も好戦的な態度を強めていったからである。無論保守派の全体が過激化した訳ではなかったのと同じように、リベラルの全体までもが過激な調子を強めた訳ではない。とはいえ、保守派の部分的な原理主義化とほぼ時期を同じくして、一部のリベラルがラディカル化していったことは事実であると言っていいだろう。その結果として、様々の問題に関する両派の対立は深く、深刻なものになっていった。かくして家族、教育、メディア、芸術、法、選挙政治といった種々の文化的領域において現在にまで続くアメリカ社会の分極化が進展していくことになった。ハンターはこのような状況を文化戦争という言葉で形容し、それに分析を加えたのである。

ハンターの用いた文化戦争という用語はもちろん一九世紀末のドイツにおける「文化闘争」(Kulturkampf) を念頭に置いたものである。だがこの二つの用語はその意味内容において重なり合いつつも微妙にずれている。周知のように文化闘争とは、一九世紀末のドイツにおいて、反プロイセン分子の集まるカトリック教会に対して行なわれた抑圧政策である。だがハンターが言うには、今日のアメリカで生じている文化戦争においては、もはや対立軸はプロテスタントとカトリックの間にあるのではない。今や敵対関係はより複雑で多様な文化の担い手の間に生まれているという (Hunter 1991: xii)。これが一九世紀末のドイツと二〇世紀末のアメリカとの大きな相違なのだが、しかしそれにもかかわらず、ある重要な点においてそれらは類似した側面を持っているとハンターは述べる。それは、文化闘争が、そのより深い次元においてドイツ帝国の統一とドイツ国民のアイデンティティをめぐる争いであったという点に関わる。これと同じようにしてアメリカの文化戦争においても、様々の具体的な問題をめぐる対立の深層において、「われわれがアメリカ人としてどのように自らの生を共に秩序づけるのか」(Hunter 1991: 34) ということが争点となっているというのである。すなわち複雑かつ多様な諸問題をめぐる表面的な対立の背後には、アメリカ社会の意義、アメリカ人としてのアイデンティティ、およびそれらを支える根源的な価値の理解に関わる、より根本的な対立があるということである。曰く、

今日論じられている諸問題——中絶、育児、芸術のための基金、アファーマティブ・アクションと割当て制、同性愛者の権利、公教育における価値、多文化主義——における政治的不一致の核心は、究極的かつ最終的に、道徳的権威の問題にまでさかのぼることができる。道徳的権威ということで筆者が意味しているのは、人々が善悪、正邪、容認することが可能か否か等を決める際の規準である。(Hunter 1991: 42)

これがハンターの文化戦争論の要点の一つである。そうであるとすれば、なぜ二〇世紀末以降のアメリカにおいてそのような深刻な対立が生じつつあるのであろうか。端的に言えば、それは聖書の文化に基づくかつての宗教的、道徳的な合意が失われたからである。そのことは、現在の文化戦争における対立軸がそれまでの文化的な対立軸とは異なるものになりつつあることに示されている。

ハンターによれば、これまでのアメリカ史の大半を占める文化的な敵対関係は「聖書の文化の境界の内部で」(Hunter 1991: 42)、すなわち無数のプロテスタントの諸宗派、カトリック、そしてユダヤ教徒の間で生じていた。そのため明らかな対立が存在するにもかかわらず、これらの集団の間の対立の基底には、「共同体や国家における生活

の秩序についての基本的な合意、すなわち聖書的な象徴や表象によってつくり出された一致」（Hunter 1991: 42）が存在した。それゆえにこそ第二次大戦後の一九五〇年代のアメリカにおいて、ハーバーグが描き出したような宗教復興が生じえたのであろう。しかしながらハンターの見るところでは、今やこの合意は崩れてしまっている。それは、バーガーも「ポスト・プロテスタントのアメリカ」という言い方で捉えようとしていた状況であった。この結果として、「アメリカ人としてのわれわれは何者なのかということについてのわれわれの最も根本的な観念が、今や食い違っているのである」（Hunter 1991: 42）。

それに伴い、聖書的文化の内部での対立に代わって現在新たに現れているのが「アメリカ文化における二極化する衝動ないし傾向」（Hunter 1991: 43）である。ハンターはそれを「正統主義への衝動と革新主義への衝動」（Hunter 1991: 43）と呼ぶ。この二極化の傾向が文化戦争を招き、アメリカ社会の分極化をもたらしつつあるのである。なぜなら、アメリカの意味を根本的に規定する道徳的な権威に対して、これらはそれぞれ全く異なるアプローチをとるからである。

正統派のアプローチに共通する特徴は「外在的で、定義可能で、超越的な権威への傾倒」（Hunter 1991: 44）である。それはいわば「上から来る永遠の」（Hunter 1991: 44）道徳的権威を信奉しているのである。それに対して革新派のアプローチは、「現代生活において支配的な前提に従って歴史的な信仰を象徴化し直す傾向」（Hunter 1991: 44–5）を共有している。すなわち革新派は、道徳的な権威は特定の宗教的、文化的な伝統と現代的生活との対話や折衝の中から生まれてくると考えているということである。この正統派と革新派の立場は、政治的にはそれぞれ保守とリベラルの立場に対応するとハンターは言う。逆に言えば、種々の具体的な問題に関する政治的な対立の背後には、道徳的権威をめぐる以上のような深い分裂があるということである。ハンターによればこの正統派と革新派の対立が、かつての聖書的文化内部の対立に代わって、プロテスタント、カトリック、ユダヤ教徒、さらには世俗主義者のグループを横断して生じつつあるという。つまり今やアメリカ社会において、新たな分断線は、正統派のプロテスタント、カトリック、ユダヤ教徒、世俗主義者と革新派のプロテスタント、カトリック、ユダヤ教徒、世俗主義者の間に走っているというのである。これがアメリカの文化戦争における新たな、そして最も大きな対立軸である。

これらのことを示した上で、ハンターはこの文化戦争における政治、文化、宗教の一体性を指摘する。もちろんここで言う宗教とは宗派に基づく狭い意味でのそれではない。文化戦争の中心にはより広い意味での宗教に類似する点があるということである。曰く、

というのも政治は、その大部分が文化（競争する価値、観念、そしてしばしば価値に基づく利害）の表現だからである。だが文化の中心にあるのは宗教、すなわち信仰の体系である。そして宗教の中心にあるのは、世界についての真理要求なのである。〔……〕（政治の本質たる）権力をめぐる闘争は、その大部分において、真理要求の間の闘争であり、この要求は、その内容においてという訳ではないにせよ、その性質において本質的に宗教的なものである。（Hunter 1991: 57-8）

ハンターのこうした指摘はニューハウスの議論を想起させるものであろう。前章で見たように、ニューハウスも『剥き出しの公的空間』において、政治は文化の函数であり、文化の中心には宗教があると論じていた。実際、保守的なカトリックの教説に基づいて中絶や安楽死の容認に対する激しい抵抗を呼びかけたニューハウスの立場は、ハンターの言う正統派の立場に極めてよく合致するものである。われわれはこの点にニューハウスとハンターの同時代性を見て取ることができるだろう。両者はアメリカ社会を二分する諸問題に対してそれぞれの立場から向き合っていたということである。すなわちその問題に関して、ニューハウスが当事者として激烈な闘争を呼びかけたとすれば、ハンターは観察者としてその闘争を分析しようとしていたのである。

しかしまさに右の引用文に記されたこうした特徴のために、文化戦争においては、双方の陣営が折り合うことので

きる妥協点を見出すことがほとんど不可能になってしまう。ハンターが言うには、「政治的問題に関してならば、妥協は可能である。しかし究極的な道徳的真理の問題に関しては、妥協は不可能なのである」（Hunter 1991: 46）。ハンターの特徴づけに従えば、道徳的な権威の由来に関して、正統派が超越的な源泉を主張するのに対して、革新派は人間による条件的、相対的な解釈を主張するということであった。ハンターは、このような対極的な世界観の間に妥協点が成立することはほとんど不可能であろうと考えるのである。彼は次のように述べている。

> 民主主義における政治と公共政策の現実は、良くも悪くも、公的な議論と討論から生まれる妥協である。だがそうした議論は、対立する陣営によって用いられる道徳的な言語が全く正反対であるときには、実現不可能であるように思われる。〔……〕互いの問題について語る際の道徳的な言語がかくも対立するならば、政治的解決策は社会学的には不可能であるように思われるのである。（Hunter 1991: 129–130）

正統派と革新派はそれぞれ全く異なる別個の世界に生きている。そして別々の世界に住む人々の間では、現実的に、対話という営為がそもそも成立しえないかもしれない。それが右記の引用文に述べられていることである。アメリカ社会の分極化の中にこのような深刻な事態を見出したからこそ、ハンターはそれを文化戦争という言葉で捉えようとしたのであった。[1]

重要なことに、ハンターのこうした文化戦争論にはバーガーに対する鋭い批判も含まれていた。バーガーへのハンターの批判は複数の論点にわたってなされており、次節でも改めてそれに触れるが、ここではさしあたり、文化戦争状況においてはもはや妥協が限りなく不可能に近いとハンターが見ていたということに触れておこう。それは端的に言って、ハートフォード宣言や一九七〇年代の仲介構造論においてバーガーが説いていたような寛容な態度が、現実的には不可能であるということの確認に他ならない。その理由は簡潔明瞭である。すなわち、バーガーの考えていた寛容な態度の源泉、すなわち聖書の文化に由来する宗教的な合意が崩壊してしまったからである。本書第四章で見たように、少なくとも一九七〇年代の時点では、人間と現世に対する超越的な次元の認識ないし感覚を再生させることが、逆説的にも他者に対する寛容な態度の醸成に寄与しうるとバーガーは考えていた。しかしながらハンターは、今やこうした想定を支える根拠そのものが多元主義の進展の中で完全に崩れつつあると見た。もちろんバーガー自身も、特に八〇年代以降はそのような多元主義的状況をはっきりと自覚しつつあったようにも思われるのだが、ハンターは文化戦争論において事態の深刻さを、すなわち、バーガーの説いていた寛容論の実現不可能性を明言するのである。

そのことを明示するように、ハンターはその著作の末尾で、アメリカの文化戦争という事態を明確に多元主義の問題として定式化している。すなわちハンターにおいて、それは「道徳的多元主義と民主主義の理想」（Hunter 1991: 295）の問題として定式化されるのである。それは次のような問いである。すなわち「多からなる一（E pluribus unum）という民主主義の理想は、多元主義が無限に拡大するように見えるときに、また、道徳的、法的合意の伝統的な源泉がもはや信用できず当てにならないというときに、いかなる形で真に効力を発揮しうるのか」（Hunter 1991: 307–8）という問いである。「多からなる一」はアメリカの国章にも刻まれている言葉であり、アメリカそのものを意味する標語である。そのためここでは、文化戦争という事態に表された深刻な多元主義的状況が現代のアメリカにおける極めて大きな挑戦であることが述べられているのである。この挑戦を前にしてハンターは、平和な多元主義を維持するための公共哲学の確立を提唱する。曰く、

> 文化的闘争は支配をめぐる闘争であるかもしれないが、それは比較的自律した公共哲学の創出と制度化によって回路づけ、公平なものにすることができる。刷新された公共哲学をめぐる同意が形成されれば、法的、政治的機構は言うまでもなく、真の平和な多元主義を維持するための公的言説の文脈が確立されうるのである。（Hunter 1991: 307）

ハンターはここにおいて多元主義的な状況下での平和的共生を可能にするための公共哲学を要請している。これは『文化戦争』の続編である『銃撃が始まる前に』においても再び提起されている課題であり、彼にとってそれが極めて重要なものであったことが察せられる。しかも特に同書の第九章に明示されているように（Hunter 1994: 239–40）、ハンターのこうした主張はウィリアムズバーグ憲章の理念に従ったものであった。ここから分かるように、ハンターの文化戦争論はウィリアムズバーグ憲章の問題設定と理念に沿う形で展開されており、また、それは彼にとって極めて重要な喫緊の問題だったのである。本章の目的にとって重要なことに、この事実は、一九九〇年代以降の時期にハンターとバーガーが同じ問題関心を共有していたということを意味している。このためハンターの議論が、バーガー

[1] 実はハンターの文化戦争論には、その著作の刊行以来、文化戦争なるものは現実には存在していないという批判が絶えず寄せられてきた。批判者たちがくり返し主張してきたのは次のことである。すなわち、普通の中産階級のアメリカ人の大半は種々の政治的、文化的な論争に関してどちらかと言えば中道的で穏健な見解を持っており、ハンターが言うほどの分極化は存在しないということである（Wolfe 1998; Fiorina et al.［2005］2011）。けれども重要なことに、これはハンター自身も認めている事実であった。換言すれば、アメリカ人の全体が左右の両極に分裂している訳ではないこと、穏健な意見を持った人々が大半であることなどはハンターの議論の前提なのである（Hunter 1991: 43）。文化戦争論におけるハンターの問いはまさにその先にあった。すなわち、そうした事実があるにもかかわらず、なぜ中道的な立場に立つ普通の人々の声は公的な議論においてかき消されてしまうのか、なぜ過激な意見ばかりが流布してしまうのかという問いが、彼の文化戦争論を貫いているのである。この問いに対する彼の解答はこうである。ハンターによれば、知識人をはじめとする知的、文化的なエリートは、精巧な意味体系とそれを首尾一貫したものにする語彙とを発展させ、明瞭化することに秀でている。それはつまり、文化戦争は公的かつ大々的な論争として種々の場面で生じているが、この公的な議論において用いられる用語に枠組みを与えているのは、まさにそうした知的、文化的なエリートだということである（Hunter 2006: 28）。このような知的、文化的なエリートの例としては、例えば知識人の他にも様々の市民活動団体の指導者や専従者が挙げられるだろう。これらのエリート、特に活動団体の指導者などは、自身の立場に種々の利害関係が絡んでくるということもあり、その立場を先鋭化させ、主張の内容を極端かつ過激なものにする傾向にある（Hunter 1991: 43）。エリートの持つこのような能力と傾向が文化戦争を生み出し、それをさらに助長していく力学となるのである。

がその思索を展開する際の重要な対話相手であったと想定することも許されるのである。

それではバーガーは、彼の教え子による文化戦争論にどのような形で応じようとしたのであろうか。それを解明していく中で、バーガーに対するハンターの批判もさらに明らかになっていくはずである。

第二節　バーガーの応答

ハンターの文化戦争論はそれまでのバーガーの議論にどのような問題を突きつけることになったのだろうか。それが寛容という態度の成立する余地に疑義を投げかけるものであったということはすでに述べたが、ハンターの議論がバーガーの〈つくり／つくられ〉論全体に対して持っていた意味をここで改めて確認しておこう。本書の第四章で確認したように、一九七〇年代のバーガーは多元主義化していくアメリカ社会を前にして、多元的な意味的世界を支えることのできる土台を模索していた。それはアメリカ社会を相互不信と対立の状態に陥らせないための歯止めの模索であり、そしてまた人間と社会の〈つくり／つくられ〉の関係を暴力的、抑圧的ではない形で成り立たせるための土台の探求であった。しかしながらハンターの文化戦争論があからさまに示したのは、バーガーの期待を裏切るようにして、アメリカ社会の分極化が深刻な度合いにまで進展しつつあるということであった。換言すれば、ハンターの議論は次のことを含意していたと言えよう。すなわち深まりゆく多元主義化の中で、〈つくり／つくられ〉の力学がバーガーの意に反して文化戦争という危険な事態を招来しつつあるということである。リアリティの社会的構成の暴力的な闘争への転化、これが一九九〇年代以降のバーガーが直面していた現実であった。バーガーの現代社会論が『構成』の議論を改訂ないし補強するものとして位置づけられることはすでに第四章でも確認したが、第六章から前節にかけて見てきたような事態は、この問題について改めて検討することをバーガーに促したのである。

結論から述べれば、このような事態に対してバーガーは、闘争に加わる左右のいずれの極論をも退ける中道の立場を守ろうとした。もちろん、すでに述べたように彼は政治的には一貫して保守の立場にあった。だがそれはニューハウスのようにラディカルな要求を含む保守ではなく、場合によっては穏健なリベラルとも折り合うことのできる可能性も孕んだ、中道的な保守の立場であった。第三章の内容のくり返しになるが改めて確認しておけば、バーガーのこうした中道の立場を支えていたものとしては二つの要素を挙げることができる。第一に、ルター派の二王国論に立脚する彼のキリスト教信仰である。見てきたように、それは神の国と現世とを峻別することによって左右両派のラディカルな変革への対抗としてはたらくものであった。第二に、このような彼の信仰に支えられた現実主義的な、その意味ではある種保守的な含意を持った社会学である。バーガーの理解に従えば、あるがままの現実を捉えようとする社会学は、現にある社会に取って代わろうとする新たな社会も現在のそれと同じように、人間の所産であるがゆえに不完全なものであることを明らかにしうるし、またそのことを明示しなければならないものであった。これら二つの要素は、いずれも過激で極端な主張を行なう立場の峻拒という点で共通している。すなわち、それらはラディカルなユートピア主義への反対という点で一致しているのである。

中道の立場を守ろうとするバーガーの思索はこうした要素を核心としていた。では、彼のそのような挑戦はどれほどの実現の可能性を孕んでいたのであろうか。ハンターの文化戦争論やその後の現実のアメリカ社会の動向を見る限りでは、残念ながら中道の立場の保守というバーガーの試みは極めて困難な挑戦だったのではないかと思わざるをえない。価値観の分極化とそれに伴う対立の激化、さらには一向に解決されない人種問題などに示されているように、アメリカ社会は現在に至るまで極めて危うい方向に進みつつある。バーガーの試みは、そうした状況の中で現に掘り崩されつつある足場を守ろうとするものであった。無論バーガーも現実のこのような趨勢をよく承知していたはずであるし、ひょっとすると自身の立場の難しさを実感してさえいたかもしれない。だがバーガーはアメリカの現状を前にして、その挑戦が困難なものであることを知りながらも自らの理念を掲げるという険しい道を進もうとしたのである。以下ではその詳細を解明していきたい。

そこでまずは、バーガーがハンターの議論に対してどのように応答したのかということを詳らかにしていく。それは彼において多元主義論と仲介構造論それぞれの深化、発展という形においてなされた。順を追って見ていこう。

第一項　多元主義論の深化

本章冒頭で示唆したように、多元主義にまつわる問題をめぐるこの時期のバーガーの思考は「相対主義と原理主義の間」の模索という形で進められた。「相対主義と原理主義の間」という問題設定は、彼の主導するボストン大学の文化・宗教・世界情勢研究所（Institute on Culture, Religion and World Affairs, CURA）の二〇〇〇年代以降の研究プロジェクトの一つでもあり、こうした事実からも、この問題が最晩年の彼の思索の中で重要な位置を占めていたことが窺える。[2] それでは、バーガーはハンターの文化戦争論の描き出した状況に対してどのように応じようとしていたのだろうか。

行論上のターミノロジーに関して多少の相違があるとはいえ、ハンターとバーガーの問題関心は概ね一致していたと見てよい。そのことは、相対主義と原理主義が共に近代の多元主義に対する病理的応答であるとされている点などから読み取ることができる。曰く、

近代の多元主義には二つの極端で矛盾する反応がある。〔……〕「原理主義者」の立場は旧来の価値や伝統を求めて社会の全体を再征服しようとする。〔……〕「対照的に」相対主義者の立場はいかなる共通価値や意味のストックの擁護も放棄する。（Berger & Luckmann 1995: 60）

近代社会においては自らの信ずる宗教や価値とは異なるものを信奉する他者と出会い、交わる機会が飛躍的に増える。その結果として、人々は自らの信ずるものが唯一の絶対的な真理ではないかもしれないという事実を自覚するよ

うになる。バーガーによれば、このことは自らの信ずるものに対して不可避的に相対化の効果を及ぼす。というのも「人間は社会的な生き物であり、その信念や価値、すなわちまさに彼らのアイデンティティとなるものは、他者との相互行為の中で生み出され、維持される」（Berger & Zijderveld 2009: 31）からである。バーガーが言うには、相対主義と原理主義はこうした事態に対する双子の反応である。「相対主義者はこの相対化のダイナミクスを喜んで受け入れ、原理主義者はこのダイナミクスを拒絶する」（Berger & Zijderveld 2009: 73）。すなわち広がりゆく相対化の渦の中で原理主義者がある何らかの価値や伝統に盲目的ないしは狂信的に固執するのに対して、それと反対に、相対主義者はあらゆる価値や伝統の真理要求を冷笑的に否認する。原理主義的な立場が何らかの価値の絶対的定立を意味するとすれば、相対主義的な立場はそのように措定された価値すべての絶対的な等価性を主張し、そうすることによってその真理性を否定するのである。バーガーが問題視するこれらの二つの傾向の根底には、近代の多元主義の進展に付随する共通のダイナミクスがある。それゆえハンターと同じように、バーガーもまた多元主義の進展に伴って生ずる問題に焦点を合わせていたと言えるのである。[3]

けれどもバーガーは、基本的には近代におけるこの多元主義の進展を不可逆的なものと見なしつつ、それを肯定的なものとして評価し、受け入れようとしていた。様々の箇所で述べられているように、彼にとって多元主義のダイナミクスとそれに伴う新たな諸問題は近代における偉大な達成の必然的な代償だったからである。その達成とはすなわち、「あらゆる社会的な同定を超えて、その人がその人自身であることに由来する尊厳を備えた自律的な個人の発見」（Berger et al. [1973] 1974: 95）である。多元主義的な状況に置かれた人々の抱くある種の不安は、彼らが（選択肢の増

---

[2] 二〇〇〇年代にバーガーの主導で進められた研究プロジェクトは、これ以外に、グローバル化の文化的側面に関するもの、およびヨーロッパとアメリカの宗教的状況の相違に関するものがあった（Berger 2011: 237）。これらはその成果として、それぞれ著作が刊行されている（Berger & Huntington 2002; Berger et al. 2008）。これらも広い意味で現代における多元主義を主題とするプロジェクトであったと見なしてよいだろう。

大という形で経験的に）自由になったこととの不可避的な代償である。バーガーはこのことを「運命から選択へ」（Berger［1979］1980: 11）という言い方で表し、それを基本的には肯定的に見ていたのである。例えばバーガーは次のような言明を残している。

人間の意識のレベルにおける近代化は、運命から選択へ、鉄のような必然性の世界から眩暈を起こさせるような可能性の世界への移行である。この変化は正しく偉大な解放と言いうる。しかしこの新たな自由と共に訪れる不満や恐怖さえも理解されねばならない。（Berger［1992］1993: 68）

［原理主義と相対主義の――引用者］中間こそ、大半の人々がいるところです。〔……〕これは複雑な状況ですが、私は、非常に創造的な状況でもあると思います。私にとっては間違いなくそうなのですが、自由を一つの価値として評価するならば、その状況は、人々がより自由になったということの別の言い方なのです。（Cromartie & Berger 2011）

バーガーはこのように述べて、右記の意味での近代における自由の進展を肯定する。そのため彼の思索の方針は、一方で相対主義と原理主義に陥ることなく多元主義を受け入れつつ、他方でそれに付随する問題に対処するというものであった。これは、自らの価値に根ざした立場を選び取る自由を自己の人格に付与する一方で、これと同じ自由を他者の人格に与えることをも認める考えである。バーガーにとってはこれこそが合衆国憲法修正第一条に規定された信教の自由、ないしは良心の自由の理念であった。ただし、それはあらゆる立場を許容することと同義ではないし、その結果として互いの自由が制限されることになってもならない。したがってこの理念を保守し、実現するためには、多元主義の適切な限界を見定めるという極めて厄介な難問に立ち向かわねばならないのである。

このことを踏まえて注目すべき点は、この時期のバーガーによる多元主義の定義を一九六〇年代のそれと見比べてみたときに、ある重要な変化が見られるということである。例えば『天蓋』においては、バーガーは多元主義を主に市場的状況の側面から捉えていた。曰く、「「多元主義」という用語は、通常、（アメリカがその典型的な事例であるが）多様な宗教集団が国家によって許容され、互いに自由な競争に携わっている場合にのみ用いられている」（Berger［1967］1969: 135）。あるいは端的に「何よりもまず、多元主義的状況とは市場的状況なのである」（Berger［1967］1969: 138）と述べられている。一読すれば明白であるように、これらの引用文においては宗教によるリアリティの定義の独占状態の崩壊と、それに続く、リアリティの定義をめぐる種々の世界観の自由な競争という観点から多元主義が語られている。

これに対して一九九〇年代以降の著作においては、バーガーは多元主義の定義に新たな要素を書き加えるようになる。あるいは、それまでは自明視されていたか、少なくとも強調されていなかった論点を前景化するようになる。それは市民的平和という条件である。この条件の内実がいかなるものであるのかということは後に検討するが、それが

［3］もっとも、すでに述べたように、ハンターの文化戦争論においては正統派と革新派の過激な傾向は必ずしもアメリカの人々の全体に共有されたものではなく、むしろ先鋭な立場をとる一部の人のみが持つ傾向であるとされていた。これはバーガーもよく承知していたはずの事実である。例えば彼の最後の著作となった『近代の多くの祭壇』には次のように述べられていた。「大半の人々は相対性を否認するのでも歓迎するのでもない中道の立場において生きている。彼らは多元主義的状況にプラグマティックに対処しながら生活を営んでいる。彼らは自らの社会的環境で「他者」と共存している。そこで彼らは直接的な矛盾を避け、互いに我慢して許し合うということを基礎とする協定を結んでいるのである。こうした協定は世界観や価値の認知的妥協を伴う場合もある」（Berger 2014: 12-3）。このためバーガーの言う相対主義と原理主義も、アメリカ人やアメリカ社会全体の傾向というよりも、一部の過激な人々の持つ傾向であったと考えるべきであろう。とはいえ文化戦争という事態がそうであったように、これらの傾向は、普通の人々も含めて社会全体に及ぶ現実的な影響力を持つものであった。そのためバーガーは、普通の人々の多くが右記のいずれでもない中道の立場を守っていることを確かに認めながらも、現代のアメリカにおいてその立場が原理主義と相対主義によって徐々に蝕まれつつあることを懸念してもいたのである。

多元主義の決定的に重要な条件としてその定義に書き込まれることになるのである。その結果として、九〇年代以降のバーガーの議論において、多元主義は次のように定義されるようになる。すなわち多元主義は、「市民的平和の状態において異なる信仰や価値を持つ人々が共に生きるという理想」（Berger 1998: 353）、「異なる人間集団〔……〕が市民的平和という状況の下、互いに社会的相互行為をしながら生きている状況」（Berger & Zijderveld 2009: 7）、あるいは「異なる民族性、世界観、道徳を持つ人々がそこにおいて平和裡に共生し、互いに友好的に相互行為している社会的状況」（Berger 2014: 1）といった形で定義されるのである。

多元主義の定義に見られるこのような変容の背後には何があったのであろうか。結論から述べれば、われわれはそこに、ハンターの文化戦争論とウィリアムズバーグ憲章の理念の影響を読み取ることができると思われる。すなわちそこには、バーガーが、多元主義が暴力的な闘争に陥ることをいかにして防ぐのかという問題を主題的に問うようになったということが示されていると考えられるのである。その問題は次のように述べられている。

> 相対主義と原理主義のどちらも慎み深い政治秩序に対する脅威である。――相対主義はそれなくしては社会が存続しえない道徳的合意を掘り崩し、原理主義は社会を、相互の平和的共存が不可能な敵対的陣営へと細分化してしまうからである。その脅威は民主主義社会にとってはとりわけ大きなものである。というのも民主主義社会は強制を避けるがゆえに、それだけ一層道徳的合意に依拠するからである。（Berger 2010: 161）

バーガーはアメリカを含む世界各地での原理主義の台頭やアメリカにおける文化戦争の激化を目の当たりにして、こうした問題を明確に直視し始めていた。そしてこのような現実の中で、異なる価値を抱く他者との平和的な共生というウィリアムズバーグ憲章の理念はいかにして可能なのか――分裂的な闘争という事態を避けつつ、互いの人格の自由を認め合うことはいかにして可能なのか――ということを問うていたのである。「市民的平和」という条件の付加はバーガーの関心における右のような変化を物語っている。したがってハンターがウィリアムズバーグ憲章の路線において文化戦争論を著したのと同じようにして、バーガーもまたその憲章の理念に従う形で多元主義論を展開したのである。

もっとも、このような規範的関心に支えられたバーガーの多元主義論は、現実のアメリカ社会の動向をあるがままに写し取ったものではない。これに関してはジェイムズ・A・ベックフォードの批判を見ておくのが有益であろう。ベックフォードは、おそらくはバーガーの議論を意識していたのではないかと思われるその宗教論の中で、多元主義という用語を用いるアプローチへの批判を提出している。彼によれば、その用語は諸々の宗教集団間の闘争の側面を見落としているというのである（Beckford 2003: 8-9）。ハンターの文化戦争論を踏まえて右記のバーガーによる多元主義の定義を見てみると、ベックフォードの批判はバーガーの所論に関してある程度妥当するように思われるかもしれない。つまりベックフォードのこのような批判を踏まえると、多元主義をめぐるバーガーの九〇年代以降の思索の営みは、分極化するアメリカの現実から遊離した空虚なものに見えるかもしれないということである。もちろん実際に、バーガーの議論をそのようなものとして片づけるのは実に容易いことのはずである。その議論は現実に見合っていないと指摘するだけで十分であろう。

しかしながらバーガーの所論が一見現実から乖離しているように見えるということは、必ずしも、それが無意味な空理空論であるということと同義ではない。思想史の現実には次のようなことが往々にしてありうるからである。すなわち思想というものの規範性が、ある部分、現実からの批判的な距離化において生じる、あるいはそうした距離化によって保たれるということである。このような事実がバーガーの場合には全く当てはまらないと考えねばならない理由は、少なくとも今の時点では存在しない。そうであるとすれば、ベックフォードの批判において指摘されたバーガーの多元主義論の特徴は、逆に言えば、次のことを示唆していると考えられるのではないだろうか。すなわちバーガーの所論を現実に対する困難な、ある種理想主義的な思想的要請を含んだものとして解することもできるのではないかということである。別言すれば、それが現実にそぐわないように思われる議論であるからこそ、そこには、単に現状の記述的描写ではない、彼の思想的なエッセンスが語られているのではないだろうか。本書はそうした解釈の可能性を追求してみたい。

とはいえもちろん断っておかねばならないが、ここで言いたいのは、バーガーの議論がいかなる点においても現実との接点を持っていなかったということではない。すなわち、それは全くの虚構的夢想であったという訳ではないのである。というのも、彼の議論はある意味で両義的なものであり、一方で理想主義的な要素を孕みつつも、他方で社会学者としての現実感覚に支えられてもいたからである。この点がバーガーの規範的な現代社会論の特徴であろう。こうした現実感覚は、例えば以下に見ていく仲介構造のポテンシャルやそれに基づく制度的秩序に関する議論にも示唆されているものである。そのためこの時期のバーガーの思索は、現実の中に見出された微かな手がかりを根拠として、その可能性をさらに拡大していこうとする試みであったと理解しうる。つまりそれは、現実の中に暗示されたわずかな可能性に立脚しつつそこに最大限の期待をかけるような、現実主義的であると共に理想主義的でもある両義的な思想だったのである。

それでは、バーガーの目指した多元主義における市民的平和とはいかなるものであったのだろうか。その内実は彼における仲介構造論の深化の過程をたどっていくことで明らかになる。[4]

第二項　仲介構造論の深化

仲介構造論を展開した著作の一九九六年版（初版は一九七七年）における補足の中で、バーガーは自身の仲介構造論に一つの重大な留保を付け加えている。それは、仲介構造それ自体が社会に分裂を招来する可能性もあるということである。バーガーが言うには、われわれは、〔……〕仲介的制度の中には明らかに社会において悪しき役割を果たすものもあるという事実を見落としていた。〔……〕われわれの定義から厳密に言えば、マフィア、クー・クラックス・クラン、そしてUFOに乗ってやってくるエイリアンと政府を交渉させようとするローカルな組織も仲介構造と呼ばれうる。〔……〕それらの場合には、伝達される信念や価値がたまたま犯罪的であったり、非道徳的であったり、率直に言って狂っていたりするだけである。〔……〕良き仲介構造も悪しき仲介構造も存在しており、社会政策は、伝達される価値の観点からこれらを見分けなければならないのである。（Berger & Neuhaus［1977］1996: 149–50）

列挙されている事例は——バーガーの生来の気質であろう——少々ユーモアの混じったものであるが、ここに述べられている内容は極めて重要なものである。第四章で詳しく論じたように、一九七〇年代のバーガーは、アメリカ社会における正当化の危機という問題に対して仲介構造（なかでも教会）の意義に大きな期待を寄せていた。ところが九〇年代に入って、バーガーは、この仲介構造そのものが機能しない、それどころか社会に弊害をもたらす場合もあ

［4］ここでわれわれは、この主題をめぐってドーリエンの示したバーガー理解に修正を加えておきたい。というのもドーリエンは、バーガーが一九八〇年代に資本主義の支持に踏み切ったことにより、共同体主義的な要素を持っていた仲介構造論は放棄されたと見ていたからである。曰く、「仲介構造の理念の共同体主義的性質は、法人資本主義を批判から守るために犠牲となった。〔……〕東アジアの資本主義が従属理論への論駁になるとますます確信していくにつれて、彼の著作は資本主義的近代化の支持においてより一方的になっていった。彼は資本主義の枠内で〈第三の道〉を模索するというそれ以前の傾向を放棄した。〔……〕そのため仲介構造の政治を彫琢するという課題は〔……〕左派の共同体主義の理論家に委ねられることになったのである」（Dorrien 1993: 311）。彼の見るところでは、資本主義の擁護とコミュニティの維持は両立しえない方針なのであろう。無論一般的には、彼のそのような見解は十分に妥当性を備えたものと言えるのかもしれない。だがドーリエンのこうした考えそれ自体の正否はともかくとして、少なくとも彼のバーガー理解に関しては、われわれはここでその不十分さを指摘せざるをえない。なぜなら以下の本文で見ていくように、実際にバーガーは資本主義の擁護を明言した後の一九九〇年代にも、七〇年代の仲介構造論をさらに発展、深化させようとしていたからである。

るという可能性をはっきりと認めるに至るのである。これは、彼のそれまでの議論の大きな修正であった。

この修正は、明らかにハンターの文化戦争論を受けてなされたものである。ハンターは『文化戦争』の続編である『銃撃が始まる前に』の第六章において、報道機関、世論、専門職団体、宗教組織などの仲介構造の現状を検討し、それらが逆機能をもたらしていることを厳しく批判していたからである（Hunter 1994: 153–89）。すなわち彼によれば、それらは論争を調停する代わりに、「ほとんど常に（保革の）イデオロギーや派閥に倣い、交戦という政治的形式を強化してしまう」（Hunter 1994: 188–9）というのである。

こうした指摘を受けて、バーガーは一九九七年に『コメンタリー』誌に寄せた論考の中でも次のように語っていた。「われわれは、仲介的な制度や過程が見える範囲にはないという深刻な文化的対立の状況にある。〔……〕まさにこの事実こそが今日アメリカの民主主義に真の危険をもたらしているのである」（Berger 1997: 56）。ここにおいてバーガーは、文化的対立の激化と仲介構造の部分的な機能停止ないし逆機能という状況を率直に述べている。これは、彼がハンターによる批判の妥当性を認めたことを示す言明に他ならない。このような認識の変化に促されて、バーガーは仲介構造論に右記のような留保を書き加えることになったのである。その後バーガーは一九九八年の編著『社会的凝集の限界』に収められた論考において、ハンターの批判に応答することになる。それが、彼の最晩年の「平和の公式」論に結実していくのである。

この論考においてバーガーは、右に見てきたことを改めて確認した上で、仲介構造の仲介的機能に新たに「垂直的」と「水平的」の区別を導入する。曰く、

ここでさらなる区別をしておくのが有益であろう。以前の理論で考えられていた社会的機能は「垂直的仲介」——つまり、私的な生活世界と大制度の仲介——の機能である。このプロジェクトにおける関心は「水平的仲介」と呼びうるものにあった。——それは、全体社会の中で対立する諸部分の間の仲介である。（Berger 1998: 363）

引用文中の「以前の理論」とは一九九五年のルックマンとの共著のことであり、一九七〇年代の仲介構造論全体を指した言葉ではない。「垂直的仲介」は個人の生活と巨大制度を仲介し、前者には安定した意味を、後者には正当性を付与するという機能を果たすものであった。無論これは七〇年代の仲介構造論でも説かれていた機能であり、一九九五年の共著においても特にこの点が重視されていた。それに対して「水平的仲介」は社会の中で対立するグループの間の仲介であり、その点において、意味や価値の伝達というよりも対立の調停という側面の強いものであると言えよう[5]。実際、同書の基になった研究プロジェクトのメンバーの一人であったヴォルカー・ゼンもそのような理解を示している。ゼンは「ここで用いられている「仲介制度」(mediating institution)という用語は、ピーター・バーガーがそれ以前の著作で用いた「仲介構造」(mediating structure)という用語と同義ではない」(Then 1998: xvii)と述べて、この研究プロジェクトにおける関心の焦点は前者、すなわち「規範の衝突が暴力的なものになるのを防ぎ、社会に、対立する当事者間の決着をつけさせるための調停のメカニズム」(Then 1998: xv)にあると説いていた。これこそが、多元主義が暴力的な闘争に転化することを防ぎ、市民的平和の状態を保つのに寄与する装置となるのである。こうした観点における仲介構造論の焦点は、仲介構造によって伝えられる価値や理念がそのような調停の過程を奨励しうるのかどうかということである。ここにおいて仲介構造に、平和な多元主義への貢献という新たな役割が課されるようになるのである。

[5] 仲介的機能の垂直的と水平的との区別は、正当化の垂直的次元と水平的次元の区別に概ね対応しているものと思われる。とはいえ、水平的な正当化が主に制度的秩序の意義づけを通じた諸個人の結合に関わるものであったのに対して、本文でも述べたように、水平的な仲介は対立の調停という側面に焦点を合わせたものであり、この点において正当化に関する議論とは力点の置きどころに相違があると言える。「mediating」の訳語については、必ずしも以前の仲介構造論と別の制度が論じられている訳ではないこと、また対立する諸々の陣営やグループの「調停＝仲立ち」という機能が想定されていることを踏まえて、これまで通り「仲介」で統一しておく。

このように仲介構造の果たす機能に関して垂直的と水平的の区別を設けるということは、これらの機能が必ずしも重なり合う訳ではないこと、場合によってはそれぞれが背反しかねないことを認めるということである。例えば先にクー・クラックス・クランが例として挙げられていたように、人種的、民族的な憎悪を喧伝する運動や組織は、そこに参加する諸個人の生に確かに意味を与えられるかもしれないが、そのことによって同時に社会の分裂と相互的な敵対を加速させることにもなる。もちろんこれは極端な例であるが、バーガーは、その他の仲介構造も場合によっては文化戦争を助長することになりかねないことを示唆するのである。彼は二つの仲介的機能に関して、「一方の機能にとって「善い」ものが、実際には他方の機能にとって非常に「悪い」ものであるかもしれない」(Berger 1998: 363)と述べている。こうした区別の認識は彼の議論にとっていかなる意義を持っていたのだろうか。端的に言えば、それは、宗教的な価値の上位に位置づけられる、その点において世俗的な原則が要請されるに至った点にあると考えられる。このことを明らかにするために、この時期の彼の仲介論を一九七〇年代の仲介構造論と見比べてみよう。

第四章で論じたように、一九七〇年代のバーガーは、正当化の危機という事態に対して宗教組織、とりわけキリスト教の教会が現世とは異なる超越的な次元を語ることを重視していた。そうすることによって、仲介構造としての教会が正当化の垂直的次元を担うと共に、それが逆説的に水平的な次元にも寄与することを期待していたのである。これが、当時のバーガーが仲介構造の仲介的機能に関して考えていたことであった。つまりその議論においては、先にも述べたように間接的な形においてではあるが、仲介構造としての宗教組織が垂直的と水平的の両方の次元の正当化を果たすことが期されていたということである。だとすれば一九九〇年代に入って仲介的機能に垂直的と水平的の区別を明示的に導入し、両者の背反の可能性を認めるということは、宗教組織にこの二つの役割を負わせることの無理を悟ったということだったと考えられる。教会は確かに個人の生の正当化を担い、それに意味を付与することができるかもしれない。しかしそれは、必ずしも人々の平和的な共生を保証するものではないのである。バーガーにとってそのことは単なる理論的考察の結論ではなく、ハンターの文化戦争論によって、そしてまたニューハウスの原理主義化によって突き付けられた紛れもない事実であった。

ここに至って水平的仲介と垂直的仲介とを区別したバーガーは、「制度を鼓舞する理念や価値」（Berger 1998: 361）の観点から仲介構造を吟味する必要を説く。仲介構造が水平的な仲介の機能を実際に果たせているか否かは、当の制度に体現される理念や価値が分裂を助長するか否か、対立の調停に寄与しうるか否かという観点から判断されなければならないのである。それは、暴力的な闘争を招来しない限りにおいて、垂直的な仲介の役割を認めるということである。それはすなわち水平的な仲介的機能の観点から垂直的な仲介的機能に条件が課されるということ、別言すれば、規範をめぐる対立の調停の促進という観点から垂直的な仲介の内容に許容範囲が定められるということである。要するに、仲介構造は文化戦争を助長しない限りにおいてその存立を認められるのである。もちろん言うまでもないが、「個人を疎外から守り、大制度（特に国家）の正当性の喪失を防ぐ「仲介構造」は存在しなければならない」（Berger 1998: 363）とされる。個人の生への意味付与も不可欠の機能だということである。ただしその垂直的仲介の内容に、前述の観点からの制限が設けられるのである。それゆえこの留保は、多元主義が何でもありの相対主義と同義ではないこと、それと同時に原理主義的な対立を退けねばならないことの謂いであり、要するに相対主義と原理主義の間にとどまろうとする立場なのである。

この点において、水平的な仲介は垂直的な仲介よりも根本的な次元にあるとされる。宗教組織、例えばバーガーがとりわけ期待を寄せていたキリスト教の教会による垂直的仲介の場合も例外ではない。ニューハウスの闘争の路線を退けたバーガーにとって、それは当然の事柄であった。それゆえ水平的な仲介の機能は、それが宗教的な価値に関係づけられる可能性を必ずしも排除されていないものの、その根底において基本的には宗教的な価値よりも上位の、その意味において世俗的な原則に基づくものであるとされるのである。ここにはウィリアムズバーグ憲章において語られていたこととの同型性を見出すことができるだろう。ウィリアムズバーグ憲章も信教の自由と平和的な多元主義の保証を目的とするものであり、そのために宗教的な価値に依拠することのない公共哲学を要請するものであった。ここでバーガーは、それを彼の仲介構造論に引きつける形で語り直しているのである。一九七〇年代の仲介構造論との最も大きな相違は、まさにこの宗教的な価値の限界を認識するに至ったという点にあると言ってよいだろう。

それでは、バーガーは水平的仲介ということでいかなる調停の様式を考えていたのであろうか。ここまでの議論を踏まえれば、それこそが彼の言う市民的平和の内実に直接的に関わるもののはずである。バーガーはこれに関して三つの類型を提示している。一つ目は「命令的仲介」(Berger 1998: 365) であり、これは政治的、法的な機関を通じた強制的な調停の過程である。二つ目は「実際的仲介」(Berger 1998: 366) であり、これは実際的な利益をめぐって妥協的な解決策を模索する交渉の過程である。最後の三つ目は「対話的仲介」(Berger 1998: 367) であり、これは規範の相違に正面から向き合い、実際的なレベルだけでなく理念的なレベルにおいても歩み寄りを目指す努力である。バーガーが言うには、これら三つの類型それぞれに利点と欠点がある。第一の調停の様式は強い強制力を持つものである反面、多くの当事者にとっては抑圧的なものに感じられるとされる。第二の様式は強制によらずして解決をもたらすことができるかもしれないが、対立が人々の非常に深く信奉する規範をめぐるものである場合には、全く機能しないものとなるかもしれないという。第三の様式はもちろん理想的な解決の仕方であるかもしれないが、その実現は極めて困難なものである。このように三つの調停の類型はそれぞれに一長一短であるとされている。

これら三種の水平的仲介の様式は、無論様々の個別的な状況に応じてそれに相応しいものが選択されるべきであるとバーガーは考えていたようである。それはそれで妥当な考えであると言えよう。しかしながら、彼が最後の対話的仲介に格別の期待をかけていたであろうということも、また明らかである。というのもこの対話的仲介の例として彼が挙げているのは、ドイツの福音主義アカデミーだからである。[6] 曰く、

第二次世界大戦後のドイツにおいて、ここで対話的仲介と呼ばれるものを明確に意図した制度が少なくとも一つ設立された。それは福音主義アカデミーである。〔……〕これはその公認の目標として、通常は対決的な状況で

しか互いに出会わない人たちを強制されない密接な対話において結びつけることを目指している。〔……〕アカデミーは今日のドイツにおいても制度としては存続しているが、それがいまだに当初の目的を果たしているかどうかは定かではない。いずれにせよ一九五〇年代においては、福音主義アカデミー〔……〕は新たな連邦共和国において戦略的に重要な役割を果たしていた。（Berger 1998: 368）

第一章で詳しく取り上げたように、一九五〇年代のバーガーはドイツのこの施設の活動に非常に大きく触発され、それをアメリカで実践するにはどうすればよいかということを論じた論文まで著していた。当時の彼の行動から窺えるその感銘の深さを考えるならば、右に引いた文章の示唆するところも明らかであろうと思われる。つまり彼は、三つの水平的仲介の中でも、おそらくは対話的仲介を最も重視していたのである。そしてこれこそ、バーガーが市民的平和という多元主義の条件として考えていたことであった。すなわち対話に基づく平和的共生が彼の求める多元主義の必須の条件として要請されたのであり、仲介構造はまさにそうした条件に寄与することを期待されていたのである。

では、いかにしてこのような仲介が現実の社会において実現されるのだろうか。換言すれば、右のような垂直的仲介と水平的仲介とを織り込んだ社会として、どのような社会像が構想されるのだろうか。本節の冒頭でも触れたように、見方を変えれば、これは『構成』に説かれていたような社会の現実的な成立可能性をめぐる問いである。すなわちリアリティの社会的構成が平和的な形で遂行されうるとすれば、いかなる社会秩序が必要となるのだろうかという問いである。すでに述べたように、ハートフォード宣言を核とする一九七〇年代の仲介構造論もそれを主題とする議

［6］もっとも、ここにおいて、福音主義アカデミーは宗教施設ではないのかという反論がなされるかもしれない。もちろんそれはその通りであるが、第一章で確認しておいた通り、バーガーは、アカデミーの活動は原則としてキリスト教的価値の普及を目的としたものではないと見なしていた。そのことを想起されたい。また次節で詳しく論じるように、ウィリアムズバーグ憲章もバーガーも、水平的な仲介が宗教組織や宗教的価値と関係づけられる可能性自体を否認している訳ではない。

論であった。そのことを踏まえれば、七〇年代の議論のさらなる発展である九〇年代の議論もこの問題に関わるということは容易に理解されるだろう。周知の通り、『構成』に描かれていた社会の存立の機制は他者との協同によるものであり、それが、リアリティは社会的に構成されるということの一つの意味であった。だが文化戦争という事態に象徴される激烈な闘争の中では、少なくともそのような協同による形でのリアリティの構成は困難であろうし、構成されたリアリティが正当なものとして多くの人に自然に受け入れられるということもないだろう。言うなれば、これはより深刻度を増した正当化の危機である。特に九〇年代という時期に視点を限定せずにバーガーの思索全体へと視野を広げるならば、彼の多元主義論と仲介構造論はこのような問題に関わっていたと見なすことができる。すなわち自身の構築した理論の現実への応用とその結果としての部分的な改訂という課題である。そのため仲介構造論の深化の果てに、この問題に対する解答として、バーガーはそれに基づく社会像——どのような制度的秩序であれば、その下でリアリティの社会的構成が問題なく平和裡に行なわれうるのか——を改めて提示しなければならなかったのである。それではこの問題について、バーガーはどのような見解を提示したのであろうか。節を改めて見ていこう。

第三節　「平和の公式」の探求

右に見てきた議論が展開されたのとほぼ同じ時期の一九九九年に、バーガーはアダム・B・セリグマンの主催する研究会に招待された。セリグマンはイスラエルのヘブライ大学で社会学を学んだユダヤ系の社会学者であり、バーガーが所長を務めていたボストン大学の文化・宗教・世界情勢研究所のメンバーの一人であった。この研究会での議論の記録は二〇〇四年に著作として刊行されている。セリグマンによれば、この研究会における討論は次のことを目的としたものであった。すなわち、現代において寛容な態度を支える宗教的な論拠を見つける必要性を説くこと、ユダヤ教、キリスト教、イスラーム教のそれぞれの宗教的伝統の中にそうした論拠を見出すこと、そしてまたそれによって、それらの伝統における寛容と多元主義の源泉を明らかにするということである（Seligman 2004: x）。

刊行された著作の序章に語られているように、討論の中では信仰がもたらしてくれる認識論的な節度に注目が寄せられている。これは、リチャード・ポプキンの一九七九年の著作『エラスムスからスピノザに至る懐疑論の歴史』によって光を当てられた、宗教改革の遺産の一つの系譜であるという。ポプキンの知見に基づいてセリグマンたちが主張するのは次のことである。すなわちルターの信仰義認論は、一方において信仰のみによる救済という立場を確立すると共に、他方においてある種の穏やかな懐疑論を生み出したということである（Seligman 2004: 8–9）。これは、知識に基づいて信仰を正当化することはできないということによる。別言すれば、信仰はその本質において懐疑と表裏一体であり、知識に基づく絶対的な確信ではありえないということである。すでに知っていることを改めて信ずる必要はない。絶対的な確実性を得られないからこそ信ずるという行為が成立するのであり、この点において信ずるということは疑うということと不可分の行ないなのである。それゆえ、信仰に依拠して絶対的な確実性を要求することはできない。これが信仰に基づく認識論的な節度であるとされる。これは後に、おそらくこのセリグマン主催の研究会が基になったと思われるバーガーとアントン・ザイデルフェルトの著作『懐疑を讃えて』においても取り上げられている論点である。そこにおいてバーガーは「定義からして信仰は確信ではない」（Berger & Zijderveld 2009: 114）と述べて、懐疑を「信仰の本質的な部分」（Berger & Zijderveld 2009: 103）と見なしていた。セリグマンの主催する討論の参加者にとって重要であったのは、この立場が寛容な態度の源泉になるということである。すなわち自らの信仰の立場に基づきつつそれと同時にその真理要求に関して懐疑の立場を守るということは、それ以外の信仰や宗派の真理要求を許容することにつながるというのである。先に述べたように、これこそがこの研究会において探求されていた寛容な態度と多元主義の源泉となるものであった。しかもこの信仰と不可分の懐疑は、キリスト教以外の宗教的伝統にも見出される態度であるという（Seligman 2004: 10）。以上がセリグマンの研究会において確認されたことの大要である。

この討論に参加していたバーガーは、その後の著作においてそれに触れていたことからも分かるように、寛容の源泉としての信仰と懐疑という主題には基本的に賛同していた。しかしながらその一方で、討論においてバーガーはこの主題に関して二つの疑問を投げかけてもいた。それはすなわち、この懐疑と道徳的確信の関係についての疑問と、この懐疑の政治的な場面での実際的な効力に関する疑問である。これらはそれぞれ次のように述べられている。

ミロシェヴィッチの軍隊がコソヴォで行なっていることを私に承認させるものはこの世に一つとして存在しません。〔……〕私はこれが悪であると絶対的に確信しています。〔……〕問題は、認識論的節度、認識論的不確実性、ないしは懐疑を、私が非常に重要だと考えているもの、すなわち道徳的な確信にいかにして関係づけるのかということです。(Seligman 2004: 71)

寛容と多元主義を正当化する方法を自らの宗教的伝統から案出することができるということを、参加者の全員が証明しました。これは素晴らしいことです。しかしながら、それは政治的にいかなる意義を持つのでしょうか。政治的に、です。(Seligman 2004: 87)

第一の疑問は、信仰に関して懐疑を抱きつつも道徳的な確信を持つことはできるのではないか、そうだとすれば両者の関係はいかなるものなのかという問いであり、第二の疑問は、信仰と懐疑の関係についての右記の観念が現実の社会において制度化されなければならないのではないかという問いかけに基づくものである。これら二つの問いはその後のバーガーの思索において、第一の問いが信仰と道徳の関係論として、第二の問いが民主主義トライアングル論として、それぞれ結実していくことになる。換言すればこれらは、第一の問いが対話的仲介を支えるものに関する議論であり、第二の問いが社会の制度的構造の内実に関わる議論なのである。これらは共に、彼がしばしば「平和の公式」(formulas of peace)(Berger 2014: 79) と呼んだ理想の社会像の実質を形成する議論となっている。以下ではこれらの問いに関するバーガーの思索をたどっていくことによって、彼の社会構想の詳細を解明していこう。

第一項　人間の尊厳の理念と重なり合う合意

第二の問いは次項で扱うこととして、まずは第一の問いに関する議論を見ていく。懐疑と道徳的確信との関係を問うということは、先に見た定義からして信仰と道徳的確信との関係を問題にするということであるが、それは信仰と道徳とを区別することに他ならない。両者を区別するからこそ、その関係が問題になるのである。このことをハンターの文化戦争論に関わらせる形で語り直せば次のように言えるだろう。すなわち、ハンターは文化戦争の根底に宗教に比せられる要素があることを説いていたが、それに対してバーガーは、道徳的確信と信仰を区別しつつ関係づけるという形で応えようとしていたのだ、と。つまりバーガーは政治と宗教の直接的結合を防ぐべく、それらの間に道徳という項を設定しようとするのである。

ここにおいてもバーガーは一九七〇年代の自身の議論を修正している。文化戦争は信仰についての理解の深化ないし修正によってのみ克服されるような対立ではないことを、今やバーガーははっきりと認める。それゆえ彼は特定の宗教的信仰ではなく、社会において共有される何らかの道徳的な確信、あるいは少なくともそれに関する合意を要請するのである。これは道徳的な多元主義の無制限の拡大に対する歯止めである。宗教的な多元主義は、信仰が懐疑と表裏一体のものであるという事実の実際的な帰結であり、バーガーの信仰理解からも許容されうる状況である。しかしながら道徳的な多元主義はその限りではない。バーガーにとって原理主義的な立場が退けられねばならないのはもちろんのこと、多元主義が「何でもあり」の相対主義に陥ることも防がれなければならないのである。先の引用文にも示唆されているように、これは、自身としては懐疑を包有する信仰を抱きつつも、この世界には決して見過ごしてはならない悲惨な状況があるとしていた彼の確信に由来する主張であった。

この信仰と道徳との区別論は、もちろん先に見た垂直的仲介と水平的仲介との区別に対応した議論である。この問題に関して、先の箇所では、水平的仲介は必ずしも宗教的な価値と切り離される訳ではないということを示唆しておいたが、それらがいかなる関係にあるのかということには触れないでおいた。信仰と道徳の区別論において、今やその関係が主題的に論じられる。それゆえ前節の議論の用語で言えば、これは宗教的価値の上位にある原則と当の宗教的価値との関係、換言すれば水平的仲介と信仰との関係をめぐる議論なのである。この宗教的な価値の上位にある原則こそ、ここで道徳的な確信と言われているものに他ならない。容易に想像しうるように、バーガーの言う対話的仲介をただ呼びかけるだけでは、いかにも根拠の薄弱な、脆弱な主張である。そうであるとすれば、対話的仲介論に連動して、その対話の成立を保証するものは何なのかということもまた問われねばならないだろう。とはいえすでに幾度も述べてきたように、多元主義的状況においては、もはや何らかの特定の宗教的伝統ないし信仰に依拠することはできない。このためにバーガーは信仰と道徳を区別し、道徳的確信をもってその支えとしようとするのである。

それではバーガーは道徳的確信ということで何を想定していたのだろうか。端的に言って、バーガーの言う道徳的な確信とは人間の尊厳に関するものであり、人格の無限の価値の肯定ということである。すなわち異なる価値を抱く他者の人格と尊厳。これを承認し、保証するという制約の中でのみ、道徳的な多元主義は許容しうるとされる。一見して分かるように、これは実質的な規定を持たない、極めて形式的なものである。つまりここで言う道徳とは、個々の具体的な徳目ではなく、人格という理念の一点にのみ関わるものなのである。これこそがまさに多元主義の中で「銃撃が始まる前に」共有され、確立されねばならない規範だとされる。このようにしてバーガーは、人格の尊厳という事実の承認と保証に、様々に異なる価値を抱く人々の間での対話に基づく共生の成立の望みをかけるのである。

しかしながら、これは一見すると非常にキリスト教的な立場、そしてまた、キリスト教と結びついた西洋的な立場ではないだろうか。換言すれば、この立場には、それがどれだけ相対主義的な多元主義の波を押しとどめる普遍化の可能性を持っているのかという問題が分かちがたく付随しているのである。実際にバーガー自身も、『遥かなる栄光』

という神学的な著作の第三章で、人格に価値を置く立場の持つ拭い切れない西洋的刻印という問題を自覚していた。それについて彼は次のように述べている。少し長いが全文を引用しよう。

キリスト教と西洋文化はあまりにも多くの世紀にわたって共生的に相互作用しあってきたので、今やそれらを解きほぐすのは非常に困難である。このことが意味しているのは、どれだけ教会の神学的、経験的な普遍性を強調しようとも、その明らかな西洋的起源を明白にしてしまうような、まさに教会の信仰の――それに加えてその制度的構造の――側面があるということである。それゆえに〔……〕教会的生活に参加する非西洋人は、拭いがたい西洋的性質を持った経験にも参加しなければならない。あらゆるキリスト教的道徳の核となる価値の一つは、人間個人のかけがえのない価値であり、近代的人権概念のすべてはそこに由来する。けれどもこの核となる価値は西洋文明の過程全体から分離しえないものであり、西洋文明だけのものなのである。（Berger［1992］1993: 74）

ここでバーガーが述べているのは、このような言い方が許されるのであれば、すぐれてトレルチ的な問題である。周知のようにトレルチは、歴史主義の思潮によってもたらされる相対化の渦の中で、キリスト教、およびそれと不可分に結びついた西洋的文化圏の歴史的相対性という問題に直面せざるをえなかった。彼がこの問題に対して現在的文化総合という試みを企てたことはよく知られている通りであるが、ここにおいてバーガーもまたトレルチと同じ問題に直面していたのである。実際バーガーは、その信仰論において「トレルチのアプローチにおいて最も重要だと思われるのは、まさに、聖書の伝統が人間の人格の無限の価値と尊厳を断固として認めているという洞察である」（Berger 2004: 19）と述べていた。こうした引用文からは、バーガーがこの問題に関してトレルチを強く意識していたであろうということが察せられる。そのためバーガーはトレルチの立てた問題とそれに関する重要な洞察を受け継ぎつつ、この相対性を克服するための道徳的確信の根拠を探るのである。

この問題に対してバーガーの導き出した解答は、一見すると矛盾するもののようにも思われるかもしれないが、人格の価値についての認識の相対性を認めると同時に、当の認識された事実の普遍性を主張するというものであった。別言すれば、彼は人間の尊厳に関する道徳的確信の根拠を、信の次元から知の次元に移すという試みを企てていたのである。議論の具体的な詳細は異なるものの、相対性と絶対性の調停を目指すという点において、これもまたトレルチ的な路線の解答と言えるかもしれない。『遥かなる栄光』の第八章「道徳的行為の問題」、ならびにバーガーの信仰論である『信仰の問い』に収められた補論「キリスト教的道徳について」という論考がまさにこの問題を扱ったものとなっている。そこにおいてバーガーは、道徳的判断は何らかの信仰に由来するのではなく、おしなべてある認識によるものであることを説く。曰く、「道徳的判断は認識に基づく。別言すれば、道徳は本質的に認識に関わるものである」（Berger 2004: 159）。例えばバーガーは自身の持つ道徳的な確信の具体例として人種差別と死刑に対する道徳的嫌悪を挙げているが、「これら両方の確信は人間であることの意味についての深い基礎を持つ認識に基づいており、この認識は何らかの特定の宗教の信仰には依拠していない」（Berger 2004: 157）というのである。そのためバーガーの考えるところでは、人間の尊厳についての確信は、それに対する信仰ではなく、それについての認識、より正確に言えばそうした人間の尊厳に関わる事実の認識に基づくということになる。

しかしながら問題は、この認識とそれに基づく洞察自体が特殊キリスト教的なものなのではないかということであった。人格の価値についての認識のこの歴史的な相対性はバーガー自身も認めていたはずの事実である。彼がトレルチに倣って述べたように、キリスト教は「人格主義の宗教」（Berger 2004: 19）なのである。いかにして人間の尊厳に関する洞察のこのような相対性が克服されうるのだろうか。この問題に関してバーガーがその論拠とするのは、まさに先に述べた、道徳的な確信が何らかの信仰に由来するのではなく、ある種の認識に基づくものであるということそれ自体である。どういうことだろうか。

バーガーの考えはこうである。認識が常にある何ものかについての認識であるとすれば、それは常に認識対象を持つことになる。そしてこの認識対象が実在的かつ経験的なものであるとすれば、たとえ認識主体や認識作用は時間的、空間的に相対的であっても、そしてまたたとえその認識に由来する何らかの解釈が相対的なものであったとしても、認識された事実の存在は普遍性を備えた経験的な知識となりうるだろう。当の事実は認識主体や認識作用から独立して実在しうるからである。ある事実が現に存在するのをある時間、ある空間において認識するということは確かに相対的な事象であるだろうが、当の事実が存在する、あるいは存在したということの知識は相対的なものではないということである。だとすれば、たとえ何らかの認識に基づいた解釈、行動、ないしは規範が相対的なものであったとしても、認識された事実の存在そのものは疑いえないものと言えるだろう。要するに経験的世界の実在性を前提とする限り、認識主体や認識作用の相対性と認識された事実の存在そのものとは切り離して考えることができるということである。例えばバーガーは自身の卑近な例として、大英博物館への道筋を知るに至った経緯と大英博物館の所在地についての知識の区別を紹介している。その知識は、ひとたび得られたならば、それを得るまでの経験に依存することなく存在しうるし、大英博物館の所在地それ自体もそうした経験には左右されないという（Berger 2004: 160–1）。大英博物館がある地点に存在するという事実およびそのことについての知識は、その事実を知るに至る過程がいかなるものであろうと揺らぐことがない。バーガーはまさにこうした点に、ある事実についての知識が様々の人々に共有されうる可能性を見出そうとするのである。

ここで断っておきたいのは、バーガーもわれわれも認識にまつわる難解な哲学的議論にかかずらっているのではないということである。われわれはただバーガーが信仰と道徳の区別論において考えていたであろうことを簡略な形で再構成しているにすぎないのだが、哲学の専門家でないバーガーは、明らかに、そこにおいて認識に関する哲学的な議論を展開した訳ではない。彼はあくまでもキリスト教信仰を持った社会学者として議論を展開していたのであり、その議論はほとんど常に普通の人々の日常生活世界を焦点としていた。右に述べたことに関しても同様である。それゆえ、われわれもここで認識にまつわる哲学的な議論に必要以上に踏み入ることは控えておきたい。

いずれにせよ重要なのは、人間の尊厳、人格の価値についての道徳的確信は経験的な認識に基づくとバーガーが見ていたということである。少なくともバーガーの社会学が対象としていたわれわれの日常的な生活世界において、経験的な事実の実在性は疑いえないはずのものであった。だとすれば、この日常生活世界において、認識者や認識という営為自体は確かに相対的なものであるかもしれないが、その対象たる経験的な事実は絶対性を要求することもできるということになる。バーガーによれば、人間の尊厳についての確信もそのような経験的な事実の認識に基づくというのである。

このことを明らかにするために、バーガーは道徳的な行為——道徳的な確信に基づく行為——がいかにして引き起こされるのかということを引き合いに出す。これについて彼は、自身の議論がフレデリック・ノイマンの良心論に依拠していると述べて、次のように語っている[7]。

筆者はプロテスタントの神学者、フレデリック・ノイマンからこの洞察を得た。良心についての議論において、彼は、「これをせよ」、「あれをするな」と命令的な形で語りかけてくるものとして良心を理解するのは誤りであると主張した。そうではなく、良心は「これを見よ」、「あれを見よ」と暗示的な形で語りかけてくるのである。

(Berger 2004: 159)

道徳的な行為を引き起こす良心は、特定の行動をとるようわれわれに命じるのではなく、何よりもまず悲惨な状況に目を向けさせるということである。良心は、われわれの眼前に、あるいはそれと別のどこかに具体的な惨状があるということ、この世界の中にそのような痛ましい状況が存在するということをわれわれに突き付ける。言い換えれば、良心はわれわれにそのような経験的な事実と向き合わせるというのである。道徳的確信を支える認識、ならびにそれに基づく知識とは、まさにこうした現実の理解に他ならない。そのような事実の提示の具体例として、バーガーは、奴隷制への着目の例としてハリエット・ビーチャー・ストウの『アンクル・トムの小屋』やマーク・トウェインの『ハックルベリー・フィンの冒険』、そして死刑制度への止目の事例としてアルベール・カミュの『ギロチン』やアーサー・ケストラーの『絞首刑』といった作品を挙げている（Berger 2004: 159-60; Berger & Zijderveld 2009: 127-9）。道徳的な行為はこのような事実の認識に対する反応であるとされる。すなわち「ある仕方で行為すべきであるとか、その他の行為を控えるべきであるというわれわれの感覚は、いわば目に入ってくる光景、このような道徳的な含蓄を伴う光景によって誘発されるのである」（Berger [1992] 1993: 199）。それゆえバーガーが言うには、道徳的な判断や行為は特定の信仰の内容に端を発している訳ではなく、経験的な事実の認識を契機としている。それによってわれわれは、ある行為や状況の善悪を信じるのではなく、知るようになるということである。バーガーは、人間の尊厳についての確信もこの類の経験的な事実の認識に基づいていると説くのである。

重要なことに、まさにそれが経験的な事実の認識であるがゆえに、この確信は、ひとたび獲得されれば普遍性を帯びるような知識になるとされる。信に基づく原理がその信仰を共有しない者にとっては受け入れがたいものであるのとは異なり、知に由来する原理の承認は、原則として特定の信仰の共有を必要としないからである。このために人間

［7］ノイマンはハートフォード神学校時代のバーガーの同僚であった神学者であるが、おそらくその名は、少なくとも日本においてほとんど知られていないのではないかと思われる。それは、彼が、数本の論文を著しはしたものの、公刊された書物という形では自身の思想を伝えようとしなかったことによるのだろう。バーガーによれば、ノイマンの思想は私的な会話において、また公的には講義や説教において伝えられたという。本文に引いたノイマンの良心論はバーガーの晩年の著作の中でくり返し言及されるものであるが、そこにおいてもバーガーはその議論の出典を記していない。それゆえ、おそらくノイマンが論じたとされる良心に関する議論も、バーガーとの会話か、あるいはハートフォード神学校での講義において展開されたのではないかと推察される。ノイマンの略歴とその思想については、彼が亡くなった際に書かれたバーガーの追悼文で簡単に触れられている（Berger 1968）。

の尊厳という理念の認識とその承認は、少なくとも西洋においてはキリスト教を通じて得られたものであるかもしれないとはいえ、それはキリスト教的な文化圏を越えて共有されうる可能性があるというのである。曰く、

> ひとたびこの洞察が得られたならば、この洞察はそれ自体が世界観の一部となる。〔……〕この世界観は、初めにそれを生み出した宗教的信仰からは分離しうる。〔……〕ひとたび良心がわれわれにある光景を示したならば、これらの光景は超越的ではない形で直接的、経験的にわれわれが利用しうるものとなるのである。〔……〕この経験的な利用可能性が、宗教の領域においては非常に得がたい確実性を可能なものとする。〔……〕実際、われわれはこの行為が悪であると信じているのではない。――われわれはそれを知っているのである。（Berger [1992] 1993: 200–1）

ここでバーガーが「経験的な利用可能性」ということで述べているのは、人間の尊厳という理念はキリスト教的、西洋的な文脈とは異なる歴史的文脈においても発見されうるし、実際に発見されてきたであろうということである。人格の価値というものの実在性と普遍性は認識主体の相対性には依存せずに存在するとされるからである。そのことは次のようにも述べられている。

> その確信は、歴史的に発展してきた、人間であるとは何を意味するのかということに関する認識に基づくのである。それはひとたび獲得されれば、普遍性を帯びてくるようなものである。別言すれば、人間の尊厳の意味は歴史上のある瞬間において認識されるが、ひとたび認識されれば、それはその瞬間を超えて人間にいつでもどこでも本質的に内属するものとされるのである。（Berger & Zijderveld 2009: 127）

このようにして、人間の尊厳についてのこの認識は西洋においては無論キリスト教と密接な関係にあるものであるが、バーガーは、そこにキリスト教信仰を乗り越え、西洋文化圏を越えて広がっていく可能性を期待するのである。

信仰と道徳の区別ということでバーガーが主張しようとしたのは、おおよそ以上のことである。それを信仰と道徳の関係という観点から言い直すならば、「キリスト教信仰と道徳との関係はより間接的なものである」（Berger［1992］1993: 198）ということになるだろう。それでは、これらの関係は具体的にはどのようなものとして把握されるのだろうか。区別とは関係づけのことであると先に述べた。だとすれば、間接的な関係とはいかなるものなのだろうか。

バーガーは、人格の価値についての認識は必ずしもキリスト教信仰に基づく訳ではないと述べていた。しかしながらそれは、両者が必ずしも無関係であるということを意味してはいない。それどころかむしろキリスト教信仰は、道徳的判断の源泉たる認識に究極的、超越的な意味を付与することによって、それを強力に支えることができるという。「神への信仰は道徳的な判断と行為のすべてに超越的な意味、存在論的な基礎を与えてくれる」（Berger 2004: 161）ということである。信仰は道徳的確信そのものではないが、その確信を宗教的な観点から意義づけ、正当化することができるということである。キリスト教徒の場合はもちろん神の似姿としての人格の価値を述べたものとしてその道徳的確信を理解することができるのであり、そこにこそキリスト教信仰の意義が見出されることになる。あるいはキリスト教の信仰や教説の社会的な意義は、この種の世俗的な道徳的原則の正当化という点にのみ限定的に認められるのだと言ってもよいだろう。もっとも、宗教による世俗的な道徳の正当化は、人間の尊厳という最低限共有されるべき規範の正当化に限定される。バーガーがここで中絶や同性愛に関する論争的な主張の宗教的正当化を論じている訳でないということは、言うまでもない[8]。

とはいえ、この意義は決して小さなものではない。例えば一九九五年のルックマンとの共著において述べられているように、バーガーは近代社会の秩序を交通ルールのようなものだと形容していた（Berger & Luckmann 1995: 33–4）。それらは平時にあっては正常に機能しうるものの、社会が危機に陥るときにはその脆弱性が浮き彫りになるということである。バーガーの見るところでは、安定した秩序のためには、人々の側での秩序に対する強いコミットメントが必要になるのである。信仰、あるいはより広く言って宗教的な価値はそうしたコミットメントを生み出すことができる。このため、信仰ないしは宗教的な価値の社会的影響力の範囲は多元主義的状況の中で慎重に限定されるものの、そこに込められた意義は大きいのである。これはキリスト教以外の宗教的信仰に関しても妥当する範例的な関係であろう。これが信仰と道徳の関係という問題に関してバーガーの想定していたことであり、宗教的な価値と水平的仲介を担うそれより上位の原則との関係として考えられていたことである。

以上の議論をまとめてみよう。バーガーは対話的な仲介を支える道徳的な確信の根拠を人間の尊厳という大前提に求めた。またこの確信は、宗教的信仰とは区別されるために、多元主義的な状況の中でも様々の人に共有されうると共に、様々の信仰の立場から究極的に意義づけされうる可能性を持つということであった。例えばハーバーマスであれば対話的理性に基づく普遍的な合意形成を説くであろうと思われるところで、バーガーは種々別様に正当化されうる道徳的規範を要請するのである。まさにこの点において、バーガーによる信仰と道徳の区別／関係論はウィリアムズバーグ憲章の理念に一致していた。端的に言えば、それらは社会秩序を支える規範形成に関して同一のモデルを想定している。つまりバーガー自身はその用語を用いてはいないものの、右記の議論で説かれていることは、憲章に示されていた「重なり合う合意」のモデルに基づく社会像に他ならないのである。死の直前まで『ジ・アメリカン・インタレスト』誌で続けられたバーガーのブログ記事の中にこのことを明瞭に示す一節がある。それは二〇一六年に公開された、文化戦争を扱った記事の文章である。そこにおいてバーガーはドイツ基本法を例に挙げながら次のように語っていた。

たとえ異なる理由からであろうと、すべてのコミュニティに支持される、共有された世俗的な言説がなければならない。そのため一九四九年のドイツ連邦共和国の（当時は西ドイツの）基本法の記念碑的な第一文――「人間の尊厳は不可侵である」――は、キリスト教徒においては神の似姿としての人間という観点から理解されたし、今もそのように理解される。しかしそれは、別の信仰を持つ人、あるいは信仰を持たない人からはそれとは異なる人間の尊厳観において理解されうるし、またそのように理解されているのである。（Berger 2016a）

この引用文で語られていることのポイントは二つある。まず第一に、共有されるべき原則が「世俗的な言説」であるとされている点である。すなわち、それは何らかの特定の宗教的伝統に由来するものではないということである。第二に、共有されるべき原則が世俗的なものであるとしても、信仰を持つ者はそれぞれの宗教的伝統の観点から、信仰を持たない者はまた別の観点から、その原則を受け入れ、それに意味を付与することができるという点である。こ

---

［8］実際、ここで取り上げたバーガーの立場は種々の具体的な論争点に対する原理的な介入を慎重に控えようとするものである。例えば中絶の問題をめぐっては、実際に妊娠何週目以降の胎児であれば人格と見なされうるのか――あるいは、人間の生命は誕生したその瞬間から人格と見なされるべきなのか――ということが賛成派と反対派の大きな対立点となっている。これに対するバーガーの解答は、不可知論の立場を選ぶというものである。すなわち、「われわれの考えでは、誠実な解答は〈分からない〉というものである」（Berger & Zijderveld 2009: 139）。これは手に負えない難問についての思考の放棄ということでは決してない。全く逆である。先の箇所でニューハウスの立場との相違として定式化したように、バーガーの立場はある意味で大変プラグマティックなものであり、様々の具体的争点に関して一義的な原理原則を立てることなく、その場その場での絶え間ない折衝を重ねていこうとするものなのである。バーガーにとって、中絶のような極めてデリケートな問題に関して明快な解答などはありえない。すなわち終着点の見定めがたい困難な議論の過程を放棄し、中絶のあらゆる事例に普遍的に妥当しうる原則的規範を振りかざすことの方が思考停止状態に他ならないのである。彼が言うには、「われわれは、確信を持って断固とした調子で答えを知っていると主張する人のすべてを疑わねばならず、そしてまた、われわれ自身で見出しうる多かれ少なかれ不器用な解決策のすべてを疑ってかからねばならない」（Berger & Zijderveld 2009: 140）ということである。この意味において、様々の実際的な問題に対するバーガーの立場は、原理主義的な極論を避けながら、不断の折衝を通じて望ましい解決ないし妥協の方途をその都度模索していくというものであった。

れら二つの点は、まさに先述の、信仰と道徳の区別／関係論において確認してきたことに他ならない。ここには、人間の尊厳という理念が、様々に正当化されつつ様々のグループに共有されるものであるということが明言されている。多元主義的な状況の中、多様な集団がそれぞれの価値観に基づいて人間の尊厳を肯定しながら、それについての重なり合う合意を形成するという秩序のモデルがここで説かれているのである。

これは素朴で通俗的な西洋中心主義の立場の表明であろうか。もちろんバーガーの所論を表面的にのみ捉えるのであれば、彼の主張をそのようなものとして非難すること、あるいはそのようなものとして切って捨てることは容易いことであろう。しかしながら本書はこのような見方には賛同しない。なぜなら彼の議論は、言うなれば、徹底的な相対化の波をくぐり抜けた上での普遍的な理念の模索と要求であったように思われるからである。バーガーは、少なくとも『構成』以降、自らの生きる社会的世界の相対性を強く自覚せざるをえなかった思想家である。それは例えば、第五章で確認したように、戦後のアメリカの社会科学を席巻した近代化論に対する彼の批判的な態度にも示されていることである。バーガーは、第三世界の国々がアメリカと同じ発展の歴史をたどる（あるいは、たどるべきである）とは考えなかったからである。

またアメリカにおいては、一九八〇年代に多文化主義教育がその権利要求の対象範囲を女性や障害者へと拡大し、さらにはこれまで排除されてきたマイノリティの文化に光を当てることによって、既存の文化的ヘゲモニーを大きく揺るがせることになった。このこと自体は称賛されるべき動向であろうが、それは他面において、西洋中心主義のみならず西洋由来の価値や理念すべてに対する徹底的な批判を引き起こすことにもなった。その当否は措くとしても、それは、例えばアラン・ブルームの『アメリカン・マインドの終焉』のような強力な反動を引き起こすほどの相対化の波であった。こうした出来事や動向は、西洋的な理念を語りにくい状況がアメリカに存在したということを示唆している。バーガーは同時代人としてこうした状況をよく承知していたはずである。けれどもそうした状況の中で、それにもかかわらずバーガーは思考を重ね、自らの奉ずる理念の普遍性を掲げるという困難な道を進もうとしていたのである。認識の歴史的相対性を認めると共にその普遍性を要求するという彼の議論は、このような時代の趨勢を背景にして生み出されたものであった。ある理念の地理的な由来と当の理念の価値は区別しうるものなのである。そうした困難な試みを素朴で単純な西洋中心主義と見なすことはできないだろう。バーガーは、徹底的な相対化をくぐり抜けた上でなおも普遍性を要求しうる理念を求めていたのである。

このように見てくると、ここに述べてきたバーガーの企ては、なるほど確かに容易に閑却しうる素朴なものではないのかもしれない。しかしながら、そうであったとしてもいまだ解消されない疑問が残る。それはおそらく、相対主義の克服に挑戦した思想家に等しく向けられる疑問であろう。トレルチが現在的文化総合という企てによって歴史主義的相対主義の克服を試みたことは周知の通りであるが、彼のその試みが結局は果たされえぬままに終わってしまったものだということも同じように広く知られている。バーガーもまたここにおいて同じような問いを避けることはできない。すなわち、右記の彼の挑戦は果たしてその課題を首尾よく達成することができたのだろうか、と。この点に関して、残念ながらわれわれはバーガーの立場のある種の弱さを認めなければならないのかもしれない。というのもトレルチの場合と同じように、先に見てきた人間の尊厳をめぐるバーガーの議論には、キリスト者としての彼と社会学者としての彼の苦しげな相克の痕跡を見て取ることができるように思われるからである。

人格としての他者を承認し、尊重するという思想は、バーガーにあっては究極的にはそのキリスト教信仰に根ざすものであった。そのことは彼の所論から明らかであろうし、彼自身も認めている事実である。人間の尊厳をめぐる右記の議論は、ある意味で特殊なものでしかないこの信念を何とかして普遍的な原理として一般化しようとする苦闘の産物であった。それは多元主義的状況の深刻化を深く自覚しながら、それでもなお普遍的な理念を立てようとする、喘ぐような努力であった。社会学者としての彼は、自身のキリスト教信仰に根ざす立場が決して普遍的なものではなく、特殊なものでしかないことを深く自覚していたのである。ここに彼の内面における無限の径庭がある。この点に関して第一章で示唆したように、理想と現実、あるいは特殊と一般はバーガーの学問生活の当初からせめぎ合うものであり、何らかの形での両者の調停ないし架橋という課題が彼の思想の発展を駆動していたと述べても過言ではない。

それでは、これら二つの次元はバーガーの思想において成功裡に結び合わされたのであろうか。本書は第三章において、それらが独特の危うい緊張を孕みながらも、価値自由な社会学の理想と責任倫理に則った現世改革の実践へと昇華されたことを確認した。しかしながら今見てきた人間の尊厳論において、この媒介は新たな綻びを露呈していると言わざるをえないのかもしれない。そこには彼自身のキリスト教信仰が明白に刻印されているように思われるからである。もちろん本書の後半部で取り上げてきたバーガーの現代社会論はキリスト者としての現世改革論という側面を持つものでもあったため、そこに彼の信仰に根ざした言明を見出すのは難しいことではない。だが文化戦争のさなかで信仰と道徳を区別するという試みの中に彼自身の特殊な信仰の残滓が認められるということは、やはりその議論の瑕疵と見なさざるをえないのではないだろうか。もっとも、バーガー自身にとってはそれらの媒介は完成していたのかもしれないし、あるいは彼自身にとってもそれはいまだ果たされざる課題であったのかもしれないが、彼の自信のほどを知る術は今のところない。とはいえ、そもそもそれらは完全なる媒介を本来的に拒むものでもあろう。だとすればバーガー自身の自覚がどうであったかはともかくとして、ある種の破綻は最初から宿命づけられていたのかもしれない。

とはいえ、これと同時にバーガーはキリスト者としての立場と社会学者としての立場とのこの緊張を幾分か解消しうる観念を手にしてもいた。それが、信教の自由ないしは良心の自由に基づく「重なり合う合意」というモデルである。バーガーにとってこれに基づく他者との共生のあり方は、彼の思索に内包された、ともすれば分裂へと向かいかねない両極を繋ぎ止めるための極限的な表現だったはずである。バーガーも自身の思想の破綻をなすがままに傍観していた訳ではなかったということである。彼はその社会構想の中に、少なくとも形式的に、自身の信仰に基づく主張が全面化することを防ぐ方途を確かに用意してもいたのである。

以上が信仰と道徳的確信との区別と関係づけということで考えられ、願われていたことであった。ここに至ってわれわれは、ようやく、本節冒頭に紹介したバーガーの立てた問題とそれに続く議論の筋道の一つをたどり終えたことになる。そこで次に、これと密接に関係していた第二の問いに関する所論を追っていくことにしよう。

第二項　アメリカの政教分離

バーガーがセリグマン主催の研究会で提起していた第二の問いは、右に見てきた議論で説かれている内容――節度ある多元主義を支える原理と信仰の関係――の実際的な場面での政治的な効力に関するものであった。すでに示唆しておいたように、この問いかけは、観念とその制度化をめぐるバーガーの見解に由来していた。バーガーは「人間的事象の経過は何よりもまず観念の歴史であるという訳ではない」（Berger 2014: 51）と見ており、「すべての制度は、それが社会において機能しうるとすれば、個人の精神に内面化されなければならない」（Berger 2014: 60）とも述べていた。これは理念が現実における対応物を必要とするということであり、後者の引用文を逆に言えば、個人の精神に内面化された観念は、制度化されなければ社会において効力を持ちえないということになる。これが右記の第二の問いの根底にある考えであった。したがって先に見た信仰と道徳の区別／関係論が主として内面化されるべき理念を主題としたものであったとすれば、以下に見ていく議論はその制度的対応物をめぐるものであったと言えるだろう。

すでに述べたように、この時期のバーガーの規範的な社会論はある種の理想主義的な要素を含んだものであった。それは見てきた通りなのだが、重要なことに、バーガーの追い求めた「平和の公式」、すなわち彼の理想の社会像のある部分はすでにアメリカの制度的伝統に体現されていたものでもあった。というのも、バーガーは多元主義的状況において「実際的かつ道徳的に容認可能な唯一の平和の公式はある程度の政教分離であると思われる」（Berger 2016a）と述べており、アメリカにおいては合衆国憲法修正第一条がまさにその象徴であると見ていたからである（Berger 2014: 60）。このために「アメリカ合衆国は多元主義への対処において際立った成功を収めてきた」（Cromartie & Berger 2011）とされるのである。言うまでもなく、ここでバーガーが念頭に置いているアメリカ型の政教分離は、公的生活から宗教的なものの一切を排除しようとする世俗主義ではない。ここで彼の念頭に置かれているのは「異なる信仰を持つ人々がそこにおいて平和裡に相互行為しうる世俗的空間」（Berger 2016a）だからである。しかも「世俗的空間（および宗教的に中立的な法などのそれに伴う世俗的な言説）の受容は、世俗主義と同一ではない。後者は公的生活から宗教を締め出す計画である」（Berger 2016a）とされる。すなわちアメリカ型の政教分離は、その内部に宗教者の居場所を確保した世俗的な空間の創出を意味しているのである。合衆国憲法修正第一条は自由な宗教的活動を認め、国教会の樹立を禁止することによって、すべての人の信教の自由と諸宗教の多元主義的な共存を保証する。バーガーはこの種の政教分離を高く評価しており、この点において彼の立場はまさしくウィリアムズバーグ憲章の理念を継承し、体現するものであった。

バーガーの構想する社会のあり様は以上のような制度的理念をその核心とするものであった。その具体的配列を論じたのが、ザイデルフェルトとの共著『懐疑を讃えて』における「民主主義トライアングル」論である。バーガーが言うには、「人間の尊厳や自由を形にする諸制度は、民主主義トライアングルとでも言うべきものの中にある」（Berger & Zijderveld 2009: 154）。それは「国家、市場経済、市民社会」（Berger & Zijderveld 2009: 154）を三つの頂点とする制度的秩序であり、それら三つの相互的な抑制と均衡を理想とする民主的な社会編成であるとされる。ここで言う「市民社会」とは、「個人の生活と国家や経済を含む近代社会の巨大構造とを仲介する多様な諸制度」（Berger & Zijderveld 2009: 157）、すなわち仲介構造のことである。この民主主義トライアングル論はアメリカの体制の歴史的な遺産を確認する議論であると同時に、これまでに積み重ねられてきたバーガーの思索を総合しようとする試みでもあった。

これまでに述べてきたことからも分かるように、バーガーは、「宗教制度はそのような仲介構造の非常に重要な例である」（Berger & Zijderveld 2009: 157）と見ていた。それは、垂直的な仲介において個人の生の正当化に寄与すると共に、水平的な仲介を支える道徳的な確信の意義づけという役割を果たすとされるからである。しかもそれは単一の形式においてではなく、重なり合う合意を形成するような形において果たされる機能だとされる。このために信教の自由の保証がバーガーの社会構想にとって極めて重要な要件となる。つまり「信教の自由は、宗教のためだけでなく健全な民主的秩序のためにも根本的に重要な権利なのである」(Berger & Zijderveld 2009: 157)。この信教の自由を保証するためには政教分離が不可欠であり、それはアメリカにおいては憲法修正第一条によって法的に規定され、保証されている。アメリカにおける民主主義は、このような規定に基づいて共同的な生を織り成すための制度と見なされるのである。

この憲法修正第一条の規定に実質的な形を与えるのが立憲主義的な国家である。バーガーによれば、国家こそ「民主主義の定義の核心にあるもの」(Berger & Zijderveld 2009: 154) である。もちろんここで言う民主主義とはリベラルな民主主義、すなわち「(強制されない選挙、選挙の結果によって変わる政府、選挙によって競争するために団体を組織する市民の権利といった) 民主主義の手続き的な仕組みを個人の権利や自由の確固たる保証に結びつける政治システム」(Berger & Zijderveld 2009: 154) のことである。バーガーの見るところでは、「民主主義それ自体は情熱的なコミットメントの対象としては頼りない」(Berger & Zijderveld 2009: 156) ものであった。現実の社会にはリベラルでない民主主義も実際に存在しているからである。バーガーは、リベラルな政策が施行される可能性が高くない国々にまで民主的体制を敷こうとするイデオロギーを「民主主義至上主義」(democratism)(Berger & Zijderveld 2009: 155) と呼んで批判する。このために彼は、例えばブッシュ政権の対外政策に対しては一貫して批判的な態度をとっていた。このようにバーガーは民主主義そのものよりも、それが「理想的に奨励するはずのリベラルな諸価値」、すなわち「自由、人間の尊厳、人権といった諸価値」(Berger & Zijderveld 2009: 156) の方を重んじて、それを支える立憲主義的な国家も民主主義の支柱の一つに数えるのである。

さらにバーガーの考えでは、市場経済も民主主義を支える重要な制度である。とはいえこの考えは、市場経済と民主主義との必然的な重なり合いを主張するアメリカの右派のイデオロギーとは異なるものである。彼はそれを「経験的には全く正しくないもの」（Berger & Zijderveld 2009: 156）であるとして退けていた。市場を壊滅させる民主的体制があれば、非民主的な体制によって監督される市場経済もあるからである。すなわち市場経済と民主主義の結びつきには、必ずしも必然性がある訳ではないのである。これは本書の第五章で確認したバーガーの資本主義擁護論に説かれていた通りであり、彼は民主主義と市場経済の間には親和的な関係があると述べるにとどめていた。とはいえ、それは市場経済が民主主義にとって重要なものでないということではない。先に見たようにバーガーの資本主義擁護論においては、市場経済は国家の権力を制限するための有力な歯止めの一つになるとされていたからである。民主主義にとっての立憲主義的な国家の重要性は先に述べたが、バーガーは国家権力の存在を無条件的に礼賛する訳ではない。その一方で、バーガーは市場経済の万能性を言祝ぐのでもない。彼は「抑圧的な国家主義」と「規制なき競争の無政府状態」の両方を退けようとしていたのである（Berger & Zijderveld 2009: 156）。したがって重要なのは、国家と市場経済とのバランス、すなわちそれらの相互的な抑制均衡である。この意味において、バーガーは市場経済を、民主主義を支える柱の一つと見なすのである。

そして最初に挙げた民主主義トライアングルの頂点に戻れば、宗教制度をはじめとして、「市民社会の制度は国家と市場の双方の力に制限を設ける」（Berger & Zijderveld 2009: 157）とされる。それらは個人の生活と国家や市場との間に介在することで、国家や市場の力が個人の生活に対して絶対的な影響力を及ぼすことを防ぐのである。また「逆に、市民社会は民主主義国家と市場経済の条件の下で最もうまく生き延びうる」（Berger & Zijderveld 2009: 157）とバーガーは言う。民主主義国家と市場経済はいずれも私的な領域における自由な活動の余地を残しておく制度だからであり、なおかつ、国家と市場の相互的抑制がそうした傾向をさらに強めるからである。このように民主主義トライアングル論の三つの頂点は相互的に抑制、均衡、調整し合うよう機能するとされるのである。これがバーガーの思い描いた「平和の公式」の構想であった。

人間の尊厳という理念はまさにこのような制度的秩序の中に居場所を見出すとされる。立憲主義的な国家はこの理念を基本的人権の保証という形で具体化するが、国家は諸個人の全権を委託されている訳ではなく、それゆえこの理念を守るためには国家の比類なき権力に対する歯止めが不可欠となる。市場経済はそうした歯止めの一つであり、それらは互いに抑制し合うことを期待される。そこにさらに仲介構造が加わり、文化戦争を助長しないという制約の中で様々の形において人格の価値を鼓舞する。かくして人間の尊厳という理念は現実の制度的配置の間隙の中で育まれ、守られることになる。人間の尊厳に関するバーガーの議論は、このようにして民主主義トライアングル論に接続されるのである。

以上の議論は相対主義と原理主義の間の立場を模索してきたバーガーの思索を総括するものである。すでに見たようにバーガーは公的生活において宗教者の居場所を確保することの必要性を認めてはいたものの、平和的な共生のための世俗的な領域の重要性を第一義的に認めていた。この点において、彼の立場は宗教的な原理主義とは区別される。またその一方で、バーガーは人間の尊厳に関する道徳的確信が共有されなければならないとも考えていた。彼によれば「政教分離の公式の下でさえも、すべてのコミュニティの間で共有される何らかの価値がなければならない」(Berger 2016a)。さもなくば、社会は闘争状態に陥るか、外部からの脅威に直面して分裂してしまうとされる。それゆえバーガーは、「人間の尊厳は不可侵である」というドイツ基本法の文言を具体的な例として引き合いに出して、そのような価値が重なり合う合意という形において共有されることを要請するのである。このように、ある道徳的確信が共有されねばならないとする点において、バーガーは相対主義の立場をも退けていた。これらの点において、それはまさしく相対主義と原理主義の間の中間の立場を表明する議論であったと理解することができるだろう。そしてまた以上の議論は、それぞれに異なる価値を抱く人々が協同して共通の社会的世界のリアリティを構成するための原則と制度的秩序を説くものであった。すなわちすべての人の信教の自由（ないしは良心の自由）の保証とその人格の価値の承認、ならびにその原則に基づいた制度的編成は、多元主義的状況においても暴力的な闘争に陥らない形でリアリティの社会的構成を可能ならしめるために必須の要件だったのである。

右に見てきた議論は、アメリカ社会の現実に基づきつつその理想的な調和の様態を描き出したものであった。もちろんこのような社会像には、それが必ずしもアメリカの現状に即したものではないという批判も寄せられうるだろう。この点に関して本書は後に終章でハンターの議論に少し触れておきたいが、とはいえ無論のこと、バーガーとて現実のアメリカ社会を手放しで礼賛していた訳ではない。そのことはこれまでに見てきた彼の所論からも明らかであろう。それゆえ一九九〇年代以降のバーガーの議論は、一方で右に述べてきたような制度的配置の実在を認めながら、他方でそれに体現された精神が徐々に蝕まれつつあることを主張するものであったと見なしうる。実際に二〇一六年の大統領選挙に際して書かれた『ジ・アメリカン・インタレスト』誌のブログ記事においては、アメリカにおける「党派的分極化」と大統領選挙への暗い見通しが語られていた（Berger 2016b）。バーガーにとって、それは文化戦争がまだ終息の兆しを見せないことを象徴する事態のように思われたことであろう。アメリカの制度的秩序の理念は確実に蝕まれつつあったのである。

こうした具体的な状況を踏まえてみると、ここに見てきたバーガーの現代社会論の性格も徐々にはっきりと見えてくるだろう。くり返しておけば、一九九〇年代以降のバーガーの議論、特にここで取り上げた民主主義トライアングル論は、アメリカの伝統的な制度的構造とそれに基づく社会秩序を理念的に描き出そうとするものであった。アメリカ社会の分極化という具体的な文脈を背景としてそれらを読むならば、そこにおけるバーガーの主たる意図は、そうした制度や秩序に体現されたリベラルな民主主義というアメリカの良き伝統を何とかして守りたいということであったように思われる。別言すれば、アメリカの制度的伝統を守ろうとするという点において、バーガーの現代社会論は本質的に保守的な性質を帯びていたということである。つまり、一方において人格の価値についての重なり合う合意に関する議論はかなりの程度の理想主義的な要素を孕むものであったが、他方において、それが支えるとされる制度的な秩序についての議論はかなりの程度保守的な立場において展開されていたのである。無論これは一九七〇年代に彼が保守の立場を選んだ時から一貫していたと見ることができるだろう。しかし彼にとってこの立場は、第一世代のネオコンの変容以降、文化戦争の激化の中で確実に掘り崩されつつあるものでもあった。だがそれにもかかわらず、バーガーは、この立場とそれが肯定するアメリカの理念を保守しようとしたのである。

無論これを凡庸で陳腐な主張だと解する人もいるかもしれない。だがそうした評価は決して妥当なものではない。バーガーは中道という困難な立場を守るための道具立てを懸命に考え抜こうとしたのであり、そのために信仰と道徳の区別やアメリカ型の政教分離といった様々の概念が案出されたのである。一見するところの議論の内容の凡庸さは、必ずしもその人物の思想の意義の矮小さを決定づける訳ではない。陳腐かもしれないこと、分かり切っているかもしれないことをわざわざ明言しなければならない時代、あるいは、ある理念への賛意が殊更に時代錯誤のものに見えてしまうような時代は、暗い時代である。それは過激な言葉が人心を惹きつけ、極端な立場が流行する時代であり、その結果として中道の立場が蝕まれていく時代である。そうした時代の中で、バーガーはあえて中道の立場のあり様を模索し、またそれを体現する伝統を保守するという、極めて険しく、困難な道を選んだ。つまりアメリカにおけるリベラルな社会的、政治的伝統の保守こそが、社会学、宗教、保守主義という要素を核とする彼の知的営為の到達点だったのである。ここに見てきた議論は彼のそうした努力の結晶である。アメリカ社会を含めた現代という時代の趨勢を踏まえるならば、バーガーのこうした姿勢は現実的な可能性を持った方途の一つとして肯定的な評価に値するもののはずである。

終章　展望

以上でもって、本書がこれまでにたどってきたバーガーの知的なバイオグラフィーは終着点を迎えたことになる。ここにおいて、バーガーの思想の全容を解明するという本書の目的は大方果たされたであろう。バーガーは篤い信仰を抱きながら、それに曇らされない認識を求めて理論を構築し、そしてまたその信仰に支えられつつ現代のアメリカ社会の行く末を案じた社会学者であった。そうして彼が最晩年に到達したのは、激化する文化戦争の只中での人間の尊厳とその人格の自由の保証という問題設定であった。この問題は古く、かつ新しい。さかのぼれば、それこそ人間の尊厳、人格の自由といった理念の実現は啓蒙主義以来の人類の夢であろう。だがこの理念を実現するための具体的な条件は時代や場所に応じて実に様々である。バーガーの思想は、先に見てきた人間の尊厳論や民主主義トライアングル論を通して、現代のアメリカ社会という条件においてその理念を実現させる――そのためにいかなる方途があるのか――という問題の領域を開くに至ったのである。これこそが、バーガーがキリスト教信仰を持った社会学者の生涯として描いた軌跡の終局であった。それは確かに彼の死によって中途で途切れてしまった軌跡であったのかもしれない。だがたとえバーガーの試みが志半ばにして挫折を余儀なくされたものであったとしても、彼による苦闘は新たな領域を開いた挑戦の記録として参照する価値あるものとなるのではないだろうか。本書は彼の営為をこのように評価しておきたい。

とはいえもちろん、彼の生涯の物語は決してそれ自体においてのみ完結する自己閉鎖的なものではなかった。そこには必ずしもバーガー論の枠組みに収まりきらない様々の論点が孕まれているのである。そこで最後に本書のバーガー論に胚胎されていたこれらの論点を、本書に連なるであろう今後のいくつかの課題へと（あくまでも示唆的な形で）開いておくことで全体を締めくくり、結びに代えておきたい。あらかじめ概略を示しておけば、以下で触れるのはアメリカにおける保革の思想潮流とバーガーとの関係、およびバーガーの知的遺産の発展的継承という問題である。もちろんこれらは互いに絡まり合った問題連関を形成しているものの、以下ではひとまず順次述べていくこととする。

まずリベラルとの関係について述べておかねばならないのは、言うまでもなく後期ロールズとの近さであろう。バーガーの晩年の思索に基底的な方向性を与えたウィリアムズバーグ憲章のアプローチを象徴する用語は「重なり合う合意」であった。周知の通り、これは『政治的リベラリズム』に代表される後期ロールズにおける中心的な概念の一つである。本書でも触れたように、ロールズは憲章にわずかに先んじてこの用語を表題に冠した論文を著していたため、おそらくは憲章に参加したいずれかのメンバーがこの概念を積極的に受け入れたのだろうと推察される。その人物がバーガーであったのか、それとも彼以外の（例えばギネスなどの）メンバーであったのかを確かめることは今はできないが、とはいえやはりこの概念に依拠して社会秩序を構想するという点において、バーガーとロールズの立場の近しさは疑いえないように思われる。もちろん彼らの間には類似だけでなく相違も存在する。見てきたように、バーガーにあってこの重なり合う合意の核にあるのは人格の価値についての理念であり、政治的構想としての「公正としての正義」やそれに基づく社会の基本構造、要するにロールズの言う「政治的正義についての政治的構想」（Rawls [1993] 2005: xxxviii）ではなかった。ロールズの構想にはもちろん人間の尊厳に関する内容が含まれているが、そこではバーガーの構想よりもはるかに広い合意の内容が想定されていたということである。

しかしながらこのことを加味してもなお、両者の立場の間には疎遠性よりも大きな親近性が認められる。ロールズによると、『正義論』から『政治的リベラリズム』への彼の思索の発展を促した背景の一つには、「理に適った多元主義」という現実、とりわけ、宗教的権威に基づく教説を奉ずる人々が存在するという事実についての自覚の深まりがあったという（Rawls [1993] 2005: 489-90）。ウィリアムズバーグ憲章は基本的には宗教者の立場に立ちつつ、世俗主義者の存在も顧慮するものであった。まるでそれを鏡に写すようにして、ロールズもほぼ同じ時期にリベラルの立場から宗教者の居場所を承認する多元主義的な秩序を構想しようとしていたのである。保守のバーガーとリベラルのロールズとの取り合わせは一見すると奇妙なものに思われるかもしれないが、多元主義的状況の認識やその中での秩序形成の可能性への見通しという点において、両者の立場は間違いなく似通っていると言えるだろう。もとよりバーガーとロールズのそれぞれの所論の詳細な対比はここでの議論に収まりきる課題ではないが、両者の親近性を指摘しておくことは、今後リベラルな思潮とバーガーとの関係を考える際に重要なヒントになるはずである。またこのことに関連して、ハーバーマスがロールズの『政治的リベラリズム』に寄せた批判の一つ――すなわち、多元主義的状況における平和的共生の条件として世俗的な規範を設定することは、宗教者の側に心理的な負担を課すことになるのではないかという批判（Habermas 2005=2014: 146-8）――を考えるならば、バーガーとハーバーマスとの対比も重要な論点となるだろう。というのもバーガーとロールズの親近性が事実であるならば、最低限共有されるべき世俗的な規範の確立を求めるという点で、バーガーの立場もまたハーバーマスのこうした批判の対象になると思われるからである[1]。

リベラルな思想潮流に属すこれらの人物との対比という課題は、無論現時点ではまだ素朴で粗雑な着想の域を出るものではない。したがって、バーガーと対比されるリベラルの面々についての理解の深化とリベラル派の種々の立場の類型的把握もまた、今後のための準備的考察として取り組まれるべき問題の一環である。例えば右に挙げた人物の他に、自らを「経済における社会主義者、政治におけるリベラル、文化における保守主義者」（Bell [1976] 1996: xi）と称したダニエル・ベルなども対比すべき有力な候補になりうる。筆者のバーガー研究やアメリカ社会学説史研究がここに示す方向でさらに進展していくならば、それに伴って右記の問題設定やそこで取り上げられる思想家の布置連関もより一層洗練され、詳細な形をとっていくことになるだろう。これらの課題は、バーガーの目指したものがアメリカにおけるリベラルな伝統の保守であったという本書の主張から導き出されるものである。すなわち、バーガーは保守の立場をとることを公言しながらも決して教条的にリベラルを排撃しようとはしなかったのであり、だからこそ、両者の関係がどのようなものであったのかということが問題になるということである。言うまでもなく、これはアメリカ社会学説とリベラリズムの関係という非常に重要な社会学説史的主題へと連なっていく問いである。すなわち、本書のバーガー論はアメリカ社会学説史におけるこの巨大な問題を解くための手がかりの一つとなりうるのである。

しかしながらバーガーとの関係も含めてこの問題を解くためには、同時に保守主義の諸派の動向についても理解しておかねばならない。アメリカ社会学説とリベラリズムとの関係が重要な主題であるならば、容易に察しうるように、保守主義との関係もまた解き明かされるべき問題だからである。というのも右に述べたリベラルな伝統の保守ということが、アメリカにおいては必ずしも一義的な意味内容を持っている訳ではないからである。この点においても本書のバーガー論はアメリカ社会学説史研究における橋頭保の一つを築くことになるだろう。とはいえこれもまた詳細は今後の課題とせざるをえないため、問題の輪郭のみを以下に示しておく。

アメリカにはヨーロッパに存在したような封建制や貴族的な価値の伝統がなく、アメリカに伝統があるとすれば、それは封建制という対抗すべき敵を持たずに絶対化することになったリベラリズムの伝統だけである——これは『アメリカ自由主義の伝統』におけるルイス・ハーツの説である。ハーツのこの説は、現在では典型的な「コンセンサス学派」のアメリカ観としてアメリカ政治思想史研究において広く知られている。[2] ここに含意されていた暗黙のメッセージは、アメリカにおいて保守すべき伝統などは存在していないということ、そのようなものがあるとすれば、それはリベラリズムの伝統だけであるということであった。第二次大戦後のアメリカの保守主義者はハーツの右記の見解に対峙しながら、総じてアメリカにおいて保守すべきものを模索してきたと言ってよい。

そうであるとすれば、バーガーの目指したところがアメリカにおけるリベラルな伝統の保守であったという先の見解はハーツの所説の正しさを立証する事実なのだろうか。またアメリカ社会学説が歴史的にそうした伝統の中で育まれてきたものであるとするならば、保守主義思想との関係という問題設定それ自体がそもそも成り立ちはしないものなのだろうか。

結論から述べれば、ハーツの説は半ば正しかったと言えるのかもしれないが、やはりその主張には不十分な点もあったように思われる。というのも注意しておくべきことに、保守主義者たちはもちろんアメリカのリベラルな伝統をほとんど常にその仮想敵としてきたとはいえ、対抗すべきリベラリズム像は必ずしも常に一義的なものではなかったからである。それは、本書でも述べてきた通り、アメリカにおける保守主義者が決して一枚岩的な集団ではなかっ

［1］実はバーガーの生前の最後の著作となった『近代の多くの祭壇』には、ハーバーマスのこうした批判への応答と見なしうる考えが示されている。ここでは論述のための紙幅がないため詳しくは原著への参照を求める他はないが、その概要は次の通りである。バーガーは多元主義的状況における普通の人々の生活態度について、同書の冒頭で「大半の信仰者にとって信仰と世俗性との間には硬直した〈あれか／これか〉の二分法があるのではなく、むしろ流動的な〈あれもこれも〉という構成がある」(Berger 2014: x) と述べている。それによって普通の信仰者の大半は「世俗的かつ宗教的であることに成功している」(Berger 2014: xii) というのである。つまり宗教的世界観と世俗的世界観は、確かに鋭く対立する価値と論理をそれぞれの内部に孕んでいるとしても、普通の人々の生活においてはそこまで相互に排他的なものとして意識されはしないということである。これは、バーガーがボストン大学の研究所での種々のプロジェクトを通して、そしてまたテキサス州のベイラー大学（南部バプテスト派によって設立された私立大学）で教えた経験を通して得られたアメリカ社会の現実であった (Berger 2012: 314-5)。そうであるとすれば、バーガーの見るところ、ハーバーマスの懸念するような心理的な負担は実際的な場面ではそれほど大きな問題ではないということになる。このような事態の中に、バーガーは自身の議論の成立の余地を十分に見て取っていたのではないかと思われる。

［2］社会学説史研究においてもこれと同種の見解がある。ハーツの前掲書とほぼ同じ時期に著された作品の中で、レオン・ブラムソンはアメリカの社会学がリベラルな伝統の中で育まれてきたものであることをほとんど自明の前提としていた。実際、ブラムソンはその著作の中で前掲のハーツの著作に言及している (Bramson 1961: 150)。

たことに深く関わっている。別言すれば、敵対すべきリベラルのイメージは保守派のグループのそれぞれにおいて異なっているのである。重要なのは、そのことの結果として、保守されるべきものの内容も決して一様ではなかったということである。

全般的な傾向をタイポロジー化すれば、伝統主義者の多くはリベラリズム自体を快く思っていなかったと考えられるのに対して、リバタリアンにとっては、自由放任主義を重んずる古典的な経済的リベラリズムが信奉すべき価値であった一方、大きな政府に志向する一九三〇年代以降のニューディール・リベラリズムは排すべき思想であった。またネオコンの第一世代にとっては、ニューディール・リベラリズムはある程度容認しうる立場であったが、他方で、一九六〇年代以降の新左翼運動に象徴される敵対文化を醸成するニュー・ポリティクス・リベラリズムは打倒すべき敵であった。そしてイデオロギー的にトランプ政権に親和的であったペイリオコンたちにとっての敵は、現代のポリティカル・コレクトネス・リベラルである。このように相対する敵の姿がそれぞれの場合に異なったものである以上、それに応じて、その敵との対比において守られるべきものの内実も変わってくる。しかも厄介なことに、保守されるべきものに「リベラル」というラベルが与えられることも決して少なくない。[3] このことが問題を一層複雑なものにしていると言えよう。

要するにリベラルも保守も決して一枚岩的な思潮ではない。リベラル派とバーガーとの関係を考えていくにあたって、それと同時に保守派の諸々の立場ないし傾向をも踏まえておかねばならないのはこのような事情による。アメリカにおいては「保守」も「リベラル」も決して一義的な用語ではなく、ときに絡まり合いながら互いを反照し、多彩な語義の紋様を描き出しているのである。それはまた、バーガーはネオコンの第一世代に近しい立場を選んだが、それとは別にこれらの諸々の立場のそれぞれと関係の深い社会学者が存在する（存在した）であろうということを意味している。換言すれば、社会学的な保守主義という呼称が当てはまるような思潮がおそらくは存在するであろうということである。そのことは、例えばニスベットのような社会学者の存在に典型的に例証されていると言えよう。彼はバーガーとは異なる立脚点から保守主義の立場を選んだ社会学者であった。したがってバーガーがリベラルな伝統の保守を目指したというのが事実であったとしても、バーガー研究からさらにアメリカ社会学説史研究へと歩を進めようとする際には、それがいかなる意味においてそうであったのかということのより一層の明確化を必要とするのである。

本書はさしあたり、バーガーの保守しようとしたリベラルな伝統は合衆国憲法修正第一条、それに基づくアメリカ型の政教分離、ならびにその理念を体現する制度的秩序に象徴されるものであったと結論づけた。もちろん筆者はこの見解が不十分なものであるとは考えていないため、現時点でこれを修正する予定はない。だが、バーガーや彼と同時代の社会学者の立場にも目を配りつつ、リベラル派と保守派の様々の動向を逐一把握するという前掲の課題を果たしていく中で、この結論もより一層精緻化され、その意義などもさらに明らかになっていくだろう。そうした過程の中で、バーガーとその他の保守的な社会学者との異同も確認されることになるはずである。このようにして本書の研究は、アメリカ社会学説と保守主義思想との関係というより大きな問題への貢献という側面からも、今後アメリカ社会学説史研究に寄与していくことができると思われる。

さらにまた以上の課題は、バーガーの思想のその後を考える際にも重要である。彼の知的生活の晩年は必ずしも幸福な状況ではなかった。バーガーは、ニューハウスと袂を分かってイラク戦争に反対した時点ですでに主流派の保守の中での居場所を失いつつあったようである。というのも周知の同時多発テロ事件以降、「主要な保守主義運動はジョージ・W・ブッシュとテロとの戦いの熱狂的な信奉において団結していた」(Hawley 2016: 66) からである。その後はイラク侵攻の失敗を経て、トランプ政権をイデオロギー面で支えたペイリオコンへ徐々に保守派の主導権が移行していく。彼らはイラク戦争に限らず、アメリカの外交政策における介入主義的傾向全般に反対する立場をとって

［3］例えば、保守主義者ではなく「自由主義者」(liberal) を自称することを好んだハイエクや、自らの立場を、ニューディールの継承と左右の全体主義の拒否を核心とする「ヴァイタル・センター・リベラル」の継続であると考えていた多くのネオコンの第一世代はその好例である。

いたが、その中には、例えばサミュエル・T・フランシスのように白人文化のヘゲモニーを奪回すべく文化戦争での勝利を呼びかけた人物も含まれていた。このようにして深刻化していく分断状況のさなかで、一見すると彼の提言はその喧騒にかき消されてしまったかのように見受けられるかもしれない。けれども、バーガーの思想は決して徒花のように散っていくものではなかった。すなわち現在においても、確実に彼の思想を継受しようとする系譜が存在しているのである。ここではその重要な例として、ハンターの議論にごく簡単に触れておきたい。

ハンターはラトガース大学でバーガーの指導を受けた社会学者であり、すでに見たように、彼の文化戦争論は一九八〇年代までのバーガーの議論に対する鋭い批判を含むものであった。バーガーはこの批判を受けて、最終的にはアメリカの伝統的な制度的秩序に体現された「平和の公式」への期待にたどり着いたのであった。とはいえ確かにバーガーは、深まりゆく分極化の中である種の普遍的な理念とそれに基づく制度構想を打ち出そうとするところにまでは行き着いたが、さらにそれ以上の具体的な方策を模索ないし実践する段にまでは進むことができなかった。彼の寿命がそうすることを阻んでしまったのかもしれない。それに対して、ハンターはまさに文化戦争に歯止めをかけるための現実的な方途を模索し、その実践に従事していると言える。彼は自らの専門を「知識と文化の歴史社会学」(Hunter & Nedelisky 2018: 12) だとしているが、ここから分かるように、ハンターはバーガーの議論を受け継ぎつつ、それをより具体的な方向へと開いていこうとしているのである。[4]

この点に関して特に注目に値する論点を一つ挙げるならば、それは経済的グローバリズムの弊害をめぐる諸問題である。本書の第七章で確認したように、バーガーの民主主義トライアングル論は立憲主義国家、市場経済、および様々の仲介構造の間の理想的な均衡状態を説くものであった。この議論に示された市場経済についての見解は、基本的には一九八〇年代に著された彼の資本主義擁護論をそのまま踏襲するものであるが、ここで次のことに注意しておかねばならない。それは、この資本主義擁護論が一九七〇年代から八〇年代にかけての状況を背景として執筆されていたということである。すなわち第五章で論じたように、バーガーは当時存在した東西冷戦の文脈を強く意識しつつ、ソ連に代表される東側諸国の経済体制に比べれば西側の資本主義体制の方が相対的に優れているという結論を下したのであった。

ところが冷戦の時代が過ぎ去った二一世紀に次第に明らかになり、トランプ政権の誕生によって極めて明確な形で浮かび上がってきたのは、資本主義の経済的グローバリズムの猛威に翻弄され、没落していく白人の下層中産階級（労働者階級）の存在と彼らの鬱積した負の感情であった。そして結果的にこれらの問題は経済的グローバリズムへの反対と移民の排斥という形において結晶化し、白人たちの鬱積した感情の多くはこうした目標を掲げるペイリオコンに救い上げられていくことになった。専ら東西冷戦の枠組みにおいて資本主義を捉えようとしていたバーガーは、冷戦後の経済的グローバリズムの結果としての経済的格差の深刻化という事態を予見し、それを十分に問題化することができなかったのかもしれない。だがこのような現実を前にすれば、彼が民主主義トライアングル論において描こうとした秩序の抑制均衡も大きく揺らいでしまいかねないだろう。

けれども実は、バーガーの議論にはこの問題に取り組みうる可能性を潜在的に秘めた観点が存在していた。それは、階級闘争としての文化戦争という視点である。実はハンターの文化戦争論に僅かに先んじて、バーガーは文化戦争を中産階級内部での階級闘争──すなわち中産階級内部での格差の拡大とその結果としての分断の進展──として捉えようとする構えを見せていたのである（Berger 1986b, 1987）。こうした観点はペイリオコンの勢力伸張とトランプ政権の誕生を促した現在の状況を極めて明確に捉えうるものであろうし、この論点をもう少し突き詰めて考究していれ

［4］この方面におけるハンターの成果は次のような著作に結実している。すなわち、文化戦争論の続編である『銃撃が始まる前に』（Hunter 1994）、アメリカにおける道徳教育の歴史と現状を主題とした『人格の死』（Hunter 2000）、そしてアメリカ文化における政治化の傾向を分析し、その転換を模範的なキリスト者のあり方に仮託して語った『世界を変革すること』（Hunter 2010）などの作品である。また彼が主導的な役割を務めるヴァージニア大学の文化高等研究所（Institute for Advanced Studies in Culture）による種々の研究プロジェクトも重要である。

ば、彼の現代社会論の結論も些か違ったものになっていたのではないだろうか。だが資本主義経済への信頼のゆえか、はたまた寿命というタイムリミットのゆえか定かではないが、結局のところ、バーガーはこの論点を深く掘り下げようとはせず、この観点がバーガーの民主主義トライアングル論に反映されることもなかった。

しかしながら、特に二〇一〇年代以降のハンターの議論のいくつかは、バーガーが残念ながら積み残すことになったこの問題についての考察を推し進めているように思われる。換言すれば、彼はここに紹介したバーガーの観点を自身の文化戦争論に組み込もうとしているように見えるのである。その一端は、例えばトランプ政権が誕生することとなった二〇一六年の大統領選挙に際して行なわれた意識調査のレポートに認められる。そこにおいてハンターは、現在の文化戦争の中心には道徳的権威をめぐる理解に加えて、二極化した中産階級の間での「ライフチャンスの著しい相違」(Hunter & Bowman 2016: 42) が存在しているとして、この二つの階級は「中産階級に属してはいるが、全く異なる階級文化を持った別個の社会的立場」(Hunter & Bowman 2016: 42) へと変容したと述べている。彼が言うには、「この新たな階級的分裂が新たな社会的ダイナミクスの中心にあり、そしてこのダイナミクスがアメリカの政治文化の底流の大半を説明してくれる」(Hunter & Bowman 2016: 42) のだという。このように二〇一六年のハンターのレポートは、彼が階級闘争としての文化戦争というバーガーの観点を取り入れるようになったことを示唆している。[5]

おそらくはこのような見解と連動して、また特に二〇〇八年の金融危機以降の趨勢を踏まえて、ハンターは少なくとも新自由主義的な資本主義経済に対して批判的な態度をとっている。そのことは例えばジョシュア・J・イェイツとの共著に示されている。その中でハンターは「経済成長が人間の繁栄のための機会の維持と拡大につながるためには、共有されたある根本的な倫理的枠組みが経済成長に与えられることが不可欠である」(Yates & Hunter 2011: 592) と述べており、ここに彼があらゆる形態の資本主義と経済成長とを手放しで礼賛している訳ではないことが見て取れる。すなわちここにおいてハンターは、無規制的な競争と経済成長を批判し、資本主義経済に何らかの文化的、倫理的な拘束を設けることを論じているのである。これは、消極的な賛同というバーガーの態度よりも、資本主義に対して明らかに批判的な立場であろう。

このように、ハンターは階級闘争としての文化戦争や経済的グローバリズムの負の側面という論点を積極的に自身の議論に取り込もうとしている。先にも見たように、バーガーの最晩年の議論はそれまでの論題を総合しようとする試みであった反面、そこには彼の思想にとってのある種の綻びの種が埋め込まれてもいた。その綻びは、ひとまずハンターにとっては右記の論点として表現されるものであった。[6] これらを組み込んだとき、文化戦争にまつわるハンターの一連の議論やバーガーの民主主義トライアングル論などはどのような修正を被ることになるのだろうか。今のところその全貌が明らかになる段階は訪れていないものの、今述べた点においてハンターの学説はバーガーの思想的遺産を継承する有力な系譜の一つとして位置づけることができるはずである。つまり彼はバーガーの衣鉢を継ぐ人物であり、その研究、思索、そしてそれらを通じた新たな挑戦はまだ終わっていないということである。それゆえ、現

[5] ハンターは二〇二〇年の調査においても次のように述べてこの見解を支持している。「文化高等研究所による二〇一六年のアメリカ政治文化の調査において、われわれは次のことを示す非常に明白な証拠を見つけた。すなわち、過去四十年間の文化戦争は階級的文化戦争に変わり始めたということである」（Hunter et al. 2020: 45）。だがそれと同時にハンターは、階級それ自体ではなく、あくまでも階級と文化の結びつき――より正確に言えば、下層階級と保守的な宗教文化の結合――がある種の分断を生み出していることを強調している（Hunter et al. 2020: 49-52）。

[6] ハンターの他にバーガーの議論の発展的継承に携わっていると考えられる人物としては、クリスチャン・スミスが挙げられる。彼は批判的実在論と呼ばれる立場からバーガーとルックマンの理論を摂取しつつ、人間の人格を客観的な実在として取り扱おうとする社会理論を展開している人物である。これはバーガーによる人間の尊厳論に哲学的な論拠を提供しようとする試みと見なすことができるだろう。すなわち、バーガーは人間の尊厳というものの実在性と実効性を論証するための説得的な理論を十分に練り上げることができなかったと考えられるのだが、これに対してスミスには批判的実在論という武器があり、かくして彼は、その立場から人間の尊厳の実在性を説く「批判的実在論的人格主義」（Smith 2010: 17）の思想を打ち出すのである。とはいえ、スミスのこうした挑戦にもやはりある種の破綻が含まれていると言わざるをえない。これについて、詳しくは拙論を参照されたい（Ikeda 2022）。

在もバーガーの思索の系譜は途絶えていないのである。

とはいえ、もちろんその議論はバーガーとの関連においてのみ理解されるべきではなく、それをより綿密に検討しようとする際にはバーガー以外の論者との関係も踏まえなければならない。したがってハンターの所論についての検討も、右に述べてきた諸々の課題の遂行と手を携えて進んでいくことであろう。バーガーの思想に本書が加えてきた考察は、このようにしてアメリカ社会学説全体の思想史的研究というより大きな問いへと開かれていくことになるのである。以上を今後の課題として示すことで、本書の結びに代えておきたい。

あとがき

本書は二〇二一年一月に神戸大学大学院国際文化学研究科に提出された筆者の博士論文「ピーター・L・バーガー研究――社会学、宗教、保守主義」に修正を施したものである。論旨、行論には大きな変更を加えていないが、刊行に際しては冗長と思われた箇所を大幅に削除し、また表題も現在のものに改めた。これによって少しでも読みやすい作品となっていれば幸いである。

すでに本文を読んでくださった方にはお分かりの通り、本書はバーガーについての研究書であるが、その内容はすぐれて思想史的なバーガー研究となっている。無論これには理由がある。発表された様々の作品における彼の文体の軽やかさや親しみやすさに反して、バーガーという人物は、その思想を一貫した視野の下に体系的に論じようとすると存外に難しい研究対象である。それは彼の思索と活動の多面性によるところが大きい。もちろん通説的な理解に従ってバーガーを「構成主義」ないしは「現象学的社会学」の理論家として捉え、社会学説に対するその貢献を論じるだけであれば、おそらく大きな困難は生じないだろう。だが、それではバーガーに関するあまりにも多くの論点が取りこぼされてしまうことになる。特にその場合には、彼の思索活動においておよそ欠くことのできない契機の一つであったキリスト教信仰への眼差しが抜け落ちてしまうことになるし、またそうなれば、一九七〇年代以降の彼のある種の転回を理解することも困難になるだろう。しかしまさにこれが、従来のバーガー論が陥っていた状況であった。それは典型的には、バーガーの社会学上の業績と神学的な著作との関係が解明されないまま、両者が個々別々に論究の対象となるという事態に示されていたと言えるだろう。

しかも日本においては、バーガーの議論が受容された際の文脈とも相まって、そうした事態がとりわけ顕著であった。この特殊日本的とも言いうる文脈とは、端的に言って、ある時期に左派の立場に親和的であった人物というバーガーのイメージと、社会学説史研究における宗教的信仰という論点の捨象である。この二点は、おそらく相互に関連したものなのであろう。前者は、パーソンズへの批判が噴出し、その理論的代案が模索されていた一九七〇年前後の時代状況の中で、当初バーガーが物象化論の論者として紹介されたことによると考えられる。また後者に関して言えば、それは必ずしもバーガー研究に限ったことではない。宇賀博氏のアメリカ社会学史研究、高城和義氏のパーソンズ研究、清水晋作氏のベル研究などの数少ない例外はあるとしても、概して日本の社会学説史研究においては、学説の構築、展開を根底において促す思想的次元、就中、そこにおける思想家個々人の宗教的信仰という契機への関心はまだまだ希薄であるように思われる。もしかしたら、日本においては信仰ないし宗教という論点への関心それ自体が希薄なのかもしれない。

筆者が実際に研究を進めていく中でも、「なぜバーガーをこのように読むのか」、「なぜバーガーのキリスト者としての側面を重視するのか」といったことを尋ねられる機会が少なからずあった。バーガーの信仰という論点への着目は、右に述べたような状況の中では、やはり多くの方に説明（弁明？）を必要とする観点だったのだろうと推察される。この問いに対する本書の答えは本文に述べておいたが、まだそれを読まれていない方のためにも改めてここで教科書的な回答を用意するならば、次のようになるだろう。すなわち、欧米をはじめとするキリスト教文化圏の思想家を扱おうとするならば、宗教ないし信仰という論点を欠かすことはできないからだ、というものである。いまだに宗教の力が根強いと言われるアメリカの場合は言うに及ばず、これは、世俗化の進行が指摘されるヨーロッパの思想家にも少なからず当てはまることだと思われる。というのも一口に世俗化といっても、それは常に宗教の消滅だけを意味する訳ではなく、次のような事態を指すこともあるからである。すなわち、かつて宗教の占めていた座が空位となる一方で、思想や社会において宗教が形づくっていた枠組みそれ自体は残り続けるという事態である。たとえ現実世界において宗教の影響力の相対的な低下が見られるとしても、思想家においては、宗教は思想や学説を練り上げる際の暗黙の参照項であり続ける可能性があるということである。ここには世俗化概念の内実をめぐる極めて難解な問題が関係しているが、無論この場でその詳細を論ずることはできない。しかし本書の内容に引きつけて述べておけば、少なくともバーガーの議論は、宗教ないし信仰という論点を加味しなければおよそ理解しえないものである。

このために本書においては、通常の社会学説史研究において設定されるであろう枠組みよりも広い視座を設け、バーガーの社会学理論だけでなく、それを根本において支える思想の次元までをも考察の対象に含めることにした。それが、本書が思想史的なバーガー論たる所以である。つまり本書は「社会学者バーガー」という一般的なイメージを自明の前提として出発するのではなく、それをひとまず括弧に入れた上で、彼の思索における様々の主題——〈理想と現実〉、〈信仰と学問〉、〈倫理と科学〉、〈実践と認識〉等々の主題をめぐる相克と葛藤——の布置と様態を描き出そうとしたということである。それゆえ本書においては、バーガーの社会学なるものは彼の思想を構成する契機の一つと見なされ、改めてその意味を問い直されることとなる。それと同時に、本書はバーガーの思索を同時代の歴史的文脈の中に置き入れることを試みた。およそ思想や学説といったものは真空状態の中でひとりでに生まれてくる訳ではないのだが、これも従来のバーガー論においてはあまり問われてこなかった側面である。本書はこの点を補うものでもある。これらの結果として本書は、従来のバーガーのイメージを大きく書き換えると共に、これまではあまり知られてこなかった彼の一面を明らかにすることに寄与しえたのではないだろうか。筆者は斯様に考えているが、もちろんその成否は読者の方の評価に委ねることとしたい。

以上が、バーガーの宗教的な側面に着目した筆者への問いに対するいわば「公的」な回答である。とはいえ、おそらく筆者にはもっと「私的」で「個人的」な答えが期待されていた（いる）のかもしれない。これに関しては、この場で多くを語ることなどできはしないので、ただ、青年期の精神的、感情的混乱のゆえであると言う外はない。あるいはもう少しだけ具体的に言うならば、それは〈生の意味〉への——それこそ、ほとんど「宗教的な」とすら形容しうる——関心に規定されていたということになるのだろう。筆者は「意味に餓える」人間だったということである。それは一時期流行したポストモダン的な軽やかさの対極にある存在である。自分が甚だ時代錯誤の感性を持ち続けていることを否定しはしない。とはいえ、今さらそうでない自分になることができるはずもない。客観的には根拠のない無力感と罪悪感に満ちた射干玉の暗闇の中で、「にもかかわらず」と言いうるための何かを求めて、筆者は本書の主題にたどり着いたのかもしれない。これを述べることにどれほどの意義があるか定かではないが、ここではひとまず右のように記しておきたい。

さて、月並みな言い方になるが、本書に結実する研究を進めていく中で筆者は多くの人々のご恩を受けることになった。この場を借りて謝辞を述べたいと思う。何よりもまずは廳茂先生に。廳先生にお会いできたことは筆者の人生において最も幸運な出来事の一つである。筆者の学部生時代から数えておよそ十五年、廳先生から賜った学恩の大きさは計り知れない。本の読み方・文章の書き方といった初歩的な事柄から研究上の専門的な内容に至るまで、ご指導いただいたことは誠に多岐にわたる。またそれら以上に重要なこととして、廳先生には、そのお姿を通して、学問に真摯に向き合う姿勢というものを実地に教えていただくことになった。廳先生にお会いしていなければ、筆者が学問の道を志すということもなかったかもしれない。悩み多き筆者の研究を温かいお言葉で導き、後押ししてくださったことも含めて、本当に感謝してもしきれない。言葉足らずの感を否めないが、改めてお礼申し上げたい。次に井上弘貴先生に。本書ではアメリカ政治思想史研究においてこれまで蓄積されてきた知見が各所に活かされているが、それは偏に井上先生のご指導の賜物である。井上先生は、関連文献、ならびに現代のアメリカ政治の諸動向のご教示、そしてご自身のマネジメントされる研究会へのお誘いなどを通して、様々の面で筆者の研究を助けてくださった。さらに井上先生には、博士論文の刊行にあたってナカニシヤ出版の米谷様に筆者をお引き合わせいただいて、この点でもひとかたならぬご恩を蒙った。それゆえ、今ここに本書がこのようにして存在しえているのは井上先生のおかげである。感謝を申し上げたい。

このお二方に加えて、水田恭平先生を含む、神戸大学国際文化学研究科モダニティ論コースの先生方にも謝意を表したい。筆者の大学院進学と同時に退官されたために学生として直接ご指導を賜る機会は得られなかったものの、水田先生からは筆者の主催する研究会において数々の有益なご助言をいただくことができた。研究会の後の食事会の場面でも様々の興味深いお話を伺ったが、とりわけキリスト教関係の知識は本書の議論を練る上でなくてはならないものであった。市田良彦先生には、学内の研究発表会や口頭試問の場で毎回のように、手厳しいが本質的な問題点を突いたコメントを頂戴した。市田先生からの質問を受けて答えに詰まる度に、「次こそはちゃんとした受け答えができるように」とより一層勉強に励む気力をいただいたことを今でも覚えている。上野成利先生からは、廳先生と並んで学部生時代から特に文章の書き方を丁寧に教えていただいた。上野先生はかつて筆者の書いたものに対して「池田君の文章は美しくはないのだけど、読みやすい、明晰な文章だね」と言ってくださったが、そのことが些細かもしれないが大切な成功体験として今の筆者を支えてくれている。松家理恵先生と石田圭子先生は——このお二人とは専門分野の違いから筆者の研究に関して直接にやり取りをさせていただく機会はあまり多くなかったのだが——モダニティ論コースの食事会の席でお会いするたびに筆者を温かく励ましてくださり、また他愛のない雑談に付き合ってくださった。それらは筆者の大切な思い出である。松家先生とは、新型コロナウイルスの流行する前は学期末が来るたびに半日がかりで右に述べた食事会の準備をしたものだが、毎度のように楽しい経験をさせていただいた。松家先生にはさらに、廳先生退官後の指導教官の役目もお引き受けいただき、この点でも大変お世話になった。書き始めればキリがないが、ここに書けなかったことも含めて、筆者が今こうしていられるのはモダニティ論コースの先生方のおかげである。心から感謝の念を記したい。

本書の出版にあたっては、ナカニシヤ出版の米谷龍幸様に大変お世話になった。出版業界を取り巻く厳しい状況にもかかわらず、筆者の持ち込み企画を快諾してくださったことは恐悦至極である。また筆者の草稿を読んだ米谷様が「面白いですね、かなり新しいバーガー像ですね」とおっしゃってくださったことが、筆者にとって大きな励みになった。

最後に筆者の家族、とりわけ、大学卒業後いつまで経ってものんびりと勉強ばかりし続けている息子を、ときに呆れつつ、ときに励ましつつ見守り、支えてくれた両親と、一向に就職しようとしない筆者を心配しつつも、いつまでも優しく応援してくれた二人の祖母に。こうした家族の理解と応援と支えがあったればこそ、筆者は今日まで研究を続けることができた。本書はその一つの成果である。このあとがきを書きながら、改めてその有難さを身に沁みて感じざるをえない。本当に有難うございました。どれほどの恩返しになるか甚だ不明確ではあるが、本書を両親と二人の祖母に捧げたい。

二〇二二年九月某日
いまだ夏の名残を感じる神戸にて
池田　直樹

Secularization of American Public Life, Berkeley; Los Angeles; London: University of California Press, 97–159.

Smith, Christian, 2010, *What Is a Person? : Rethinking Humanity, Social Life, and the Moral Good from the Person up,* Chicago; London: The University of Chicago Press.

Smith, Christian, 2014, *The Sacred Project of American Sociology,* Oxford; New York: Oxford University press.

Smith, Peter, 1978, "Motif Research: Peter Berger and the Baha'i faith," *Religion,* 8: 210–34.

Srubar, Ilja, 2019, "Autogenesis and Autopoiesis: On the Emergence of Social Reality in Social and Radical Constructivism," Michaele Pfadenhauer, & Hubert Knoblauch eds., *Social Constructivism as Paradigm?: The Legacy of The Social Construction of Reality,* London; New York: Routledge, 207–15.

Steets, Silke, 2016, "What Makes People Tick? And What Makes a Society Tick? And Is a Theory Useful for Understanding? : An Interview with Peter L. Berger," *Human Studies,* 39(1): 7–25.

Swedberg, Richard, & Ola Agevall, [2005]2016, *The Max Weber Dictionary: Key Words and Central Concepts, 2nd Edition,* Stanford: Stanford University Press.

Szymanski, Albert, 1971, "Toward a Radical Sociology," J. Dacid Colfax, & Jack L. Roach eds., *Radical Sociology,* New York; London: Basic Books, 93–107.

The Editors, 2001, "In a Time of War," *First things,* December. (Retrieved August 16, 2020, https://www.firstthings.com/article/2001/12/in-a-time-of-war)

Then, Volker, 1998, "Introduction," Peter L. Berger ed., *The Limits of Social Cohesion: Conflict and Mediation in Pluralist Societies,* Boulder: Westview, xv-xix.

Thomason, Burke C., 1982, *Making Sense of Reification: Alfred Schutz and Constructionist Theory,* London: Macmillan.

Vaïsse, Justin, 2008, *Histoire du néoconservatisme aux États-Unis: Le triomphe de l'idéologie,* Paris: Odile Jacob. (= 2011, Arthur Goldhammer, trans., *Neoconservatism: The Biography of a Movement,* Cambridge: The Belknap Press of Harvard University Press.)

Vera, Hector, 2016, "An Interview with Peter L. Berger: Chamber Music at a Rock Concert," *Cultural Sociology,* 10(1): 21–9.

Vidich, Arthur J., & Stanford M. Lyman, 1985, *American Sociology: Worldly Rejections of Religion and Their Directions,* New Haven; London: Yale University Press.

Warner, R. Stephen, 1993, "Work in Progress toward a New Paradigm for the Sociological Study of Religion in the United States," *American Journal of Sociology,* 98(5): 1044–93.

Wolfe, Alan, 1998, *One Nation, After All: What Americans Really Think about God, Country, Family, the Poor, and Each Other,* New York: Viking Press.

Yates, Joshua J., & James Davison Hunter, 2011, "Conclusion: Thrift and Thriving: Toward a Moral Framework for Economic Life," Joshua J. Yates, & James Davison Hunter eds., *Thrift and Thriving in America: Capitalism and Moral Order from the Puritans to the Present,* New York; Oxford: Oxford University Press, 570–97.

Wilmington: ISI Books.

Neuhaus, Richard J., [1984]1986, *The Naked Public Square: Religion and Democracy in America,* Grand Rapids: William B. Eerdmans Publishing.

Neuhaus, Richard J., [1992]2012, *Doing Well and Doing Good: The Challenge to the Christian Capitalist,* New York: Image.

Novak, Michael, [1982]1991, *The Spirit of Democratic Capitalism,* London: The IEA Health and Welfare Unit.

Novak, Michael, 1993, *The Catholic Ethic and the Spirit of Capitalism,* New York: Free Press.

Nuechterlein, James, 2017, October, "Remembering Peter Berger," First Things. (Retrieved February, 18, 2018, https://www.firstthings.com/article/ 2017/10/remembering-peter-berger)

O'Leary, James P., 1986, "The Place of Politics," James Davison Hunter, & Stephen C. Ainlay eds., *Making Sense of Modern Times: Peter L. Berger and the Vision of Interpretive Sociology,* London; New York: Routledge & Kegan Paul, 179-96.

Pfadenhauer, Michaele, 2010, *Peter L. Berger,* Konstanz: UVK. (= 2013, Miriam Geoghegan, trans., *The New Sociology of Knowledge: The Life and Work of Peter L. Berger,* New Brunswick: Transaction Publishers.)

Pfadenhauer, Michaele, & Hubert Knoblauch eds., 2019, *Social Constructivism as Paradigm? : The Legacy of The Social Construction of Reality,* London; New York: Routledge.

Rawls, John, 1987, "The Idea of an Overlapping Consensus," *Oxford Journal of Legal Studies,* 7(1): 1-25.

Rawls, John, [1993]2005, *Political Liberalism: Expanded Edition,* New York: Columbia University Press.

Richter, Melvin, 1995, *The History of Political and Social Concepts: A Critical Introduction,* New York; Oxford: Oxford University Press.

Rutkoff, Peter M., & William B. Scott, 1986, *New School: A History of the New School for Social Research,* New York: The Free Press.

Ryan, Maria, 2010, *Neoconservatism and the New American Century,* New York: Palgrave Macmillan.

Salomon, Albert, 1926, "Max Weber," *Die Gesellschaft,* 3: 131-53.

Salomon, Albert, 1934, "Max Weber's Methodology," *Social Research,* 1: 147-68.

Salomon, Albert, 1935a, "Max Weber's Sociology," *Social Research,* 2: 61-73.

Salomon, Albert, 1935b, "Max Weber's Political Ideas," *Social Research,* 2: 368-84.

Sanderson, Stephen K., 1988, "The Neo-Weberian Revolution: A Theoretical Balance Sheet," *Sociological Forum,* 3(2): 307-14.

Scaff, Lawrence A., 2011, *Max Weber in America,* Princeton; Oxford: Princeton University Press.

Schutz, Alfred, [1945]1973, "On Multiple Realities," M. Natanson ed., *Collected Papers I: The Problem of Social Reality,* The Hague: Martinus Nijhoff, 207-59.

Seligman, Adam B., 2004, *Modest Claims: Dialogues and Essays on Tolerance and Tradition,* Notre Dame: University of Notre Dame Press.

Shalin, Dmitri N., 1984, "The Romantic Antecedents of Meadian Social Psychology," *Symbolic Interaction,* 7(1): 43-65.

Shalin, Dmitri N., 1988, "G. H. Mead, Socialism, and the Progressive Agenda," *American Journal of Sociology,* 93(4): 913-51.

Smith, Christian, 2003, "Secularizing American Higher Education: The Case of Early American Sociology," Christian Smith ed., *The Secular Revolution: Power, Interests, and Conflict in the*

Christianity in the Late Modern World, New York: Oxford University Press.

Hunter, James Davison, & Carl Desportes Bowman, 2016, *The Vanishing Center of American Democracy: The 2016 Survey of American Political Culture Initial Report of Findings,* Institute for Advanced Studies in Culture at the University of Virginia.

Hunter, James Davison, Carl Desportes Bowman, & Kyle Puetz, 2020, *Democracy in Dark Times: The 2020 IASC Survey of American Political Culture,* New York: Finstock & Tew Publishers.

Hunter, James Davison, & Os Guinness eds., 1990, *Articles of Faith, Articles of Peace: The Religious Liberty Clauses and the American Public Philosophy,* Washington, D. C.: The Brookings Institution.

Hunter, James Davison, & Paul Nedelisky, 2018, *Science and the Good: The Tragic Quest for the Foundations of Morality,* New Haven: Yale University Press.

Ikeda, Naoki, 2022, "Meta-theoretical Premises of Christian Smith's 'Personalist Social Theory': Reality, Person, and Society," *Intercultural Studies Review,* 35: 26–50.

ISA, 1998, "Books of the XX Century," Madrid: International Sociological Association. (Retrieved June 25, 2020, https://www.isa-sociology.org/en/about-isa/history-of-isa/books-of-the-xx-century/)

Journal of Law and Religion, 1990, "Signers of the Williamsburg Charter," *Journal of Law and Religion,* 8(1/2): 23–31.

J. F., 1971, "An Overview of worldview," *Worldview,* 14(1): 3–4.

Kalberg, Stephen, 1993, "Salomon's Interpretation of Max Weber," *International Journal of Politics, Culture, and Society,* 6(4): 585–94.

Krasnodębski, Zdzisław, 2016, "Grathoff's Life-World," Elżbieta Hałas ed., *Life-World, Intersubjectivity and Culture: Contemporary Dilemmas,* Frankfurt am Main: PL Academic Research, 21–6.

Kristol, Irving, 1978, *Two Cheers for Capitalism,* New York: Basic Books.

Linker, Damon, [2006]2007, *The Theocons: Secular America under Siege,* New York: Anchor Books.

Loader, Colin, & David Kettler, 2002, *Karl Manheim's Sociology as Political Education,* New Brunswick; London: Transaction Publishers.

Luckmann, Thomas, 1983, *Life-World and Social Realities,* London: Heinemann Education Books.

Luckmann, Thomas, 2001, "Berger and His Collaborator(s)," Linda Woodhead, Paul Heels, & David Martin eds., *Peter Berger and the Study of Religion,* London; New York: Routledge, 17–25.

Martin, David, 2012, "The Essence of an Accidental Sociologist: An Appreciation of Peter Berger," *Society,* 49(2): 168–74.

Matthiesen, Ulf, 1988, "Im Schatten einer endlosen grossen Zeit: Etappen der intellektuellen Biographie Albert Salomons," Ilja Srubar (Hg.), *Exil, Wissenschaft, Identität: Die Emigration deutscher Sozialwissenschaftler 1933–1945,* Frankfurt am Main: Suhrkamp, 299–350.

Mayer, Carl, 1933, *Sekte und Kirche: Ein religionssoziologischer Versuch,* Heidelberg: Verlag der Weiss'schen Universitätsbuchhandlung.

Mills, C. Wright, [1959]2000, *The Sociological Imagination,* New York: Oxford University Press. (= 1965, 鈴木広訳『社会学的想像力』紀伊国屋書店.)

Muncy, Mitchell S. ed., 1997, *The End of Democracy? : The Celebrated First Things Debate with Arguments Pro and Con and "The Anatomy of a Controversy" by Richard John Neuhaus,* Dallas: Spence Publishing.

Nash, George H., [1976]2008, *The Conservative Intellectual Movement in America since 1945,*

Baltimore; London: The Johns Hopkins University Press.

Glass, John F., 1971, "Toward a Sociology of Being: The Humanist Potential," *Sociological Analysis,* 32(4): 191–8.

Gouldner, Alvin W., [1970]1971, *The Coming Crisis of Western Sociology,* London: Heinemann Educational Books.（= 1978, 岡田直之・田中義久・矢沢修次郎・矢沢澄子・瀬田明子・杉山光信・山口節郎・栗原彬訳『社会学の再生を求めて』新曜社.）

Gouldner, Alvin W., [1973]1975, *For Sociology: Renewal and Critique in Sociology Today,* Harmondsworth: Penguin Books.

Graf, Friedrich Wilhelm, 2001, "Über die aktuelle Bedeutung des liberalen Kulturprotestantismus."（= 2001, 安酸敏眞訳「自由主義文化プロテスタンティズムのアクチュアルな意義について」深井智明・安酸敏眞編訳『トレルチとドイツ文化プロテスタンティズム』聖学院大学出版会, 3–23.）

Gugolz, Alfred, 1991, "Carl Mayer's Sociology of Religion and Its Impact on the Rise of Modern Sociology of Knowledge," Horst Jürgen Hell ed., *Verstehen and Pragmatism: Essays in Interpretative Sociology,* Frankfurt am Main: Lang, 125–44.

Guinness, Os, 1990, "Introduction," James Davison Hunter, & Os Guinness eds., *Articles of Faith, Articles of Peace: The Religious Liberty Clauses and the American Public Philosophy,* Washington, D. C.: The Brookings Institution, 1–16.

Gustafson, Paul M., & William H. Swatos, Jr., 1990, "Introduction: Max Weber and Comparative Religions," William H. Swatos, Jr. ed., *Time, Place, and Circumstance: Neo-Weberian Studies in Comparative Religious History,* New York: Greenwood Press, 1–11.

Habermas, Jürgen, 1985, *Der philosophische Diskurs der Moderne,* Frankfurt am Main: Suhrkamp.（= 1990, 三島憲一・轡田収・木前利秋・大貫敦子訳『近代の哲学的ディスクルス Ⅰ・Ⅱ』岩波書店.）

Habermas, Jürgen, 2005, *Zwischen Naturalismus und Religion: Philosophie Aufsätze,* Frankfurt am Main: Suhrkamp.（= 2014, 庄司信・日暮雅夫・池田成一・福山隆夫訳『自然主義と宗教の間——哲学論集』法政大学出版局.）

Hartz, Paula R., 2002, *Baha'I Faith,* New York: Facts on File.（= 2003, 奥西峻介訳『バハイ教』青土社.）

Hawley, George, 2016, *Right-Wing Critics of American Conservatism,* Lawrence: University Press of Kansas.

Heilbrunn, Jacob, 1996, "Neocon v. Theocon," *New Republic,* December 30: 20–4.

Herberg, Will, [1955]1983, *Protestant-Catholic-Jew: An Essay in American Religious Sociology,* Chicago: The University of Chicago Press.

Hjelm, Titus ed., 2018, *Peter L. Berger and the Sociology of Religion: 50 Years after The Sacred Canopy,* London: Bloomsbury Academic.

Hunter, James Davison, 1991, *Culture Wars: The Struggle to Define America,* New York: Basic Books.

Hunter, James Davison, 1994, *Before the Shooting Begins: Searching for Democracy in America's Culture War,* New York; London: The Free Press.

Hunter, James Davison, 2000, *The Death of Character: Moral Education in an Age without Good or Evil,* New York: Basic Books.

Hunter, James Davison, 2006, "The Enduring Culture War," James Davison Hunter, & Alan Wolfe eds., *Is There a Culture War? : A Dialogue on Values and American Public Life,* Washington, D. C.: Brookings Institution Press, 10–40.

Hunter, James Davison, 2010, *To Change the World: The Irony, Tragedy, and Possibility of*

Consciousness," *History and Theory,* 4(2): 196–211.（= 1974, 山口節郎訳「物象化と意識の社会学的批判」『現象学研究』2: 94–117.）

Berger, Peter L., & Anton Zijderveld, 2009, *In Praise of Doubt: How to Have Convictions without Becoming a Fanatic,* New York: HarperOne.（= 2012, 森下伸也訳『懐疑を讃えて――節度の政治学のために』新曜社.）

Bernstein, Ann, Peter L. Berger, & Bobby Godsell, 1998, "Introduction: Business and Democracy: Cohabitation or Contradiction?" Ann Bernstein, & Peter L. Berger eds., *Business and Democracy: Cohabitation or Contradiction?* , London: Pinter, 1–34.

Bickel, Robert, 2018, *Peter Berger on Modernization and Modernity: An Unvarnished Overview,* London; New York: Routledge.

Boyagoda, Randy, 2015, *Richard John Neuhaus: A Life in the Public Square,* New York: Image.

Bramson, Leon, 1961, *The Political Context of Sociology,* Princeton: Princeton Univeristy Press.

Burawoy, Michael, 2005, "2004 ASA Presidential Address: For Public Sociology," *American Sociological Review,* 70(1): 4–28.

Buxton, William, 1985, *Talcott Parsons and the Capitalist Nation-State: Political Sociology as a Strategic Vocation,* Toronto: University of Toronto Press.

Cromartie, Michael S., & Peter L. Berger, 2011, "Dr. Peter Berger at the November 2011 Faith Angle Forum," Ethics & Public Policy Center, Washington, D. C..（Retrieved June 29, 2018, https://eppc.org/publications/berger/）

Dorrien, Gary, 1993, *The Neoconservative Mind: Politics, Culture, and the War of Ideology,* Philadelphia: Temple University Press.

Dorrien, Gary, 2004, *Imperial Designs: Neoconservatism and the New Pax Americana,* New York; London: Routledge.

Dreher, Jochen, 2019, "Oblivion of Power? : The Social Construction of Reality and the（Counter-）Critique of Pierre Bourdieu," Michaele Pfadenhauer, & Hubert Knoblauch eds., *Social Constructivism as Paradigm?: The Legacy of The Social Construction of Reality,* London; New York: Routledge, 235–50.

Dreher, Jochen, & Andreas Göttlich, 2016, "Structures of a Life-World: A Reconstruction of the Oeuvre of Thomas Luckmann," *Human Studies,* 39(1): 27–49.

Dreher, Jochen, & Hector Vera, 2016, "The Social Construction of Reality, A Four-Headed, Two-Fingered Book: An Interview with Thomas Luckmann," *Cultural Studies,* 10(1): 30–6.

Eberle, Thomas S., 2019, "Variations of Constructivism," Michaele Pfadenhauer, & Hubert Knoblauch eds., *Social Constructivism as Paradigm? : The Legacy of The Social Construction of Reality,* London; New York: Routledge, 131–51.

Editorial Comment, 1958, "The Issues We Face," *Worldview,* 1(1): 1.

Elder-Vass, Dave, [2012]2013, *The Reality of Social Construction,* Cambridge; New York: Cambridge University Press.

Fiorina, Morris P., Samuel J. Abrams, & Jeremy C. Pope, [2005]2011, *Culture War? : The Myth of a Polarized America, 3rd Edition,* Boston: Longman.

Friedman, Murray ed., 2005, *Commentary in American Life,* Philadelphia: Temple University Press.

Fromm, Erich, [1961]2004, *Marx's Concept of Man,* London; New York: Continuum.（= 1970, 樺俊雄・石川康子訳『マルクスの人間観』合同出版.）

Fuller, Robert C., 1987, "Religion and Empiricism in the Works of Peter Berger," *Zygon,* 22(4): 497–510.

Gilman, Nils, 2003, *Mandarins of the Future: Modernization Theory in Cold War America,*

Berger, Peter L., 2011, *Adventures of an Accidental Sociologist: How to Explain the World without Becoming a Bore,* New York: Prometheus Books.（= 2015, 森下伸也訳『退屈させずに世界を説明する方法――バーガー社会学自伝』新曜社.）

Berger, Peter L., 2012, "Further Thoughts on Religion and Modernity," *Society,* 49: 313–6.

Berger, Peter L., 2014, *The Many Altars of Modernity: Toward a Paradigm for Religion in a Pluralist Age,* New York: Walter de Gruyter.

Berger, Peter L., 2016a, "Have Secularists Won the Culture War?" The American Interest, April 27. (Retrieved July 29, 2019, https://www.the-american-interest.com/2016/04/27/have-secularists-won-the-culture-war/).

Berger, Peter L., 2016b, "Day of the Tyrants?" The American Interest, July 6. (Retrieved December 19, 2019, https://www.the-american-interest.com/2016/07/06/day-of-the-tyrants/)

Berger, Peter L., & Brigitte Berger, 1972, "The Assault on Class," *Worldview,* 15(7): 20–5.

Berger, Peter L., Brigitte Berger, & Hansfried Kellner, [1973]1974, *The Homeless Mind: Modernization and Consciousness,* New York: Vintage Books.（= 1977, 高山真知子・馬場伸也・馬場恭子訳『故郷喪失者たち――近代化と日常意識』新曜社.）

Berger, Peter L., Grace Davie, & Effie Fokas, 2008, *Religious America, Secular Europe? : A Theme and Variations,* Aldershot; Burlington: Ashgate.

Berger, Peter L., & Bobby Godsell, 1987, "Fantasies about South Africa," *Commentary,* 84(1): 35–40.

Berger, Peter L., & Bobby Godsell eds., 1988, *A Future South Africa: Visions, Strategies, and Realities,* Boulder: Westview Press.

Berger, Peter L., & Samuel P. Huntington eds., 2002, *Many Globalizations: Cultural Diversity in the Contemporary World,* Oxford; New York: Oxford University Press.

Berger, Peter L., Firuz Kazemzadeh, & Michael Bourdeaux, 1985, "The State of Religious Freedom," *World Affairs,* 147(4): 238–53.

Berger, Peter L., & Hansfried Kellner, 1964, "Marriage and the Construction of Reality: An Exercise in the Microsociology of Knowledge," *Diogenes,* 12(46): 1–24.

Berger, Peter L., & Hansfried Kellner, 1965, "Arnold Gehlen and the Theory of Institutions," *Social Research,* 32(1): 110–5.

Berger, Peter L., & Hansfried Kellner, [1981]1982, *Sociology Reinterpreted: An Essay on Method and Vocation,* Harmondsworth: Penguin Books.（= 1987, 森下伸也訳『社会学再考――方法としての解釈』新曜社.）

Berger, Peter L., & Thomas Luckmann, 1963, "Sociology of Religion and Sociology of Knowledge," *Sociology and Social Research,* 47(4): 417–27.

Berger, Peter L., & Thomas Luckmann, 1964, "Social Mobility and Personal Identity," *European Journal of Sociology,* 5(2): 331–44.

Berger, Peter L., & Thomas Luckmann, [1966]1967, *The Social Construction of Reality: A Treatise in the Sociology of Knowledge,* New York: Anchor Books.（= 2003, 山口節郎訳『現実の社会的構成』新曜社.）

Berger, Peter L., & Thomas Luckmann, 1995, *Modernity, Pluralism and the Crisis of Meaning: The Orientation of Modern Man,* Gütersloh: Bertelsmann Foundation.

Berger, Peter L., & Richard J. Neuhaus eds., 1976, *Against the World for the World: The Hartford Appeal and the Future of American Religion,* New York: Seabury.

Berger, Peter L., & Richard J. Neuhaus, [1977]1996, *To Empower People: From State to Civil Society, 2nd Edition,* Washington, D. C.: AEI Press.

Berger, Peter L., & Stanley Pullberg, 1965, "Reification and the Sociological Critique of

Berger, Peter L., [1974]1976, *Pyramids of Sacrifice: Political Ethics and Social Change,* New York: Anchor Books.（= 1976, 加茂雄三・山田睦男・乗浩子訳『犠牲のピラミッド――第三世界の現状が問いかけるもの』紀伊國屋書店.）

Berger, Peter L., 1975, “Barth and Debunking,” *Worldview,* 18(6): 41-2.

Berger, Peter L., 1976a, “Elements of Terrorism,” *Worldview,* 19(5): 29-30.

Berger, Peter L., 1976b, “For a World with Windows,” Peter L. Berger, & Richard J. Neuhaus eds., *Against the World for the World: The Hartford Appeal and the Future of American Religion,* New York: Seabury, 8-19.

Berger, Peter L., 1977, “Gilgamesh on the Washington Shuttle,” *Worldview,* 20(11): 43-5.

Berger, Peter L., [1977]1979, *Facing up to Modernity: Excursions in Society, Politics, and Religion,* Harmondsworth: Penguin Books.

Berger, Peter L., 1979, “Religion and the American Future,” Seymour Martin Lipset ed., *The Third Century: America as a Post-Industrial Society,* Stanford: Hoover Institution Press, 65-77.

Berger, Peter L., [1979]1980, *The Heretical Imperative: Contemporary Possibilities of Religious Affirmation,* London: Collins.（= 1987, 薗田稔・金井新二訳『異端の時代――現代における宗教の可能性』新曜社.）

Berger, Peter L., 1980, “Indochina & the American Conscience,” *Commentary,* 69(2): 29-39.

Berger, Peter L., 1981, “Speaking to the Third World,” *Commentary,* 72(4): 29-36.

Berger, Peter L., 1984, “Robert Musil and the Salvage of the Self,” *Partisan Review,* 51(4): 638-50.

Berger, Peter L., 1986a, “Religion in Post-Protestant America,” *Commentary,* 81(5): 41-6.

Berger, Peter L., 1986b, “American Religion: Conservative Upsurge, Liberal Prospects,” Robert S. Michaelsen, & Wade Clark Roof eds., *Liberal Protestantism: Realities and Possibilities,* New York: The Pilgrim Press, 19-36.

Berger, Peter L., 1986c, “Epilogue,” James Davison Hunter, & Stephen C. Ainlay eds., *Making Sense of Modern Times: Peter L. Berger and the Vision of Interpretive Sociology,* London; New York: Routledge & Kegan Paul, 221-35.

Berger, Peter L., 1986d, “The Concept of Mediating Action,” Richard J. Neuhaus ed., *Confession, Conflict & Community,* Grand Rapids: William B. Eerdmans Publishing, 1-11.

Berger, Peter L., [1986]1991, *The Capitalist Revolution: Fifty Propositions about Prosperity, Equality, and Liberty,* New York: Basic Books.

Berger, Peter L., 1987, “Different Gospels: The Social Sources of Apostasy,” *This World,* 17: 6-17.

Berger, Peter L., [1992]1993, *A Far Glory: The Quest for Faith in an Age of Credulity,* New York: Anchor Books.

Berger, Peter L., 1997, “Democracy and the Religious Right,” *Commentary,* 103(1): 53-6.

Berger, Peter L., 1998, “Conclusion: General Observations on Normative Conflicts and Mediation,” Peter L. Berger ed., *The Limits of Social Cohesion: Conflict & Mediation in Pluralist Societies,* Boulder: Westview Press, 352-72.

Berger, Peter L., 2001, “Postscript,” Linda Woodhead, Paul Heels, & David Martin eds., *Peter Berger and the Study of Religion,* London; New York: Routledge, 189-198.

Berger, Peter L., 2004, *Questions of Faith: A Skeptical Affirmation of Christianity,* Malden: Blackwell.（= 2009, 森本あんり・篠原和子訳『現代人はキリスト教を信じられるか――懐疑と信仰のはざまで』教文館.）

Berger, Peter L., 2010, “A Lutheran Approach,” Peter L. Berger ed., *Between Relativism and Fundamentalism: Religious Resources for a Middle Position,* Grand Rapids: William B. Eerdmans Publishing, 152-163.

Chicago; London: The University of Chicago Press.（= 1983, 松本滋・中川徹子訳『破られた契約――アメリカ宗教思想の伝統と試練』未来社.）
Berger, Brigitte, & Peter L. Berger, 1986, "Our Conservatism and Thiers," *Commentary*, 82(4): 62–7.
Berger, Peter L., 1954a, *From Sect to Church: A Sociological Interpretation of the Baha'i Movement*, Ph.D. dissertation, New School for Social Research, New York.
Berger, Peter L., 1954b, "The Sociological Study of Sectarianism," *Social Research*, 21: 467–85.
Berger, Peter L., 1958a, "Evangelical Academies in America?," *Christianity and Crisis*, 18(5): 40–2.
Berger, Peter L., 1958b, "Sectarianism and Religious Sociation," *American Journal of Sociology*, 64(1): 41–4.
Berger, Peter L., 1960, "The Problem of Christian Community in Modern Society," *Lutheran World*, 7(1): 14–22.
Berger, Peter L., 1961a, *The Noise of Solemn Assemblies: Christian Commitment and the Religious Establishment in America*, New York: Doubleday.
Berger, Peter L., 1961b, *The Precarious Vision: A Sociologist Looks at Social Fictions and Christian Faith*, New York: Doubleday.
Berger, Peter L., 1963a, "A Market Model for the Analysis of Ecumenicity," *Social Research*, 30: 77–93.
Berger, Peter L., 1963b, "Charisma and Religious Innovation: The Social Location of Israelite Prophecy," *American Sociological Review*, 28(6): 940–50.
Berger, Peter L., 1963c, *Invitation to Sociology: A Humanistic Perspective*, New York: Anchor Books.（= 1979, 水野節夫・村山研一訳『社会学への招待』思索社.）
Berger, Peter L., 1965, "Toward a Sociological Understanding of Psychoanalysis," *Social Research*, 32: 26–41.
Berger, Peter L., 1966, "Identity as a Problem in the Sociology of Knowledge," *European Journal of Sociology*, 7(1): 105–15.
Berger, Peter L., [1967]1969, *The Sacred Canopy: Elements of a Sociological Theory of Religion*, New York: Anchor Books.（= 1979, 薗田稔訳『聖なる天蓋――神聖世界の社会学』新曜社.）
Berger, Peter L., 1968, "In Memoriam: Frederick Neumann, 1899-1967," *Hartford Quarterly*, 8: 59–63.
Berger, Peter L., 1969, "Preface," Peter L. Berger ed., *Marxism and Sociology: Views from Eastern Europe*, New York: Appleton Century Crofts, v-xii.
Berger, Peter L., [1969]1990, *A Rumor of Angels: Modern Society and the Rediscovery of the Supernatural*, New York: Anchor Books.
Berger, Peter L., 1970a, "The Problem of Multiple Realities: Alfred Schutz and Robert Musil," Maurice Natanson ed., *Phenomenology and Social Reality: Essays in Memory of Alfred Schutz*, Boston: Nijhoff, 213–33.
Berger, Peter L., 1970b, "Between System and Horde: Personal Suggestions to Reluctant Activists," Peter L. Berger, & Richard J. Neuhaus eds., *Movement and Revolution: On American Radicalism*, New York: Anchor Books, 11–81.
Berger, Peter L., 1971, "A Call for Authority in the Christian Community," *Christian Century*, 88: 1257–63.
Berger, Peter L., 1974a, "The Berrigan-Nixon Connection," *Worldview*, 17(3): 4.
Berger, Peter L., 1974b, "Reflections on Patriotism," *Worldview*, 17(7): 19–25.
Berger, Peter L., 1974c, "The Devil and the Pornography of Modern Consciousness," *Worldview*, 17(12): 36–7.

文　献

飯田剛史, 1990,「バーガーとルックマンの社会学」中久郎編『現代社会学の諸理論』世界思想社, 96-112.

小田和正, 2021,「Reiner Kellerの知識社会学的言説分析――社会学的知識分析の新たな展開に向けて」『社会学評論』71(4): 688-703.

小田和正, 2022,「H・クノーブラオホのコミュニケーション的構築主義――コミュニケーション行為の三項関係モデルによる分析地平」『ソシオロジ』67(1): 61-79.

厚東洋輔, 2020,『〈社会的なもの〉の歴史――社会学の興亡　1848-2000』東京大学出版会.

佐々木毅, 1993,『現代アメリカの保守主義』岩波書店.

清水晋作, 2011,『公共知識人ダニエル・ベル――新保守主義とアメリカ社会学』勁草書房.

鈴木有郷, 1989,「現代アメリカ神学思想への問題提起――ピーター・バーガーの資本主義擁護論を手がかりに」『恵泉女学園大学人文学部紀要』1: 69-88.

住家正芳, 2005,「宗教社会学理論における「市場」――宗教の合理的選択理論批判」『宗教研究』79(3): 677-99.

高城和義, 1992,『パーソンズとアメリカ知識社会』岩波書店.

高艸賢, 2021,「トーマス・ルックマンのプロトソシオロジー――社会科学の認識論的再帰性と現象学」『社会学史研究』43: 105-22.

高橋徹, 1987,『現代アメリカ知識人論――文化社会学のために』新泉社.

古屋安雄, 1967,『キリスト教国アメリカ――その現実と問題』創文社.

古屋安雄, 1978,『激動するアメリカ教会――リベラルか福音派か』ヨルダン社.

山川雄巳, 1982,『増補 アメリカ政治学研究』世界思想社.

山口節郎, 1982,『社会と意味――メタ社会学的アプローチ』勁草書房.

山嵜哲哉, 1991,「バーガー社会学とその社会批判的位相」西原和久編『現象学的社会学の展開――A・シュッツ継承へ向けて』青土社, 163-211.

Abercrombie, Nicholas, 1986, "Knowledge, Order, and Human Autonomy," James Davison Hunter, & Stephen C. Ainlay eds., *Making Sense of Modern Times: Peter L. Berger and the Vision of Interpretive Sociology,* London; New York: Routledge & Kegan Paul, 11-30.

Abrams, Nathan, 2005, "'America Is Home': Commentary Magazine and the Refocusing of the Community of Memory," 1945-1960, Murray Friedman ed., *Commentary in American Life,* Philadelphia: Temple University Press, 9-37.

Ahern, Annette Jean, 1999, *Berger's Dual Citizenship Approach to Religion,* Bern: Peter Lang Publishing.

A Symposium, 1978, "Capitalism, Socialism, and Democracy," *Commentary,* 65(4): 29-71.

A Symposium, 1981, "Human Rights and American Foreign Policy," *Commentary,* 72(5): 25-63.

Beckford, James A., 2003, *Social Theory and Religion,* Cambridge: Cambridge University Press.

Bell, Daniel, [1960]2000, *The End of Ideology: On the Exhaustion of Political Ideas in the Fifties,* Cambridge; London: Harvard University Press. (= 1969, 岡田直之訳『イデオロギーの終焉――1950年代における政治思想の涸渇について』東京創元社.)

Bell, Daniel, [1976]1996, *The Cultural Contradictions of Capitalism,* New York: Basic Books. (= 1976-77, 林雄二郎訳『資本主義の文化的矛盾 上・中・下』講談社.)

Bellah, Robert N., [1970]1991, *Beyond Belief: Essays on Religion in Post-Traditional World,* Berkeley; Los Angeles; London: University of California Press.

Bellah, Robert N., [1975]1992, *The Broken Covenant: American Civil Religion in Time of Trial,*

人名索引

事項索引

執筆者紹介

池田直樹（イケダ　ナオキ）

1989年京都府生まれ。

神戸大学国際文化学研究推進インスティテュート協力研究員。
大阪工業大学工学部総合人間学系教室非常勤講師。
佛教大学非常勤講師。

博士（学術）（2021年3月 神戸大学）。

ピーター・L・バーガー
分極化するアメリカ社会と対峙した社会学者

2023年　1月31日　　初版第1刷発行

著　者　池田直樹
発行者　中西　良
発行所　株式会社ナカニシヤ出版
〒606-8161　京都市左京区一乗寺木ノ本町15番地
Telephone　075-723-0111
Facsimile　075-723-0095
Website　http://www.nakanishiya.co.jp/
Email　iihon-ippai@nakanishiya.co.jp
郵便振替　01030-0-13128

印刷・製本＝ファインワークス／装幀＝白沢　正

ISBN978-4-7795-1712-9